中等职业教育国家规划教材
全国中等职业教育教材审定委员会审定

哲学基础知识

ZHEXUEJICHUZHISHI

（修订版）

（附学习指导）

主　　编　王　霁　肖和平
编 写 者　王　霁　肖和平　宋公志　尤建国
　　　　　刘书善　许　荣　陈友放　张　斌
责任主审　刘大椿
审　　稿　郝立新

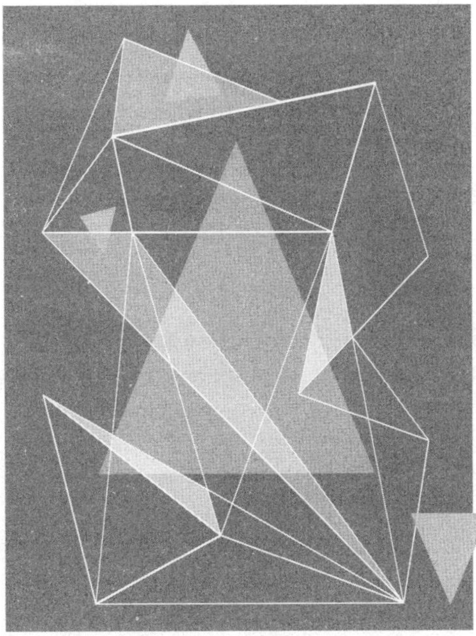

中国人民大学出版社
·北京·

出版说明

为了贯彻《中共中央国务院关于深化教育改革全面推进素质教育的决定》精神，落实《面向21世纪教育振兴行动计划》中提出的职业教育课程改革和教材建设规划，根据《中等职业教育国家规划教材申报、立项及管理意见》（教职成〔2001〕1号）的精神，教育部组织力量对实现中等职业教育培养目标和保证基本教学规格起保障作用的德育课程、文化基础课程、专业技术基础课程和80个重点建设专业主干课程的教材进行了规划和编写，从2001年秋季开学起，国家规划教材将陆续提供给各类中等职业学校选用。

国家规划教材是根据教育部最新颁布的德育课程、文化基础课程、专业技术基础课程和80个重点建设专业主干课程的教学大纲编写而成的，并经全国中等职业教育教材审定委员会审定通过。新教材全面贯彻素质教育思想，从社会发展对高素质劳动者和中初级专门人才需要的实际出发，注重对学生的创新精神和实践能力的培养。新教材在理论体系、组织结构和阐述方法等方面均作了一些新的尝试。新教材实行一纲多本，努力为教材选用提供比较和选择，满足不同学制、不同专业和不同办学条件的教学需要。

希望各地、各部门积极推广和选用国家规划教材，并在使用过程中，注意总结经验，及时提出修改意见和建议，使之不断完善和提高。

教育部职业教育与成人教育司

编者的话

以创新的精神编写一本有时代特色、体现职业技术学校学生的特点与要求的“哲学基础知识”，是本教材编写的指导思想。读这本教材的学生，他们绝大部分将来并不准备从事哲学的或理论的工作，但他们要走向社会、进入实践、成长成材，无论在什么职业岗位上都要解决如何做人、如何做事并把二者统一起来的问题。因此，接受哲学思维的训练，学习哲学的思维方法，领略哲学智慧的启迪，对他们绝不是可有可无的。问题是，要通过学习哲学基础知识达到提高学生能力和素质的目的，就要有全新的编写思路、全新的叙述方式。本教材力求在这方面有较大的突破。

本书的编写者是由在大学多年从事哲学教学与研究的教师和在职业技术学校长期从事德育教学工作的教师组成的编写集体，他们从参与制定《中等职业学校哲学基础知识教学大纲》到本书的成书出版，一同度过了几载春秋。各章的执笔人是：王雾（导言、第三章），肖和平、张斌（第一章），宋公志（第二章），尤建国、陈友放（第四章），刘书善（第五章），许荣（第六章），王雾对全书统改定稿。本书的编写是在教育部职业教育与成人教育司领导的直接关怀和领导下完成的，王继平司长、王扬南、刘宝民、窦现金、谢立、葛维威等同志，以及中等职业学校德育教学指导委员会的詹万生、程树礼、郑惠坚、蒋乃平、扈文华等同志为本书的编写提出了很多有价值的意见。中国人民大学刘大椿、郝立新等教授对书稿提了很好的审读意见，他们的建议也吸收到了教材当中。洪傲同志参加了教材编写的全过程，责任编辑沈小农、徐莉、徐力坚等同志为教材的出版付出了心血。在此对上述领导和同志们表示衷心的感谢。

本书编写组尽了很大努力，但由于水平所限肯定还会有许多不足和疏漏，希望广大教师和学生在使用过程中提出修改意见和建议，使教材通过进一步的修订得到完善和提高。

本书编写组

目　　录

导　言

提起哲学，有人觉得抽象难懂，有人觉得学了也没用，其实不然。哲学绝不是远离现实、不可捉摸的，哲学就在我们身边，就在我们每天日常的学习、工作和生活当中。可以说，我们每个人都离不开哲学，当我们还没有学习哲学的时候，其实也都在按照一定的哲学观点思考问题、做人、做事情了。只不过在系统地学习和掌握哲学世界观之前，我们每个人特别是青年人的哲学观点往往是自发的、零散的，这些观点之间还可能是自相矛盾的。而哲学实际上是把人们对具体事物的认识联系起来进行抽象的概括，从中总结出哲学的道理，用以指导人的思维和行动。

> **名人名言**
>
> 没有哲学我就不能前进。
>
> ——马克思

有的青年人可能会说，我又不想当哲学家，为什么要把对具体问题的思考上升到哲学的高度呢？这里用得着德国古典哲学家黑格尔的一句名言："熟知非真知。"我们对于每天大量接触的人和事，包括对于我们自己，可以说是再熟悉不过了，但熟悉并不等于真正认识。比如我们接触的客观对象都是物质，那么"物质"是什么？我们人人都有精神和意识，那么"意识"是什么？我们每天都在社会中生活，那么"社会"是什么？再有，我们每个人都是人，但是"人"又是什么？等等。对这些问题并不是每个人都能说清楚的。哲学就是要对这些人人熟悉的事情，打破砂锅问到底，探索出个究竟，探索出个所以然来。懂得了这些世界、人生的大道理，我们才能站得高、看得远，再去认识和解决那些具体的问题，就不会感到力不从心了。

因此，哲学既离不开各种具体的知识，又同各门具体的知识有很大的区别。**哲学以各门科学所提供的具体知识为基础，对这些知识进行概括和总结，进而对具体知识产生指导的作用。**常听有人说"哲学无用"。确实，就哲学不能代替某门具体科学解决某个具体问题而言，也可以说哲学是"无用"的。我们不能指望学好了哲学就能具体解答某一道数学或物理的难题，要解决数学和物理的问题，还需要学习数学和物理的具体知识。但哲学教给人们的是一般的抽象思维的方法，有正确的哲学思维的人往往能很快地深入理解他所接触的对象和事物，也就能更好地解决现实世界当中的具体问题。

可见，要想了解哲学，学会像哲学家那样思考，必须对哲学的特点有一个明确的认识。哲学是智慧，它不同于某种实证的知识。哲学这个词源于希腊语，拉丁化为"philosophia"，意思是追求智慧。哲学的功用在于它给人们一种思想的启迪，把知识升华为智慧。知道 1+1=2 是知识，但要得出"凡物莫不有对"，即"一"不仅是一，每个"一"

中都包含着“二”（既对立又统一的两个方面），却是一种智慧；知道 2 米比 1 米长是知识，要形成万事万物高矮长短是相对的观点，就不是关于量的知识，而是一种关于事物区别的绝对性与相对性辩证统一的哲学智慧。哲学这种智慧所探索的就是关于世界、社会、人生的大道理，**因此，哲学是世界观、人生观和价值观相统一的学说**，是对世界、人生和价值等问题的根本观点和根本看法。当人们用一定的世界观、人生观、价值观观察问题、处理问题时，哲学就成了方法论。**所谓方法论，就是人们认识世界和改造世界，处理人和自然、人和社会、人和人自身相互关系的根本原则、根本方法。**可以说，哲学既是世界观又是方法论。

想一想

人类为什么不但需要各种具体事物的知识，还需要哲学这种超越具体知识的智慧？

说哲学是智慧，但也要指出，并不是所有的哲学都能使人产生智慧，因为哲学家在追求智慧的过程中也会犯错误，也就是产生唯心主义和形而上学。唯心主义和形而上学也是一种世界观，但都是不科学、不正确的世界观，它不但不能给人以智慧，反而会使人越学离真理越远。在哲学发展的历史上，唯物主义与唯心主义、辩证法与形而上学是根本对立的。**我们所要学习的是马克思主义哲学，它是唯物论和辩证法相结合的世界观，既是科学的世界观也是科学的方法论。**马克思、恩格斯创立的科学的世界观通常被称为“辩证唯物主义和历史唯物主义”，它不但是唯物论和辩证法的统一，而且还是唯物辩证的自然观与唯物辩证的历史观的统一。马克思主义哲学是不断发展的，列宁、斯大林、毛泽东、邓小平等都对发展马克思主义哲学作出了重要的贡献。马克思主义哲学是一个开放的体系，它并没有穷尽真理，而是开辟了人们认识真理、探索真理的道路。

名人名言

对于马克思主义的理论，要能够精通它、应用它，精通的目的全在于应用。

——毛泽东

多年来，我们的广大干部、群众、知识分子都从马克思主义哲学中汲取了智慧的营养，很多青年学生通过学习马克思主义哲学树立了正确的世界观、人生观和价值观。无数事实说明，学习马克思主义哲学对青年学生的成长，对青年学生提高理性思维的能力以及面对复杂的社会生活现象判断是与非的能力，有十分重要的意义。青年学生正处于世界观从不成熟到逐步成熟的时期，形成什么样的世界观、人生观、价值观至关重要，马克思主义哲学的指导对当代青年学生是必不可少的。我们要以马克思主义哲学为指导，解决好如何做事、如何做人、如何创业等等一系列问题，学会用马克思主义哲学的立场、观点、方法去观察分析社会生活现象，进行正确的价值判断和行为选择，确立正确的人生道路和人生目标。

学好哲学，终生受益。马克思主义哲学在本质上是实践的，它不是仅供少数人享用的书斋里的哲学，而是人民群众的思想武器和思想工具。学以致用是学习马克思主义哲学的最重要的原则。毛泽东说过：“如果你能应用马克思列宁主义的观点，说明一个两个实际问题，那就要受到称赞，就算有了几分成绩。被你说明的东西越多，越普遍，越深刻，你的成绩就越大。”让我们在学习中，坚持理论联系实际的原则，体会和实践毛泽东所讲的学习方法，使我们的哲学思维有一个飞跃和提高。当我们走出校门、投身社会之后，就会越发感到哲学的作用是无穷的。多年从事领导工作的李瑞环同志在实践中一直大力倡导学哲学、用哲学，他深有感触地说："哲学这门学问说来也神，你的工作越变化、越新，它显得越有用；你的地位越高、场面越大，它的作用越大；你碰到的问题越困难、越复杂，它的效力越神奇；面对的问题越关键，它发挥的作用越关键。"李瑞环同志这段话讲得很有意思，也很耐人寻味。哲学为什么会有这样神奇的功用？因为哲学是一门抽象的学问，哲学的基本特点就是它是一种抽象的思维。而且，随着对象越复杂，它所要求的抽象性越高。问题也正在这里。有人可能会问，我所面对的问题都是具体的，为什么要花那么大的力气搞那些"抽象"呢？这就涉及人认识事物、解决问题的规律性问题。人认识世界、解决问题最终肯定都要回到或落到具体的问题上，但人的认识路线不可能是从具体到具体，而是要走一条曲线，走一个圆圈，先要把"具体"上升为"抽象"，然后再用"抽象"指导，回到"具体"。人如果陷在具体事物的圈子里，虽然离具体事物很近，却反而看不清具体的事物。这可能也属于"不识庐山真面目，只缘身在此山中"吧！就像人们站在地面上反而看不全看不清地球表面的东西，需要飞到一定的高度，如果能坐在航天飞船上往下看，就能把地球的形势看得一清二楚。人们掌握了哲学的抽象思维，就像跳出地球登高俯视一样，对各种具体事物的"庐山真面目"就不难揭晓了。而随着人的哲学思维在实践中的升华，其抽象程度也就会越来越高，所驾驭事物的范围也会越来越大，由此就会出现李瑞环同志讲的，你遇到的场面越大，哲学的作用越大；你碰到的问题越困难、越复杂，它的效力越神奇等等有意思的现象。可见，哲学思维并不是专属于哲学家的，每一个在世界上和社会中生活、工作的人都需要哲学，需要哲学的智慧和思维，对于当今时代的年轻人来说，就更是如此。我们希望这本小小的《哲学基础知识（修订版）》能成为青年学生学习哲学的入门书，使他们通过学习和实践真正体验出哲学的精神，特别是体验到哲学的作用，这无论对他们做人还是做事、成长成才都将是十分重要的。

第一章

坚持从客观实际出发

人们“想问题”“做事情”都有一个基本的出发点，是从主观出发，还是从客观实际出发，这是我们能否正确地思考问题、把事情做好的前提。随着人类社会的进步和科学技术的发展，人们认识世界、改造世界的能力愈来愈强，对世界影响愈来愈大。这对人们坚持从客观实际出发、按客观规律办事提出了更高的要求。我们应当更清楚地了解自然界、人类社会和人自身的客观性，认识物质和意识的本质，学会正确处理人与自然、人与社会的关系。

第一节　世界是客观存在的物质世界

世界的构成及其本质

周围的世界很精彩。我们每个人都生活在现实的世界中，每时每刻都要和周围的世界打交道。世界“是什么”，同我们自己有什么样的关系，这些问题上升到哲学的高度，就是世界的构成和本质的问题，也就是世界观的问题。**所谓世界观，是人们关于整个世界以及人和世界关系的总的、根本的看法。**这里，所谓“对世界的总的、根本的看法”，就是对整个世界的最具有普遍性的问题作出解答。因此，哲学的世界观具有系统性和总体性，它和人们日常形成的关于世界的某些局部的、零散的、片面的认识是不一样的。哲学对现实世界的思考，是以人类不断发展的全部实践和知识为基础的。要形成正确的世界观，首先必须对整个世界有一个基本的认识和了解，因此，必须学习科学，开阔视野，扩展自己的知识面。我们人类对整个物质世界的认识，是一个不断打破自我中心论，不断扩大自己的生活半径、认识半径的过程。

人对周围世界的认识和思考，是随着实践的发展、认识范围的扩大而不断深化和拓展的。事实上，每个人都有自己生活于其中，也就是自己所认识和理解的“世界”。发生认识论指出，婴儿是以自我为中心的，少数的几个同他有关系的人，以及周围的一些玩具等等，就构成了婴儿的“世界”。如果婴儿有“世界”观的话，那么，这个世界观肯定是极为狭隘和封闭的。其实不光是婴儿，一个处在自给自足自然经济状况下的农民，他生活的范围不过方圆几十里，他对“世界”的认识不超出他周围的村庄、小河，对山那边是什么毫无所知，他也不可能形成正确的“世界”观。

人类对世界的认识是没有止境的。随着科学的进步，人类对现实世界的认识以我们所在的宏观世界为基础，分别向着大尺度的宇观世界（宇宙天体）和小尺度的微观世界（亚原子层次的微观粒子）这两个方向拓展。根据现代科学对宇宙的认识，整个世界至少包括微观、宏观、宇观三个层次。现在人类不但了解地球、太阳系、银河系，而且知道河外星系、星系团、总星系。对物质内部结构的认识，已经由分子、原子、原子核达到基本粒子和基本粒子的内部结构如夸克等。

想一想

如果我们每个人都以自我为中心，以自己有限的生活范围为半径，我们可能形成什么样的“世界”观？

应当指出，哲学上讲的世界，不仅仅是在空间和时间上具有无限性的自然物质，同时更重要的，是要看到世界在物质形态上具有多样性，在结构层次上具有多样性，世界不仅仅有非生命物质，还有生命物质，不仅仅有自然，还有人和社会。因此，**自然界、人类社会和人自身构成了整个物质世界。**

自然界是指与人类社会相区别的物质世界，它是各种物质系统的总和，通常分为非生命系统和生命系统两大类。非生命系统包括基本粒子（或量子场）、原子、分子，直到各种天体。现代自然科学表明，非生命系统的结构、性质和运动规律都是由引力、电磁力、弱相互作用力、强相互作用力相互作用决定的。生命系统包括团聚体（微球体）、细胞、植物、动物，直到人体。生命系统不仅组织程度高，而且具有新陈代谢和自我复制的能力。

人类社会是人们在特定的物质资料生产方式基础上相互交往、共同活动形成的各种关系的有机系统。在汉语中"社"指古时祭地神之所，"会"是众人之聚合，聚合不是单个人的相加，而是各种要素、关系相互作用所构成的整体。其中，经济结构、政治结构、文化结构是社会的基本结构，它们相互联系、相互制约，构成了人类社会的活的有机体。

就人自身来说，从生物学意义上讲，人是一种动物，属于哺乳动物纲、灵长目、人种、人属。人类是从古猿发展而来的，但是类人猿和人在进化史上都很年轻，如果假设地球现在的年龄为 12 小时，那么人类的寿命还不到半分钟。人的出现，使地球上开出了最美丽的思维的花朵，极大地改变了自然界的面貌。在改造自然和社会的过程中，人也在不断地进步。人本身是物质与精神、生命与社会、体能与智能的统一，人不仅有生理结构，而且有心理结构、智力结构、知识结构、能力结构，十分高级和复杂。

想一想

我们每个人生活的"世界"，同自然科学讲的"世界"，以及哲学所理解的"世界"有何区别与联系？

我们所处的世界如此巨大和复杂，世界中的事物具有多种多样的形态。在这些不同形态的事物之间有没有统一性，它们是如何统一起来的，这就是哲学所思考的世界的本质、世界的统一性问题。古往今来，人们从来没有停止过对这些问题的思考。历史上进步的思想家在其所处的条件下，对这些问题提出过许多合理的思想。

我国古代诗人屈原在其著名的诗篇《天问》中，对宇宙、人生、历史等提出了一百多个问题，涉及宇宙起源、世界本质等一系列问题。对于《天问》中提出的问题，柳宗元写了《天对》进行回答。他认为，世界是由"元气"构成的，万物的变化是"元气"所包含的阴阳二气相互作用的结果，宇宙间不存在上帝和诸神的主宰。这是一种朴素唯物主义的思想。

在对世界的本质和统一性问题进行探索的过程中，不但有唯物主义的观点，同时，各种唯心主义的观点也产生和发展起来，由此产生了唯物主义与唯心主义的对立。唯物主义认为世界统一于物质，物质是第一性的，物质决定意识。唯心主义认为世界统一于意识，意识是第一性的，意识决定物质。**唯物主义与唯心主义是两种根本对立的世界观。**

在西方，基督教《圣经》描述了上帝创造世界的神话：在六天内，上帝依次创造了光、空气、地、海、植物、日月星辰、鱼、鸟、牲畜、昆虫和野兽，并按自己的形象创造了人类；第七天，万物造齐，上帝休息。这显然是十分荒谬的。各种宗教尽管形式不同，但就其都主张某个无所不知的神创造和主宰世界而言，在本质上都是一样的。宗教创世说是唯心主义的一种形式。

唯物主义世界观经历了一个漫长的发展过程。唯物主义共同的前提是从物质世界本身理解物质世界，排除了在物质世界之外有神或某种精神性的存在作为世界的主宰。

> **名人名言**
>
> 唯物主义的基本前提是承认外部世界，承认物在我们的意识之外并且不依赖于我们的意识而存在着。
>
> ——列宁

马克思主义哲学以实践和科学的发展为基础，在全面总结哲学史、科学史的基础上，对世界统一性的问题作出了科学的回答：**世界的本质是物质的，物质是不依赖于人的意识并能为人的意识所反映的客观实在。**

马克思主义关于世界统一于物质、物质是客观实在的观点，正确地揭示了包括自然、社会和人在内的各种各样的物质形态的共同本质，它对我们认识世界、改造世界有十分重要的方法论意义。世界上的各种事物，不管简单还是复杂，低级还是高级，大到宇宙天体，小到基本粒子，从无机物到有机物，从无生命到有生命，从动物到人，这些形形色色、纷繁复杂的事物，它们是如何生成、联系、转化的，即如何统一起来的，只有从世界物质统一性的原理出发才能得到科学的解答。世界上的任何一种事物，不管具体特点如何，其实都是物质的一种具体形态，它们所具有的本质共性是客观实在性，它们是按照物质本身所固有的规律生生不息地运动、发展和相互转化的，并不断由低级形态生成和发展出高级形态，由此才形成了自然、社会和人相统一的整个世界。

自然界、人类社会都是客观的

世界是物质的，就是说构成世界的自然界、人类社会和人自身都是物质的，它们都是客观实在的具体的物质形态。

如何理解自然界是客观的呢？

首先，**自然界在人类产生之前就存在，它不由人的意识所决定，并按自身的规律而发展。**大量的科学事实表明，自然界的天地万物都有其产生的客观过程，有其发生、发展的客观规律。人类是自然界发展到一定阶段才出现的。自然界既不是神的意志的产物，也不可能是人的意志的产

> **名人名言**
>
> 一切自然现象都有物质原因作基础，同样，人类社会的发展也是受物质力量即生产力的发展所制约的。
>
> ——列宁

物。自然界是一种客观存在。

广义的自然界指的是整个宇宙，狭义的自然界指的是我们所在的地球。宇宙是广漠空间和其中存在的各种天体以及弥漫物质的总称。科学分析表明，组成地球和其他天体的化学元素是相同的。天体物理学表明，所有天体的运动规律是一致的。过去唯心主义者说，宇宙中有地上的世界，还有诸神活动的“天国”的世界，这种说法早已站不住脚了。

据科学家推断，太阳约在50亿年前形成，地球现在的年龄约46亿岁。地球形成之初，原本没有生命，只存在无机物。通过长时间的地球演化，才生成了有机的小分子物质，如核苷酸、氨基酸等。这些物质经过长期的相互作用，在一定的条件下，逐步成为可与外界进行简单物质交换的多分子体系。多分子体系经过逐步演变，特别是由于蛋白质和核酸的相互作用，最终出现了有原始新陈代谢功能并能进行自我繁殖的最早的生命。生命活动是物质运动的形式之一，它的物质基础是蛋白质、核酸、糖类、脂类、水和无机盐等。

名人名言

相信有一个离开知觉主体而独立的外在世界，是一切自然科学的基础。

——爱因斯坦

无机自然界在特定的条件下产生了生命物质。生物界又经过漫长的由简单到复杂、由低级到高级的演变和发展，才出现了植物和动物。高级动物——猿类的一部分又经过漫长、复杂的演变而成为了“万物之灵”的人。从这个意义上讲，我们的血、肉和头脑都属于自然界，人始终是自然界的一部分。

南方古猿是从猿中分化出来的最原始的人科代表，具有猿和人的混合特征，能直立行走，代表了由猿到人演化过程的过渡阶段。它们生活在距今500万年～120万年的东非和南非等地。它们的脑容量变化范围由早期的450毫升到晚期的725毫升。它们可能像现代的类人猿一样具有即兴使用树枝、木棍、石块的能力，但没有有意识制造工具（石器）的能力。大约在距今250万年前后，由南方古猿演化出了最早使用和有意识制造石器的原始人类——能人。它们生活在距今250万年～150万年，代表了人类演化历史中的早期猿人阶段。它们的平均脑容量约640毫升。它们制造的石器是一些由砾石打制而成的非常简单的粗制砍砸器。

其次，**人类产生以后，人类改造自然的活动虽然使自然界发生了巨大的变化，但是，自然界的存在与发展仍然是客观的。**人类通过自身的活动在自然界打下了人类意志的烙印，但人不可能改变自然界存在和发展的规律。人不能主宰自然界的发展，而是必须以自然界的客观发展为基础才能获得人类自身的发展。自然界的发展仍然是不以人的意识为转移的。

人通过有意识、有目的的活动，使自然界发生了巨大的变化。今天，天空中有数不清的人造地球卫星、空间站、太空探测器在转动、在运行；地面上有数不清的公路、铁路、桥梁、人工河、人工湖、人造森林等等形成人化自然的环境；海洋里海底隧道、海底电缆联结着五大洲。由于信息化、数字化技术的发展，在现实的世界上，还产生了数字化的“虚拟世界”。人们利用各种自然资源，为自己创造了数不清的物质产品，来满足自己生存和发展的需要。但是，在感叹人对自然界产生巨大影响的同时，我们仍要承认：自然界的存在和发展依然不以人的意识为转移，自然界仍然是客观的。

想一想

我们对自然界的改造，是否改变了自然界的客观规律？

一个明显的事实是，我们利用和改造自然物，有一个基本的前提，即这种自然物必须客观存在着，并且具有可以被人们利用和改造的属性。人们利用和改造自然物不能凭空想象某种自然物，也不能凭空想象它有什么属性。同时，还有一个明显的事实，即我们改造和利用自然物，必须要按照自然物固有的属性和发展规律，我们不能凭自己的意志改变自然规律，更不能创造自然规律。自然规律的客观性是自然界客观性的突出表现。

我们可以制造出各种现代的建筑材料，并用这些材料建筑起现代的楼房。但哪些东西能成为建筑材料的原料，不是由人主观决定的。我们可以设想利用高温超导材料制造“磁悬浮列车”，可是如果没有高温超导材料及其特殊属性，磁悬浮列车就永远只能停留在图纸上。我们可以在长江三峡建设拦河大坝，提高水位、蓄洪发电。这个伟大工程所体现的恰恰是对自然规律的认识和利用，而不是对自然的破坏。我们还可以实现“南水北调”“引黄济津”，从而合理利用水资源，满足我们的需要。但这必须建立在有长江、黄河“水”的客观存在的基础上，才能谈到“调”和“引”，而且，如何“调”和“引”也必须符合水文、生态等的客观规律。

如果说理解自然界的客观性比较容易，那么理解人类社会的客观性则比较困难。这是因为自然界的万事万物没有意识，自然界的客观性通过各种自然物自发相互作用的过程表现出来。而社会是由人组成的，社会的发展离不开人的活动，而人总是在一定思想动机的支配下，按照某种目的、愿望、动机进行活动的。要说社会的发展不依赖于人的意识，难免会使人感到困惑。确实，人的目的、愿望、动机等等对历史事件的形成和历史的发展起着十分重要的作用。尤其是杰出人物、领袖人物的意识、意志对社会的变迁和社会的发展起着不可低估的作用。但唯心主义者夸大了人的意识，特别是个别英雄人物的意识在社会历史中的作用，而否定了社会发展的客观性。

马克思主义的创始人深入研究了人类社会的发展规律，他们并不否认人的思想、意识在社会发展中的作用，但是强调对社会发展的认识不能仅仅考察人们的思想动机，而应当研究思想动机背后的物质根源。如果仅仅考察人们的思想动机，人类历史就只能是各种各样偶然事件的堆积，就看不出历史发展的客观规律。

名人名言

以往的历史理论至多只是考察了人们历史活动的思想动机，而没有研究产生这些动机的原因，没有探索社会关系体系发展的客观规律性，没有把物质生产的发展程度看作这些关系的根源。

——列宁

历史唯心主义往往用个别杰出人物的思想动机来解释历史上发生的事件，但它不能说明，历史上这些杰出人物的思想动机又是怎么产生的，为什么在一定历史时期，只能产生这样的动机，而不能产生另外的动机。显然，思想动机并不是社会发展的最终根源。马克思主义在哲学中的革命变革，就在于把唯心主义从它最后的避难所——人类历史领域中驱逐出去，建立了科学的唯物主义历史观。

人类社会充满各种偶然的历史事件，马克思经过艰苦的科学研究，发现了在杰出人物思想动机背后的物质根源：人类社会的发展是以物质生产为基础的有规律的过程。

马克思主义认为，人类社会的发展是由物质力量即生产力的发展所决定的。生产力的发展水平和发展要求决定着社会的发展，人们既不能随心所欲地选择生产力，也不能随心所欲地发展生产力，生产力的发展有自身的客观规律。生产力的发展决定了社会的生产关系和其他社会关系，也决定了社会的政治制度、阶级关系和其他思想关系，这样，社会就在生产力发展的客观基础上向前发展着。任何英雄豪杰只有顺应社会生产力的发展要求，才能把社会推向前进，否则只能对社会发展起阻碍和破坏的作用。因此，**社会的发展遵循着不以人的意志为转移的客观规律，社会的存在和发展是客观的。**

想一想

历史活动由人来实现，历史的发展又不以人的意志为转移，这是否有矛盾？

十一届三中全会以后，我国农村实行了家庭联产承包责任制，获得了巨大的成功。这一做法最初是由安徽省凤阳县的农民冲破“左”的思想的束缚提出的，反映了全国农民的愿望。但这一愿望和做法并不是由人随意决定的，而是反映了我国农村生产力发展的实际水平和客观要求。新中国成立以后，我国正反两方面的经验表明，生产关系不能由人的主观愿望而随意决定，它必须体现解放生产力、发展生产力的要求。

总之，人类社会是个特殊的领域，它和自然界相比有不同的特点，社会的发展要通过人的自觉的活动。但人类社会仍然是统一的物质世界的一部分，社会的发展同样遵循着不以人的意志为转移的客观规律，社会的存在和发展是客观的。这里我们对人类社会的客观性有了初步的了解，在后面的第四章中，我们还要学习生产力和生产关系、社会存在和社会意识相互关系的原理，进一步加深对社会发展客观规律的理解。

议一议

对比一下自然规律和社会规律，二者的实现方式有何不同？体会自然与社会的对立统一。

人在客观世界中的地位

我们了解了自然界和人类社会都是客观的，是统一物质世界的组成部分，这其中也就包含了对人自身的理解。因为人并不是外在于自然界和人类社会的，人也是客观物质世界的一部分。只有从这个基点出发，才能正确认识人在客观世界中的地位。

在人类已经观测到的数千亿个星系当中，银河系只是其中一个，银河系中类似太阳系的恒星有上千亿个，太阳系也只是其中的一个。而地球只是太阳系中的一颗行星。如果展望茫茫宇宙，地球以及地球上的人只是沧海一粟，确实太渺小了。有的唯心主义者认为整个世界都是自己的感觉，认为世界上的一切都是在自己的感觉中发生的，这未免太可笑了。

但在目前已知的所有的生物当中，人又是最伟大的。因为人通过自己的活动，不但利用自然而且改造自然；不但使地球的面貌发生了翻天覆地的变化，而且开始向地球以外的星球拓展；人们不但可以"虚拟现实"，而且可以"克隆生物"，甚至可以"复制自身"。人到底应当如何正确认识自己，正确认识自己在客观世界中的地位，是一个十分重要的问题。

人之所以高于地球上一切其他的生物，在于**人是一种特殊的和高级的物质形式。**人既具有一般物质的共性，同时又具有其他物质所不具有的特殊的能动性。物质性和能动性的统一是人的基本特点。**人自身能力的发挥，一方面取决于对自身物质潜能（体能和智能）的开发，另一方面取决于人对外部世界（对象）的认识。**

人的活动处处体现出物质性与能动性相统一的特点，或者更确切地说，人是一种靠能动性来调动和发挥的物质力量。举重运动员能举起比自己的身体重得多的杠铃，这一方面是因为他有很好的身体素质，同时也因为他经过训练，能够在一瞬间由精神把全身的力量调动起来、集中起来，从而释放出巨大的能量。

议一议

举一个自己生活、工作中的例子，说明在人身上，物质性与能动性是如何统一的？二者是否有矛盾？

正因为人具有物质性和能动性相统一的特点，就决定了人在客观世界当中是一种特殊的存在物，人既不能脱离自然界，又不会满足于自然界的状况；人既要依赖自然，又要改造自然，这就是人在客观世界中的地位。

人是从自然界中产生出来的，人的血肉、身躯、头脑都是属于自然界的，人类永远是自然界的一部分。由于人类改造自然能力的不断增强，人类产生了错觉，认为自己已经成为自然界的主宰，似乎在自然界面前可以为所欲为，这其实是完全错误的。人和自然的关系永远不是也不可能成为主宰与被主宰的关系，只能是顺应自然、改造自然，与自然界和谐共处的关系。假如自然界由于自身的原因或者我们人类的破坏不适合人的生存了，人类就失去了生存的条件，就要走向灭亡。因此，人的能动性不论多大，都必须清醒地认识到，人必须顺应自然、爱护自然。爱护自然就是爱护人类自己，破坏自然就是毁灭人类自己。

想一想

我们的每一个行动是否都体现出了我们和自然界血肉相连的关系？

第二节　人的能动性及其后果

人的能动性

具有自觉的能动性是人区别于动物的根本特点。正因为人有能动性，人在整个物质世界当中才具有特别的地位和意义，人才不仅仅是自然界的一部分，而且还从自然界中区分出了人类社会。人正是通过社会，以实践的方式，同自然界发生关系，创造着自身的历史。可见，人类产生以后，由自然、社会和人所构成的物质世界，所有的关系都和人联系着，实际上都和人的能动性联系着。人的能动性，又叫自觉能动性或主观能动性，是人类特有的能力。

我国古代有“女娲补天”“精卫填海”“夸父追日”等故事。这些故事表达了古人对人的精神和能力的向往与追求，他们希望人能够通过努力改变自己在自然中的地位，摆脱自然环境对人的“压迫”。战国时期的荀子提出“制天命而用之”，认为歌颂天、迷信天，不如利用自然规律，发挥自己的能力，改变自己的命运。2 500 多年前的李冰父子率领蜀人“深淘滩，低作堰”，治水害、兴水利，修建了举世闻名的都江堰水利工程，至今仍造福着天府之国。今天，我们正在建设“数字化地球”。可见，人不仅能认识世界，还能够改造世界。在世界万物当中，只有人是具有能动性的物质。

人的能动性表现为“想”和“做”。人与客观世界，是一种认识与被认识、改造与被改造的关系，是一种实践关系。人的活动无非是“想”和“做”。“想”就是动脑筋去认识事物、了解事物；“做”就是通过实践去改造事物、创造事物。正如毛泽东所说：“一切事情是要人做的”，“做就必须先有人根据客观事实，引出思想、道理、意见，提出计划、方针、政策、战略、战术，方能做得好。思想等等是主观的东西，做或行动是主观见之于客观的东西，都是人类特殊的能动性。这种能动性，我们名之曰‘自觉的能动性’，是人之所以区别于物的特点”。

想一想

用具体事例说明人的能动性在不同情况下的表现。

人办任何事情都离不开“想”和“做”两个方面，经常听到有人在做事情之前说“让我好好想一想”，就是说在实践之前必须认真地思考，提出明确的计划、方案，才能把事情做好。“先思后行”是人的行为的基本特点。只有鲁莽家才不动脑筋、没有目的、没有计划。不想就做，或边想边做，在实践中没有不碰钉子的。

可见，正确的思想在人的行动、实践中起着非常重要的作用。但是，人不但能产生正确的思想，也能产生许多错误的、荒谬的思想。这是怎么回事呢？人的各种各样的思想、观念等等都属于人的意识，为了更好地发挥人的主观能动性，我们必须对人的意识这种现象有基本的了解。

人的意识非常复杂，它是人的全部精神现象的总称。思维是意识的高级形式，但并不是意识的全部。人的意识，从总体上看是知识、情感和意志（知、情、意）的统一，在意识的形式上又可以分成理性意识与非理性意识、潜意识与显意识、对象意识与自我意识等等，十分复杂。

现代科学证明，意识是叫作人脑的这样一块特别复杂的物质的机能。人脑是高度复杂的物质体系，以人脑为核心组成的神经系统遍布人体全身，联结人体的各个器官，对来自外界因素刺激而输入的信息进行加工处理，又利用神经反射活动输出有关信息。

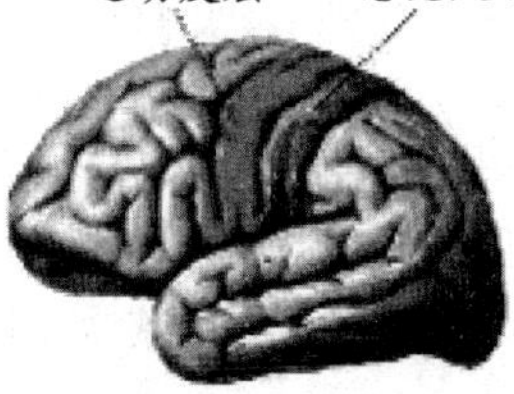

大脑皮层
功能分区

现代科学还证明，**意识不是人脑固有的或自生的东西，而是人脑对客观对象的反映。**人脑只不过是一个“加工厂”，而被加工的“原材料”或“半成品”则来自客观世界，必须靠实践这个“中转站”或“运输道”送进“加工厂”，才能生产出意识这个“完成品”。

名人名言

意识一开始就是社会的产物，而且只要人们存在着，它就仍然是这种产物。

——马克思、恩格斯

意识是人脑对客观事物的反映。但是，离开实践，意识就不能产生。一些地方发现过狼孩、熊孩、猪孩。他们虽然为人所生，但从小生活在动物群体之中，跟动物一块生活、长大，养成了动物的习性，不会劳动，不会说话，也不会思维。可见，人虽然有头脑，但若长期脱离社会实践，还是不能产生意识。

意识是人脑对物质世界的反映，但是这种反映并不是像照镜子那样的消极被动的过程。人脑在接收信息的同时，又对这些信息进行着能动的加工和改造。

人们通过感官接受外界信息、处理外界信息时，是和个人的经验、观察能力、理解能力等相联系的，一句话，和人的社会实践紧密联系。看右边这幅图，如果你头脑中有“复活节岛石像”的“经验”，你就能很容易看出这是石刻的一张人脸，但如果你有“爱斯基摩人”的“经验”，你就会同时看出那是一张“爱斯基摩人”画像。

意识是能动的，在意识反映客观事物的时候，既可以近似真实地摹写客观对象，也可能会失真、虚幻、荒诞地反映客观事物。

仔细看上面的图，你可能会认为左图白色结点中有闪烁的黑点，这其实是错觉。而右图则是一个现实中不可能出现的三角形。

在复杂的社会生活中，意识活动比前面讲的“看图”复杂得多，特别是意识的高级形式——人的思维或理性认识不仅能够“复制当前”，而且能够“追溯过去”，还可以“推测未来”。

所谓“复制当前”，就是对现状的感受和认识。人们总是生活在特定的历史发展的某一阶段中，这一阶段的种种客观存在，自然、社会的发展变化，政治、经济、文化生活的具体状况，都会通过实践作用于人们的头脑，从而形成对现阶段的具体鲜活的形象，同时，人们通过思考还会作出理性的判断。

所谓“追溯过去”，就是根据自然史、社会历史在漫长的岁月中留下来的种种痕迹、实物器件、各类资料，通过头脑的加工分析，形成对历史的映像、思考和总结。

意识还能够“推测未来”，这是意识具有能动性的十分重要的表现。人们根据事物的过去、现在，可以推测事物的将来，人们可以想象未来事物的状态，预见事物发展的趋势，规划将要采取的行动方案。人类已经进入21世纪，社会的发展越来越快，预见和把握世界未来的发展趋势变得越来越重要。我们要用科学的发展观指导自己的行动，实现全面协调、可持续的发展，就不能只顾眼前、不看长远，而要立足现实科学地预测未来，也就是要在尊重客观规律的基础上充分发挥意识的能动性，预见未来、创造未来。

议一议

人们为什么要“推测未来”？了解未来科技发展趋势有什么意义？

名人名言

我们的感觉、我们的意识只是外部世界的映象。

——列宁

意识是人脑对客观世界的反映。但是，这种反映并不总是正确的。事实上，人的意识能够正确反映客观对象，也能产生错误的反映，**但无论正确的思想意识与错误的思想意识都是**

人脑对客观存在的反映。当人们的意识正确反映客观事物对，人们就得到真知；当人的意识虚幻或歪曲地反映客观世界时，就会产生各种谬论以及宗教和迷信观点。为什么说错误的甚至荒诞的意识也是对客观世界的“反映”呢？因为，意识不会主观自生，不管是正确的意识，还是错误、虚幻的意识，都是客观事物在人们头脑里的反映，都是外界事物进入人脑产生的主观映象。意识不论正确与否，其反映的内容都能在现实世界中找到某种客观的“原型”。同样一个客观事物在不同人的大脑里可能反映成不同的东西，成为不同的映象，其原因是多方面的。由于人们的利益不同，立足点不同，所持的立场不同，对客观事物的反映就会不同。而且观察与思考问题的方法不同，也直接影响着人们对客观事物的反映的正确性。此外，人的知识结构也极大地影响着对认识对象的理解。

神灵鬼怪这些东西，在实际生活中并不存在，但在人们的思想中往往会出现。人们头脑里为什么能产生这些实际生活中不存在的东西呢？这是因为神灵鬼怪在实际生活中虽然不存在，但构成神灵鬼怪的“零件”，在实际生活中却是存在的。《聊斋志异》的《画皮》篇，描绘了一个狞鬼的形象。此鬼“面翠色”，“齿如锯”，“卧如猪嗥”，“身变作浓烟”……这里所说的“翠色”“锯”“猪嗥”“浓烟”，哪一样不是客观存在的事物呢？所谓狞鬼，不过是这些东西在人们头脑中的反映，又经过人脑的重新制作罢了。鲁迅说得好：“天才们无论怎样说大话，归根结蒂，还是不能凭空创造。描神画鬼，毫无对证，本可以专靠了神思，所谓‘天马行空’似的挥写了，然而他们写出来的，也不过是三只眼，长颈子，就是在常见的人体上，增加了眼睛一只，增长了颈子二三尺而已。”

人的能动性的两种后果

人的活动是有目的、有意识的活动，是一个能动的过程、实践的过程。人的活动主要是“想问题”和“做事情”，在“想”和“做”时，人的能动性具体表现为：

第一，人的活动具有目的性和计划性。人们在反映客观事物时，总是基于实践的需要带有一定的主观倾向和要求，抱着一定的动机和目的。马克思曾经这样说过：“蜘蛛的活动与织工的活动相似，蜜蜂建筑蜂房的本领使人间的许多建筑师感到惭愧。但是，最蹩脚的建筑师从一开始就比最灵巧的蜜蜂高明的地方，是他在用蜂蜡建筑蜂房以前，已经在自己的头脑中把它建成了。”

人们在实践基础上所形成的预见和创造性的认识，如预定的目标、活动方式和步骤等，都具有目的性和计划性，能指导人们的活动。按照邓小平建设中国特色社会主义的理论，我国要分“三步走”来实现社会主义现代化的宏伟蓝图。现在，我国人民正满怀信心地为实现第三步战略目标而努力奋斗。

> **名人名言**
> 世界不会满足人，人决心以自己的行动来改变世界。
> ——列宁

第二，人的活动具有主动创造性。人的意识对客观世界的反映是一个能动的创造性的过程。意识不仅能够反映事物的外部现象，而且能够由感性认识上升到理性认识，反映事物的本质和规律。更重要的还在于，人们能够以理论和思想为指导，通过实践把观念的东西变成现实，以自己创造性的活动改造世界。

1986 年，王大珩、王淦昌、杨嘉墀、陈芳允四位老科学家提出了要跟踪世界先进水平，发展我国高新技术的建议。邓小平两天后就作了批示："宜速决断，不可拖延。"经过广泛、全面和极为严格的科学和技术论证后，中共中央、国务院批准了《高技术研究发展计划纲要》（"863"计划）。这个计划在对中国未来经济和社会发展有重大影响的生物技术、航天技术、信息技术等 7 个领域，确立了 15 个主题项目作为突破重点，以追踪世界先进水平。"863"计划于 1987 年 3 月正式开始组织实施。"863"是中国高科技的一面旗帜，自实施"863"计划以来，我国在生物、信息、自动化、新材料、能源和海洋技术等领域以及超导、信息安全等方面取得了丰硕成果。"863"计划的实施和已经取得的成功，突出地体现了人的能动性。

第三，人的活动与个人所具有的精神状态紧密相关。积极主动的进取精神，吃苦耐劳的牺牲精神，百折不挠的坚强意志，孜孜不倦的务实态度，都是人的能动性的重要表现。

人们在"想问题""做事情"时，也就是在认识世界和改造世界的活动中，决心、意志、干劲等精神状态，对这些活动的导向与选择、激发与抑制、控制与调节有着巨大影响。我国著名艺术大师徐悲鸿的画是艺术宝库中的瑰宝，尤其是他画笔下的马更是令人叫绝。但是，徐悲鸿画马的本领不是天生的，他所画的马也不是他头脑中主观自生的。徐悲鸿经常观察马，有时甚至整天待在马场里，观察马的各种不同的姿态，连饭都顾不上吃。由于长期的认真观察，在他的头脑中形成了对马的深刻印象，从而创作出超凡脱俗的多种姿态的马，达到"一洗万古凡马空"的艺术高峰。徐悲鸿画马的故事以及许许多多科学家获得科学发明的故事都说明人的精神、意志等是人的能动性的重要方面，在人的活动中起着十分重要的作用。

人类从它产生的时候开始，就能动地改造着自然。人类的发展极大地增强了对自然的能动性。经过农业文明到工业革命时期，人们从自然界获取了巨大的物质财富，人们利用不断变化发展的工具，创造着越来越多有利于人类生存和发展的物质产品。在今天，我们面临的自然，几乎都深深打上了人的活动的烙印。因为人的能动作用，人们获得了很多具有积极意义的成果。

但是，在改造客观世界的过程中，由于认识的局限、错误思想的影响和短视的眼光，以及对狭隘利益的追求，人们在发挥主观能动作用的同时，也对自然界造成了破坏，作出了许多盲目、幼稚的行为。

发达的立交桥网

疾驰中的磁悬浮列车

水土流失造成土地干裂

植被遭到破坏

可见，人是具有自觉能动性的动物，人的能动性通过人的有意识、有目的地改造世界的活动体现出来。人的意识在发挥人的能动性的过程中起着十分重要的作用。**用正确的意识指导实践，就能在改造世界的活动中取得成功，**促进事物的发展，为人类谋利益。**用错误的意识指导实践，就会在改造世界的活动中失败，**阻碍事物的发展，造成对客观事物的破坏，人类的利益也不可能得到实现。

想一想

现代人类在发挥主观能动性改造世界的过程中，取得了哪些成功，做了哪些蠢事？

在中国古代的寓言中，有“南辕北辙”的故事，讲的是马跑得再快，如果方向错了，也只能离目标越来越远。我们人类在发挥自己的能动性时也要从中吸取教训，要考虑能动性的两种后果，如果不按照客观规律发挥能动性，劲使得越大，破坏性的后果就越严重。

发挥主观能动性必须尊重客观规律

人的能动性有大有小，其结果有积极、消极之分，要充分地发挥人的主观能动性，努力争取积极的结果，避免消极的结果，就必须尊重客观规律。**客观规律是不以人的意志为转移的物质运动本身所固有的规律，它是事物或现象的本质的、必然的、稳定的联系。**不管你认识它也罢，不认识它也罢，喜欢它也罢，不喜欢它也罢，它总是存在着，并且以不可抗拒的力量产生作用。人们必须认识客观规律，利用客观规律，按客观规律办事。

规律是客观的，客观规律始终制约着人的主观能动性的发挥。违背客观规律就要受到惩罚。因此，**尊重客观规律是发挥主观能动性的基础和前提，**任何夸大主观能动性的做法都是错误的。

中国古代有揠苗助长的故事，说的是一个人急于求成，想用拔高秧苗的办法促进庄稼的生长，结果是事与愿违。这个故事虽然简单，但能说明很多道理。我们要想取得某一件事情的成功，就必须下功夫去研究这一事物的规律性。所有的事物都有自己的规律，生产有生产的规律，商品交换有商品交换的规律，经济发展有经济发展的规律，社会治理有社会治理的规律……我们按照事物的客观规律去发挥主观能动性，就能在实践中收到积极的效果。我们对客观规律认识的程度越深，发挥主观能动性的天地就越大，成效就越好；反之则越差。

规律是客观的，但人在客观规律面前又不是消极无为的，人们不仅能够认识规律，还能够利用规律。人们可以运用已经掌握的规律性的认识，指导自己的实践活动，改造世界，为自己服务。可见，**只有正确发挥人的主观能动性，才能认识和利用客观规律。**

想一想

举例说明人在客观规律面前不是消极无为的，人不仅能够认识规律，还能利用规律。

第一，人们能够通过发挥主观能动性，形成对客观规律的正确的认识，对事物发展的趋势和方向作出科学的预见，从而指导自己的行动。

事物的本质和规律是隐藏于现象当中的，我们能看到现象，但看不到规律。比如我们都能看见苹果从树上掉下来，但看不到万有引力。规律是事物现象之间内在的联系，只有凭思维才能把握。人只有通过实践，发挥主观能动性，运用抽象思维的能力，才能发现事物、现象之间的这种内在联系，即发现事物的客观规律。一旦认识了事物的某种规律性，就能对同类事物的发展作出预见，就能大大提高实践的自觉性。

第二，人们能够把规律作为行动的向导，运用对规律的认识去改造世界，为人类造福。也就是在认识客观规律的基础上，利用客观规律。

规律就其客观性而言本无利害、好坏之分，利害、好坏从来都是对人而言的。比如水由高处往低处流，电由正极流向负极等等，都是自然规律。自然规律运用得好，就能给人带来巨大的益处；若利用得不好，就可能形成巨大的祸害。我国的三峡工程拦河大坝全长1 983 米，坝高 185 米。三峡工程的各种设施就是人们发挥主观能动性创造出来的新条件，它在防洪、发电、航运、灌溉等方面所起的作用对人民群众是极为有利的。在实践中，由于人们对事物的复杂规律认识得不清楚，也有不少活动不但没有给人类带来有利的后果，反而造成了很大损失，这方面的教训我们也应当认真地总结和吸取。

第三，人们可以利用对规律的认识，改变或创造某些条件，限制某些规律发生破坏作用的程度和范围，变不利为有利。

议一议

对人们利用客观规律可能出现的正、反两方面的后果，各举一例加以分析说明。

客观规律起作用需要一定的条件。在某些条件下，客观规律可能对人产生有利的后果，而在另外的条件下，客观规律可能对人产生不利的后果。人的自觉能动性表现在可以自觉地创造条件或改变某些条件，从而改变自然规律起作用的方式，使规律的发生对人有利。比如洪水对人类是有巨大破坏作用的，但人可以通过掌握水的规律修建各种拦洪、蓄洪、引水、调水的工程，不但限制了洪水的破坏作用，还可以变害为利，为人民造福。

总之，在客观规律面前，**否认人的主观能动性，消极坐等、无所作为是不对的；否认客观规律性，不顾客观事实、客观条件，主观蛮干也是不对的。**只有在尊重客观规律的前提下正确发挥人的主观能动性，人们才能有效地认识世界、改造世界，在实践中获得更大的自由。

第三节 正确处理人与外部世界的关系

正确处理人与自然的关系

人是自然界的一部分。自然界中一旦出现了人，也就随之产生了人与自然的关系。**自然界既是人类社会得以产生的物质前提，又是人类生存、发展的环境和条件。**气候、地形、土地、矿藏、江河湖泊、生物、海洋等自然资源和环境，构成了生命的物质支持系统。没有人类，地球可以照常运转，自然界的生态过程也可以照常进行。但是，没有自然界，哪怕仅仅没有了绿色植物，甚至毫不起眼的微生物，人类就将无法生存。

名人名言

只要有人存在，自然史和人类史就彼此相互制约。

——马克思

人要生存，离不开衣食住行，而衣食住行所需要的物质资料都是人们直接或间接地从自然界获取的。自然界为人类生存提供了丰富的物质资料和广阔的地理空间，为人的生产活动提供了劳动对象和劳动资料。人对自然界具有高度的依赖性。美国曾经进行过“生物圈2号”的实验，希望在现有的技术条件下，用人工方法模拟一个能脱离自然环境而又能够让人类生存的生态系统，最终以失败告终。到目前为止，人类离开地球，离开自然界就无法生存。人是自然之子，地球是人类唯一的家园。

人类要生存和发展，就离不开对自然界的改造。人类也正是通过生产活动从自然界中获取物质生活资料，来满足自身衣、食、住、行等基本需要的。但是，人类在用自己的智慧和双手创造出自己所需要的物质财富的同时，也对自然界带来了破坏。特别是工业社会以来，人类在对自然界加以利用和改造时，往往以征服者的姿态出现在自然界，忽视了对自身行为的调节和控制，对自然界造成了空前严重的破坏。

我们不要过分陶醉于我们人类对自然界的胜利。对于每一次这样的胜利，自然界都会对我们进行报复。每一次胜利，起初确实取得了我们预期的结果，但是往后和再往后却发生完全不同的、出乎预料的影响，常常把最初的结果又消除了。美索不达米亚、希腊、小亚细亚以及其他各地的居民，为了得到耕地，毁灭了森林，但是他们做梦也想不到，这些地方今天竟因此而成为不毛之地，因为他们使这些地方失去了森林，也就失去了水分的积聚中心和贮藏库。阿尔卑斯山的意大利人，当他们在山南坡把在山北坡得到精心保护的同一种枞树林砍光用尽时，没有预料到，这样一来，他们就把本地区的高山畜牧业的根基毁掉了；他们更没有预料到，他们这样做，竟使山泉在一年中的大部分时间内枯竭了，同时在雨季又使更加凶猛的洪水倾泻到平原上。在欧洲传播栽种马铃薯的人，并不知道他们随同这种含粉的块茎一起把瘰疬症也传播进来了。

这是在一百多年前恩格斯在《劳动在从猿到人的转变中的作用》中对人类发出的警告。但是，人类并没有从中吸取教训。20世纪以来，随着科学技术突飞猛进的发展，现代人类对自然界的规律性有了更自觉的认识，而且又具备了更加强大的改造自然的能力和手段，从而创造了一个越来越远离天然自然的新的世界。然而，人类为满足自身日益增长的需要，向自然界无节制地盲目索取的行为，破坏了整个生态平衡，超出了自然界所能承载的限度，带来了当今威胁人类自身生存的全球性的人口危机、资源危机和环境危机。如果人类放任这种趋势的发展，自然界终将失去供养人类的能力！

想一想

你身边有自然环境遭到人为破坏的情况吗？

现在，全世界平均每分钟就有11公顷的土地沙漠化。我国有1/3的国土受到风沙的危害。

由于工业废物的倾入，河流遭受严重污染，使世界上大多数地区的自来水已不宜饮用。目前全球36个国家面临严重水荒，到2040年，全球将有6亿儿童生活在水极度匮乏的地区。水已成为21世纪国际社会最为关注的社会问题之一。

据专家预测：如果人类对由于燃烧矿物能源而释放的CO_2引起的“温室效应”不加以控制，将会导致极地冰川的融化，到21世纪末，海平面将升高30厘米～100厘米，沿海岸线居住的占全球人口2/3的人类将直接受到威胁。

人类对生态环境的污染和破坏，致使全球每天有75个物种从地球上消失。2015年，在第十四届世界林业大会上，专家警告：在过去的25年间，全球森林面积减少了1.29亿公顷。

所以，人类必须摆正自身在自然界中的位置，正确处理人与自然的关系。一方面，“人直接地是自然存在物”，人不能脱离自然界而生活。另一方面，人类要生存和发展，就要利用和改造自然，但人的活动不能超越自然所能接受的程度，必须建立在对自然客观规律正确把握的基础上。人和自然之间应建立起相互协调、和谐共处的关系。人类**既要改造自然又要爱护自然。人类只有一个地球，同自然界和谐相处，才能使现代文明得以存在和发展。改善人类与自然的关系已经成为人类在新世纪的头号课题。**

怎样才能实现人和自然和谐共处、协调发展呢？

首先，人类要正确处理人在自然界中的受动性与能动性的辩证关系。

人的受动性，是指人的自身、意识和活动受到自然和自然规律的制约。人的能动性，在这里，是指人可以通过有目的、有意识的活动，认识自然和自然规律，利用和改造自然。

其次，正确运用和发挥科学技术的作用。今天，人类的生存环境恶化并不是由于科学技术本身的错误，而是因为人类对人与自然关系的认识发生了偏差。科学技术是人类实现与自然协调发展的重要工具，为解决人与自然的矛盾提供了先进的手段。自然界环境恶化的治理，人类生存危机的化解，在很大程度上还要依靠科学技术的发展。

如对太阳能、风能等可再生能源的研究和利用，既可以缓解人类面临的能源危机，又能减少对自然环境的污染。

最后，走可持续发展的道路。可持续发展，就是既要考虑当前发展的需要，又要考虑未来发展的需要，不能以牺牲后代人的利益为代价来满足当代人的利益。一方面，人类在追求生存与发展权利的时候，要与自然协调发展；另一方面，人类在追求消费和发展的时候，要顾及子孙后代的利益，保护并留下世代相继、可持续利用的资源、环境和空间。

我国是一个人口众多、资源相对不足的国家。因此，一定要切实保护资源和环境，不仅要安排好当前的发展，还要为子孙后代着想，决不能“吃祖宗饭，断子孙路”，走浪费资源和先污染后治理的路子。**青年学生要自觉地提高自己的素质，树立人与自然和谐共处的意识，爱护环境，保护自然，为我国实现经济社会的可持续发展贡献力量。**

正确处理人与社会的关系

人类一形成，社会也就产生了。个人离不开社会，人是社会的人，人要受到社会的制约。社会物质生活条件是人存在和发展的基础。

首先，人的生存离不开社会。人要生存，就要有食物、衣服、住房等生活资料，而所有这些生活资料都是由社会提供的。

在原始社会，由于生产力水平十分低下，以及自然灾害的侵袭，人们只有成群结队地一起劳动，共同生活，才能战胜自然灾害，获取需要的食物。随着社会生产力的不断提高，出现了社会的分工。任何个人都只能从事某一种或几种具体的劳动，获得劳动产品。然而，一个人的生活需要总是多方面的，他自己的劳动产品只能满足自己某一种或几种需要，其他的生活资料就必须从社会那里获得。为了满足自身多方面的需求，人们便开始把剩余的劳动产品拿去同别人进行交换。这样，个人与他人就更加密切地联系在一起了。

其次，人的发展离不开社会。人的各方面素质和能力，是在一定的社会环境中，在改造自然和改造社会的实践过程中，逐步培养起来的。不断发展着的社会又为人的社会实践和人的发展提供了广阔的空间。随着社会的进步和发展，社会对人的要求也越来越高，人必须不断完善和改造自身来适应社会，这样也就促进了人的发展。

不同时代、不同社会的人，其发展程度是不同的。奴隶社会的奴隶是会说话的工具，他们只能从事笨重的劳动，根本谈不上个人的发展，因为社会没有给他们提供发展的条件。现代社会人的发展程度高于以往任何社会，根本原因在于生产和科学的发展，给每个人提供了前所未有的发展空间。脱离了一定的社会条件，人的素质和能力就无从提高。

最后，人还受到社会条件和社会规律的制约。每一时代的人都只能在既定的社会历史条件下进行各种活动。同时，人的活动要尊重社会客观规律，按社会的客观规律来办事。

任何人都只能面对而不能按照自己的主观愿望去选择自己所处的社会历史条件。虽然在社会历史领域，任何社会实践都是由人来参与的，但是，决定社会发展的并不是人的动机和目的，而是社会本身的规律性。谁违背了客观的社会规律，谁就要遭受社会规律的惩罚。

人的存在和发展依赖于社会，并受社会的制约。但是，个人又可以能动地作用于社会，促进社会的发展。人是社会的主体，没有人就没有社会，没有人的创造性实践活动，就没有社会的物质财富和精神财富，社会就无法实现进步和发展。社会历史的发展就是各个人的意志和活动相互作用的结果。个人对社会的发展所起的作用，一般说来分为两种情况：当个人的活动遵循社会的发展规律，适应社会历史发展的需要时，就对社会发展起促进作用；当个人的活动违背社会发展的规律和社会发展的需要时，就会对社会发展起阻碍作用。

想一想

什么是对社会的促进作用，什么是对社会的阻碍作用？

中国改革开放的总设计师邓小平，是一位伟大的马克思主义者。他热爱自己的祖国和人民，把毕生的精力和心血都献给了人民，献给了中国的革命和建设事业，为中华民族的独立和解放，为中国社会主义制度的建立和发展，为中国的改革开放和现代化建设，为使中国走向建设中国特色社会主义的正确道路，实现中华民族的伟大复兴，建立了不可磨灭的功勋，从而成为公认的20世纪中国的三大伟人之一。

综上所述，个人与社会的关系，是相互联系、相互依存、相互作用的辩证统一的关系。个人依赖于社会，受社会的制约；个人又可以能动地作用于社会，促进社会的发展。随着科学技术的进步和社会的发展，社会对人才提出了越来越高的要求。青年学生要充分发挥自己的主观能动性，学习和掌握现代科学文化知识，加强品德修养，强化技能，全面提高自己的素质，为将来走向社会、创业立业做好充分的准备，为实现我国经济社会的全面进步，为构建社会主义和谐社会作出自己的贡献。

坚持一切从实际出发，实事求是

自然界、人类社会和人自身构成了整个物质世界。物质世界是不依赖于人的意识，并能为人的意识所反映的客观实在。**物质世界的客观性，要求我们在任何时候、任何条件下，从事任何工作，都必须主观符合客观，坚持一切从实际出发，实事求是。**

一切从实际出发，就是想问题、办事情，要以客观存在着的实际情况为出发点、立足点，从客观的事实中找出解决问题的办法，使主观思想符合客观实际。比如，一个人去裁缝店做衣服，裁缝师要量体裁衣；一个人生病去了医院，医生要对症下药；一个家庭的开支，要量入为出；等等。

邓小平指出："我们的现代化建设，必须从中国的实际出发，无论是革命还是建设，都要注意学习和借鉴外国经验。但是，照抄照搬别国经验、别国模式，从来不能得到成功。这方面我们有过不少教训。把马克思主义的普遍真理同我国的具体实际结合起来，走自己的道路，建设有中国特色的社会主义，这是我们总结长期历史经验得出的基本结论。"

一切从实际出发，实事求是，是从物质世界的客观性中得出的必然结论，是科学的方法论。这就要求我们在学习、工作和生活中，坚持科学、诚实的态度，努力做到主观符合客观，根据客观存在的事实来决定我们的行动。同时要善于把握学习、工作和生活中的规律，按照客观规律办事，而不能盲目蛮干，以主观想象代替客观实际。

想一想

我们怎样才能做到主观符合客观？

国内某著名大学对一名曾是某地的高考理科状元进行了退学的处理。原因是这名“状元”升入大学后，自恃基础扎实、脑袋聪明，放松了学习，认为考试之前突击一下就行了，整天沉迷于电子游戏。结果一学年下来，好几门课程不及格，被学校劝退。这名“状元”对新的大学生活缺乏正确的认识，想当然地认为只要考试前突击一下就行了，没有从大学里竞争更加激烈、学习任务更加艰巨的实际出发，去努力适应新的生活，造成了严重后果。

一切从实际出发，实事求是，是中国共产党思想路线的核心。实事求是，一切从实际出发，理论联系实际，坚持实践是检验真理的唯一标准，是我们党的思想路线。这一思想路线包含了十分丰富的内容，但核心是“一切从实际出发，实事求是”。**一切从实际出发，实事求是，是马列主义、毛泽东思想和邓小平理论的精髓，**也是中国革命和建设几十年来的实践得出的最基本的历史经验。中国革命和建设几十年来的历史表明，什么时候坚持一切从实际出发，实事求是，什么时候革命和建设就会取得胜利；反之，革命和建设就要遭到挫折和失败。

名人名言

马克思主义的“本本”是要学习的，但是必须同我国的实际情况相结合。我们需要“本本”，但是一定要纠正脱离实际情况的本本主义。

——毛泽东

在第二次国内革命战争时期，由于“左”倾路线的错误，导致了第五次反“围剿”的失败，给中国革命造成了严重损失，使我党丧失了发展革命力量的大好形势，党中央和红军被迫退出根据地，进行战略大转移——长征，延缓了中国革命的进程。由于当时党的主要领导人王明以教条主义的态度对待马克思主义，无视中国革命的具体实际，在党内推行一系列与中国革命客观实际相脱离的错误方针和政策，在思想上超越客观实际，脱离当时的现实可能性；在行动上先是实行进攻中的冒险主义，继而又实行防御中的保守主义，从而导致了第五次反“围剿”的失败。

一切从实际出发，实事求是，是唯物主义的根本要求。唯物主义和唯心主义是两种根本对立的世界观。凡认为物质第一性、意识第二性，就是唯物主义；凡认为意识第一性、物质第二性，就是唯心主义。对物质和意识何者为第一性的不同回答，是划分唯物主义和唯心主义的根本标准。唯物主义认为物质世界是客观的，无论是自然界还是人类社会以及人本身，都是不依赖于人的意识并能为人的意识所反映的客观实在。而要正确地反映物质世界的本来面目及其规律，就必须坚持一切从实际出发，实事求是。唯心主义否认物质世界的客观性，无限夸大意识的作用，以主观代替客观，以想象代替事实，其结果必然导致一切从主观出发，严重脱离客观实际。

牛顿是一位卓越的科学家。他在青年时代注重实际，勇于实践，在天文学、光学、力学研究方面作出了卓越的贡献，成为世界著名的经典物理学奠基人。但是，牛顿在他的后半生完全陷入了唯心主义的泥潭，居然花了几十年时间去研究神学，企图证明上帝的存在，从上帝那里寻找行星绕太阳转的“第一推动力”。到了晚年，牛顿的思想完全沉浸在对神学的狂热中，埋首于炼金术的研究，还考证了《圣经》里上帝在7天中创造世界这一类神话。他在这一时期遗留下来的文稿，有关宗教神学等方面的著作，竟达一百多万字，这种研究，必然是谬误百出、一事无成。

马克思主义哲学既是科学的世界观，又是科学的方法论。它不仅科学地解释了物质世界，阐述了人与外部世界的关系，更重要的是它为人们找到了正确认识世界和改造世界的方法。我们青年学生要自觉树立科学的世界观，坚持唯物主义，反对唯心主义，使主观符合客观，一切从实际出发，实事求是。具体地讲，就是要在今后的学习、工作和生活中做到：

名人名言

从来就没有什么救世主，也不靠神仙皇帝，要创造人类的幸福，全靠我们自己。

——欧仁·鲍狄埃

第一，**坚持无神论，反对有神论。**唯物主义要求一切从客观存在的物质世界出发，而不是从虚幻的主观意识出发，因此它必然坚持无神论，反对有神论。人的思想有正确和错误之分。正确的思想，是对客观世界及其规律的正确反映；错误的思想，包括不切实际的幻想、宗教与各种迷信以及伪科学，也是对客观世界的反映，只不过是歪曲的反映罢了。宗教宣扬人类是“神”创造的，人世间的命运是由“神”来主宰的，这是对客观世界虚幻、颠倒的反映。我国实行宗教信仰自由的政策，并不是鼓励人们去信教。伪科学则是打着科学的幌子，玩弄一些遮人耳目的小把戏，达到迷惑人心、骗取钱财的目的。青年学生要自觉坚持唯物主义，崇尚科学，热爱真理，不断增强辨别是非、真伪的能力，坚决抵制唯心主义的各种侵蚀，同有神论彻底划清界限。

古时候，有一个人在野外捉到一只鹿，拴好后就去办事情了。恰好有一个经商的车队经过这里，其中有个人见到这鹿，就顺手牵走了。但这个人又感到随便拿了别人的东西内心不安，便放下一条鲍鱼。不一会儿，捉鹿的人返回来，发现鹿不见了，却有一条鲍鱼，非常惊讶，心想：“这片沼泽地人迹罕见，发生如此奇怪的变化，肯定是神无疑了。”这件事不胫而走，不少人跋山涉水来此地求神治病，还盖起了一座庙，庙中巫师多达数十人，神幔高挂，钟鼓齐鸣，十分热闹。方圆几百里的人都来祈祷，称那条鱼为“鲍鱼神”。几年以后，拿鲍鱼换鹿的那个人又经过这里，问明事情原委后，不禁大笑起来：“哪有什么神？这是几年前我放在这里的鲍鱼。”说完，抓起鲍鱼扬长而去。从此以后，这里也就很快断了香火，祀庙也破败了。

第二，**正确认识中国国情，一切从时代的发展变化和社会主义初级阶段的实际出发，既不落后时代，又不超越阶段。**正确认识中国国情，了解中国社会主义建设的实际，是青年学生投身实践、建设祖国的需要。目前，中国最大的实际是中国现在正处于并将长时期处于社会主义的初级阶段，我们现在所建设的是初级阶段的社会主义。建设中国特色的社会主义，不能从主观愿望出发，不能从这样或那样的外国模式出发，也不能从对马克思主义的教条式理解出发，只能从时代的发展和我国正处于并将长时期处于社会主义初级阶段的实际出发。我国在过去几十年的改革开放和现代化建设中取得了举世瞩目的成就，根本原因就在于我们党坚持了正确的思想路线，既不落后时代，又不超越阶段，一切从时代的发展变化和社会主义初级阶段的实际出发，不断在实践中纠正那些落后时代发展和超越中国历史发展阶段的错误观念和政策。

想一想

什么是目前中国最大的实际？

1956 年，我国基本完成了社会主义改造的任务，进入了建设社会主义的时期。由于经验不足以及“左”的思想的影响，1958 年全国刮起了“共产风”，提出了 15 年超英赶美、跑步进入共产主义的口号，企图超越社会的发展阶段。一时间，高指标、瞎指挥、浮夸风严重泛滥，经济不仅没有发展，反而出现了倒退。其原因是把社会主义的初级阶段混同于社会主义的高级阶段，脱离了中国当时的客观实际，从而在实践上出现了长期的严重偏差。

名人名言

“实事”就是客观存在着的一切事物，“是”就是客观事物的内部联系，即规律性，“求”就是我们去研究。

——毛泽东

第三，**既要解放思想，又要实事求是、与时俱进。**邓小平指出：“我们讲解放思想，是指在马克思主义指导下打破习惯势力和主观偏见的束缚，研究新情况，解决新问题。”解放思想和实事求是是辩证的统一，解放思想必须以实事求是为前提，要做到实事求是必须解放思想。只有在解放思想的过程中才能达到实事求是，也只有在实事求是的过程中才能真正解放思想。

解放思想和实事求是的统一是在实践过程中实现的，解放思想、实事求是，既要坚持坚定正确的政治方向，又要与时俱进、开拓创新。江泽民指出：“与时俱进，就是党的全部理论和工作要体现时代性，把握规律性，富于创造性。”这一概括说明与时俱进包括三个方面的基本内容，是时代性、规律性和创造性的统一，它是解放思想、实事求是的必然要求和在新条件下的重要体现。解放思想、实事求是和与时俱进是党的思想路线的重要内容，也是我们青年学生的行动指南。青年学生要主动培养自己的创新精神和创新能力，在社会实践中要敢于解放思想、与时俱进，面对新情况、新问题，一切从实际出发，实事求是，去认识事物的规律，找出解决问题的新办法。

本章小结

自然界、人类社会和人自身构成了整个物质世界。自然界的存在和发展始终是客观的，社会的存在和发展也是客观的，都遵循着不以人的意志为转移的客观规律。

世界的本质是物质的，物质是不依赖于人的意识，并能为人的意识所反映的客观实在。意识是客观存在在人脑中的反映。

人是特殊的和高级的物质形式，具有自觉的能动性是人区别于动物的根本特点，人类改造自然的活动使自然界发生了巨大的变化。但人的活动要受自然界的制约、社会的制约，也要受人自身条件的制约。

用正确的意识指导实践，认识客观规律，利用客观规律，按客观规律办事，就能在改造世界的活动中取得成功，促进事物的发展。用错误的意识指导实践，违反客观规律，就要受到惩罚，就会在实践中遭受失败。

人类只有一个地球，人类既要改造自然又要爱护自然。同自然界和谐相处，才能使现代文明得以存在和发展。

青年学生要学会客观地看待社会现实，从社会的实际出发，发挥自己的主观能动性，积极投身社会实践。

青年学生要学会正确处理主观和客观的关系，坚持唯物主义，反对唯心主义，牢固树立一切从实际出发，实事求是的观点，自觉坚持解放思想、实事求是、与时俱进的统一。

思考与练习

1. 了解当地环境的变化情况，举出正反两方面的典型例子，试分析其原因，加深对只有承认自然、尊重自然的客观性，才能有效地利用自然、改造自然的认识。

2. 每一时期都有一些错误的观点、思潮出现，这说明了人们的意识反映现实世界的复杂性。试就某一种观点写一篇小论文，分析其产生的根源、现实原因和危害。

3. 以自己的亲身经历为例，谈一谈对“从实际出发，坚持解放思想、实事求是和与时俱进才能做好事情”的体会。

第二章

用联系、发展和矛盾的观点看问题

当我们力图从客观实际出发，动手解决某一个实际问题的时候，就会发现客观事物原本不像我们想象的那样简单，任何一个事物同其他事物之间都存在着不可分割的联系，而且这个事物又处在不断发展变化的过程中。同时，每一个事物在它的内部以及外部都存在着其固有的各种矛盾。这就要求我们要用联系、发展和矛盾的观点看问题，也就是要学习唯物辩证法，掌握科学的方法论。

第一节 事物是普遍联系的

事物的联系是普遍的、客观的

世界上万事万物不是彼此孤立的，而是相互普遍联系的。我们平时说"鱼儿离不开水，瓜儿离不开秧"，"没有共产党就没有新中国"，"名师出高徒"等等，说的就是事物之间相互联系的道理。世界上任何事物都处在与周围事物的相互联系之中，整个世界就是一个无限复杂的相互联系的整体，每一个事物都是这个相互联系的整体中的一部分或一个环节。人类生活、生产和科学的发展越来越证实了事物是普遍联系的，越来越揭示出唯物辩证法的联系观点对人类认识和改造世界具有重要的意义。

世界是开放的世界。开放世界的一个显著特点就是世界上各民族或国家之间的相互联系日趋紧密，形成了全球循环的物质流、信息流、技术流、资金流等等。随着交通工具和信息技术的发达，人们不再为远隔万水千山而感叹，"咫尺天涯"转变为"天涯咫尺"，世界仿佛成了一个小小的村庄——"地球村"。

名人名言

当我们深思熟虑地考察自然界或人类历史或我们自己的精神活动的时候，首先呈现在我们眼前的，是一幅由种种联系和相互作用无穷无尽地交织起来的画面。

——恩格斯

人们早就认识到，世界上的每一个事物都不是孤立存在的，在整个物质世界，大到宏观宇宙，小至微观粒子，从无机物至有机物，从低级生物到人类，万事万物都处于相互影响、相互制约的关系当中。

地球和太阳尽管相距 1.5 亿公里，却有着密切的联系。太阳和地球之间通过巨大的引力、离心力的相互作用而相互联系。由于这两种力的相互作用处于平衡状态，才使得地球以每秒 30 公里的速度绕太阳旋转，太阳每 5 分钟将相当于 500 万吨煤燃烧释放的能量倾注在地球上。如果某一天，太阳和地球之间的这种相互作用、相互联系发生了变化，地球也就不是现在的地球了。

唯物辩证法所讲的联系，就是对万事万物相互影响、相互制约关系的概括，它既包括事物外部的关系，又包括事物内部的关系。因此，**联系是事物之间和事物内部各要素之间的相互影响、相互制约的关系。**

无数客观事实表明，**任何事物都不可能脱离同其他事物的联系而孤立存在，事物的联系是普遍的。**因此，当我们看到任何一个现象时，都不应当把它看成是孤立的、偶然的，同其他事物没有联系的，而应当善于发现它同其他事物、现象之间的内在联系。

想一想

世界上的万事万物有没有互相之间彼此孤立、毫无联系的？

第二次世界大战期间，法军在前沿阵地的一个山洞里，设了一个极为隐蔽的指挥部，指挥法军阻击德军，对德军很不利。一天，德军的一个指挥官用望远镜观察前沿阵地，忽然发现一只名贵的波斯猫在对面的山包上晒太阳。第二天、第三天还是如此，到第四天再看见的时候，德军指挥官猛然醒悟了：山包附近一定设有法军的一个高级指挥部。因为阵地附近没有村庄，不会有谁喂养这只家猫，而野猫一般不敢白天出来晒太阳，而且这只猫非同一般，是最为名贵的波斯猫，一般的人是养不起的，况且此时正当战争时期，又是在前沿阵地。于是他立刻调来两个团的炮火，对这个山包实行了毁灭性的轰击。结果把法军指挥部的所有人员彻底消灭了。

事物之间的联系使事物与事物之间产生了各种相互依存的关系。在这种相互依存的关系当中，如果一种事物发生了变化，其他事物也就要受到影响。我国古代有“城门失火，殃及池鱼”的寓言故事，讲的就是这个道理。

从前有个地方，城门下有个池塘，一群鱼在里边游戏。有一天，城门失火了，一条鱼看见了便大声叫喊：“不好了，城门失火了，快跑吧！”但是其他的鱼不以为然，认为城门失火离池塘很远，用不着大惊小怪，所以没有逃走。很快人们便拿着盛水器来到池塘边舀水救火，不一会儿，火被扑灭了，但池塘的水被舀干了，结果满池的鱼统统遭了殃。这个寓言告诉我们，火、水、鱼三者之间是相互联系的。

事物内部以及一事物与他事物之间的联系既是客观的，又是具体的。世界上任何事物都是由若干部分、要素构成的，而部分和要素也不是各自独立存在，而是相互依存、有机联系在一起的。因为只有这样，事物才能发挥其整体作用。

有一个人口腔溃烂，请一位老中医治疗，这位老中医给他开了几服药，叫他研制成粉末，用醋调好后敷在脚心。病人感到奇怪，要老中医解释一下用药奥妙。老中医是这样解释的：口腔溃烂与心脾炽热有关，我用上病下取，敷药于脚心，通过经脉将火下引，方能药到病除。人的各种器官、各个系统相互联系，构成一个有机整体，这说明事物内部各要素之间是相互联系、相互影响的。

想一想

为什么口腔溃烂要施药于脚心呢？

联系是普遍的，也是客观的。它是不以人的意志为转移的。人们可以依据科学成果，逐步描绘客观世界普遍联系的图画，但不能用幻想的联系代替未知的现实的联系，不能把幻想的联系主观地加给某一客观事物。如“乌鸦报丧，喜鹊报喜”，“彗星、地震显示国家的兴衰”，“指纹、手相决定人的命运”，“要得‘8’，就会发，要得‘13’，灾难难免”，等等，这些臆造出来的虚假的联系，都是不存在的。

议一议

要得“13”，灾难难免吗？

事物的联系是客观的，并不是说人们对事物的联系无法改变。人们可以根据事物的固有联系改变事物的状态，建立新的具体联系。例如武汉有“三镇”，即汉口、武昌、汉阳，其中由汉口到武昌要过江，人员往来、物资交流十分不便。1957年建成的武汉长江大桥（称武汉长江一桥）使得天堑变通途，后来又相继建了武汉长江二桥、武汉长江三桥，不仅进一步加强了汉口与武昌之间的联系，促进了本市地区间的稳定和繁荣，而且带动了祖国南北与四面八方的联系，推动了国家经济和社会的发展。

用联系的观点看问题

唯物辩证法认为，世界上的事物是普遍联系的，任何事物都是作为系统而存在的有机整体。联系的观点是唯物辩证法的一个最重要的基本观点。那么怎样做才能用联系的观点看问题呢？

古时候有人用一张大网网到一只小鸟，当他把小鸟捉下来时，发现是一只网眼网住的，于是他回家织了一张只有一只网眼的网，但再也没有网到小鸟。用这种孤立的观点看问题会使我们只见树木不见森林，只见部分不见整体，不能正确认识事物和解决问题。

第一，**要坚持用唯物辩证法普遍联系的观点观察和处理问题，自觉克服形而上学孤立看问题的倾向。**

名人名言

跑到一个地方，不问环境的情况，不看事情的全体，也不触到事情的本质，就自以为是地发号施令起来，这样的人是没有不跌跤子的。

——毛泽东

要用联系的观点看问题，必须把握一切主要方面的联系，而不能片面地只看到一种联系。因为客观存在的每一种事物都是由各方面因素相互联系构成的。用联系的观点看问题，还要正确处理各部分的相互关系，注意各方面的综合平衡。青年学生在校学习时，要注意德、智、体全面发展，不能单打一，要做一个全面发展、有益于社会的人。用联系的观点看问题，还要反对实际工作中的主观主义和形而上学，深入实际，调查研究，搞好学习，做好工作。

第二，**要学会从整体上把握事物的联系，寻求最优目标。**

议一议

在部分和整体的关系上，什么情况下，$1+1=2$；什么情况下，$1+1<2$；什么情况下，$1+1>2$？

既然世界上的事物是普遍联系的，构成了一个整体，那么我们就要坚持整体观点，从整体上去把握事物。

如何才能做到从整体上去把握事物呢？最根本、最有效的办法就是处理好整体和局部的关系。

宋真宗时，宫内失火，宋真宗派丁谓领导修复宫殿的工作。丁谓遇到一系列的难题：一是取土困难，要去郊外挑土，距离很远；二是运输难办，不仅要运土，还要将其他大量建筑材料运到工地；三是修建中的废物垃圾难以处理。丁谓经过反复思考，制定了这样的施工方案：首先，在施工现场挖出若干条大深沟，挖出的泥土作为施工用土；第二步，把宫外的水引入新挖的大沟中，通过水道把大批建筑材料运送进来；待运输、建筑任务完成后，再排干沟里的水，把垃圾填进沟内。修复工程按这个方案进行，节省了大量资金，大大缩短了工期，收到了“一举三得”的效果。

名人名言

懂得了全局性的东西，就更会使用局部性的东西，因为局部性的东西是隶属于全局性的东西的。

——毛泽东

在实际工作中，我们要处理好整体和局部的关系，必须从以下两个方面入手：

一方面，整体是由局部构成的，整体离不开局部。整体如果离开了局部就只能成为空洞、抽象的概念。人们常说的“牵一发而动全身”，就表明局部对整体具有重要意义。没有局部就没有整体，局部是整体存在的前提。

另一方面，局部是由整体决定的，局部离不开整体。任何局部都是整体的局部，都必须和整体相联系。局部只有在同整体的联系中才能获得自身的价值和意义。黑格尔讲过一句平常而又深刻的话，他说，“譬如一只手，如果从身体上割下来，名虽可叫手，实已不是手了”。列宁很欣赏这句话，指出：“身体的各个部分只有在其联系中才是它们本来应当的那样，脱离了身体的手，只是名义上的手。”所以，在对各种各样的对象进行分析和研究时，不能脱离整体与其中各个部分之间的关系。

综上所述，世界上的一切事物都是联系的、客观的和具体的。联系的客观性和普遍性要求我们，要从事物本身所固有的联系中去把握事物，用联系的观点去观察问题和处理问题，防止思想方法的绝对化和片面性。

第二节　事物是发展变化的

一切事物都处于发展变化之中

唯物辩证法认为，世界上一切事物既是普遍联系的，又是运动、变化和发展的。由于事物的普遍联系和相互作用，才构成了事物的运动，引起了事物的变化，推动着事物的发展。因而，我们在实际工作中要坚持发展的观点，尊重过去，面向未来，开拓新视野，树立新观念。

运动是物质的根本属性，静止是运动的特殊状态。世界上一切事物时时刻刻都处在运动和变化中，永远一成不变的东西是没有的。而相对不变的东西，实际上也是处于不断的运动和变化当中的。

第一，**运动是物质的根本属性。**

从宏观世界到微观世界，从没有生命的无机界到有生命的有机界，一直到人类社会，都没有绝对不动、凝固不变的东西。不仅物质世界如此，人类的精神世界也处于不断的运动中。由此可见，运动和物质是密切联系、不可分割的。

对宇宙星体运动的观察发现，织女星以每秒 14 公里的速度移近地球，牛郎星以每秒 26 公里的速度移近地球，而太阳正以每秒 20 公里的速度飞向武仙座，并以每秒 250 公里的速度绕银河系中心旋转。人们在一颗卫星拍摄的照片上第一次看到彗星与太阳相撞。1979 年 8 月 30 日 21 点 57 分，一颗彗星以每秒 600 公里的速度与太阳猝然相撞，彗尾被撞成几截，成为弥漫的气体和碎片，彗星的主要成分尘埃、水分因太阳的高温而土崩瓦解，彗核全部消失，彗星也不复存在。以上种种奇异的宇宙天体运动，有力地证明了宇宙天体处于永恒的运动之中。

在短短一秒钟内，各种事物的运动速度千差万别：人的头发可长 0.000 003 毫米，芦苇生长 0.005 毫米，蜗牛爬行 1.5 毫米，人步行 1.4 米，梭鱼游动 4.5 米，羚羊奔跑 22 米，马奔跑 25 米，鸵鸟跑 33 米，燕子飞 70 米，高速列车行驶 120 米，喷气式飞机飞行 555 米，超音速飞机飞行 1 000 米，地球自转 460 米，月球绕地球旋转 1 公里，地球绕太阳旋转 29.6 公里，太阳以 200 公里的速度参与银河系自转运动，声音在空气中传播 340 米，光波传送 30 万公里。

名人名言

一切生活在地上和水中的东西，只是由于某种运动才得以存在、生活。

——马克思

凡此种种都说明，物质是运动的物质，运动是物质的运动。运动是物质的根本属性和存在方式，物质和运动密不可分。

从整个物质世界来看，一切都处于运动中，没有不运动的物质，这说明宇宙中万事万物都处在运动当中，而且运动是永恒的、无条件的、普遍的，也可以说是绝对的。

第二，**静止是运动的特殊状态。**

想一想

世界上能否找出一种事物是绝对静止的？

我们外出乘坐汽车，人和座位之间在一定时间内没有发生位置的变化；英、美资本主义制度存在几百年了，经历了自由资本主义和垄断资本主义两个阶段，但就其性质而言仍是资本主义；李四从婴儿到老年活了几十年，始终是李四这个人，而不会变成张三，如此等等，这些都是相对静止的表现形式。

在日常生活中，人们都观察到，马生马、鸡生鸡。这种遗传现象表明物种在一定条件下保持相对不变。生物的时辰节律告诉我们，青蛙是冬眠春晓，就是说从冬天到春天这一阶段它是相对静止的。有花植物每年开花有一定的季节；有花植物开花在一天中也有固定时辰。生物的这种变化同季节的变化保持着相对的稳定。

名人名言

静者静动，非不动也。

——王夫之

哲学上讲的静止，一是指事物之间的空间位置保持不变；二是指事物某一方面的性质在一定时期内基本不变。静止不是绝对的不运动，而是一种不显著的运动，是运动的特殊形式。因而，静止是相对的。

一切事物都有其产生、发展和灭亡的过程。世界上任何事物都有其产生、发展和灭亡的历史。新事物的产生和旧事物的灭亡不是一下完成的，都要有一个过程。事物只有通过一定的过程，才能体现其发展，实现其发展。大量的科学事实证明，世界上万事万物时时刻刻都处在永不停息的变化发展中。

议一议

世界上有没有哪一个事物是一成不变的？

首先，**自然界是变化发展的。**以人类居住的地球来说，根据对地球上最古老岩石的测定，地球从产生到现在已有45亿年以上的发展历史，它还将继续发展下去。地球在刚形成的初期，除了构成地球的无机物外，什么都没有，是一个没有生命的、死气沉沉的星球。经过漫长的历史演变，到了30多亿年前，才出现了生命的现象，开始了生物进化的历史。生物都是由细胞构成的。植物的发展是从单细胞到多细胞，从水生到陆生。动物的发展也是从单核细胞到多核细胞，从无脊椎到有脊椎，从水生到陆生，最后由类人猿进化到人类，产生了人类社会。

其次，**人类社会是从低级向高级不断发展的。**迄今为止，人类社会已经历了原始社会、奴隶社会、封建社会、资本主义社会和社会主义社会。这几种社会形态是依次从低级向高级发展的，将来还要发展到更高级的共产主义社会。

最后，**人的认识，也是从不知到知，从知之不多到知之较多，从肤浅到深刻地发展的。**无论是对整个世界的认识，还是对世界某一领域或某一方面的认识，乃至对每一个具体事物的认识，无不如此，概莫能外。科学作为人类认识的成果，它的发展，不仅表现在各门学科的不断丰富、完整和提高上，而且表现在科学的日益分化和综合上。随着实践的发展和需要，现代科学越来越分化，也越来越综合，新的学科不断出现。

名人名言

辩证法不是把自然界看作静止不动，停滞不变的状态，而是看作不断运动和变化、不断更新和发展的状态。

——斯大林

无数事实表明，世界是一条无限发展的历史长河，正是无数具体事物的有限的运动、变化和发展，才构成了整个世界的无限发展。

发展是新事物代替旧事物，新事物具有强大的生命力。

唯物辩证法认为，发展不是同一事物的简单重复和反复循环，更不是倒退和下降的变化，而是事物的前进和上升的变化，是事物由低级到高级、从简单到复杂的变化。新陈代谢是宇宙间一切事物和现象普遍的、永恒的、不可抗拒的规律。任何事物变化的结果，必然导致新事物最终代替旧事物。可见发展的过程就是新事物不断产生、旧事物不断灭亡、新事物代替旧事物的过程。

把握发展的概念十分重要。

第一，**必须紧紧把握发展的本质，树立科学的发展观。**

要弄清运动、变化、发展三者之间的关系。不能把任何变化都看成是发展。变化可以是上升的、前进的运动，也可以是下降的、后退的运动。而在这些变化当中，只有前进的、上升的、进步的运动才是发展。并且，变化还可能仅仅是数量的增加或减少，如果数量的增加并没有带来事物质的变化也不能称为发展。因此，发展的实质是新事物的产生和旧事物的灭亡，是事物的一种有规律的运动和变化。事物的这种有规律的运动变化即发展，反映到人的头脑里，就成为一定的发展观念，即某种发展观。所谓**科学发展观，是在正确认识事物发展规律基础上形成的科学的发展观念，是指导发展的世界观和方法论的集中体现。**

第二次世界大战结束后，发展经济成为许多国家特别是发展中国家的首要任务，以国内生产总值（GDP）增长为核心的经济增长论应运而生。这种传统的发展观对战后经济繁荣起到了重要的推动作用，但由于片面追求经济增长，在一些国家出现了“有增长无发展”的现象。通过反思，人们开始在认识上把增长与发展区分开来，一些发展中国家也从单纯模仿西方发达国家的发展模式，转向寻找符合本国国情的发展道路。

改革开放以来，我国的经济发展取得了举世瞩目的成就，人民生活水平大幅度提高，实现了由温饱到总体上小康的历史性跨越。同时，在前进中也暴露和积累了一些突出的问题和矛盾，也有不少值得认真吸取的教训。比如，在创造和积累了巨大物质财富的同时出现了资源浪费和生态环境破坏比较严重的问题，在克服平均主义的同时出现了城乡差距、区域差距和部分社会成员收入差距过大的问题，在经济快速增长的同时出现了社会发展相对滞后的问题，等等。

在上述国内外背景下，我们党深化了对发展问题的认识和思考。党的十九大以后，以习近平同志为总书记的新一届中央领导集体，针对新形势、新任务，分析新情况、新特点，进一步探索发展的本质和规律，努力创新发展理念，丰富发展内涵，开拓发展思路，破解发展难题，回答了在新的历史条件下为什么发展和怎样发展的重大问题。

第二，**必须学会正确区分新事物和旧事物，看到新事物具有强大的生命力。**

所谓新事物，就是指符合客观规律，具有强大生命力和有远大前途的事物。相反，那些丧失了存在必然性，同客观规律背道而驰的，则是旧事物。判断一个事物是新事物还是旧事物，关键是看这个事物是否符合客观发展规律，有没有强大的生命力和远大的发展前途。判断一个事物是不是新事物，不能仅仅以它出现的时间先后为依据，也不能以它一时的力量是否强大为标准，更不能以它是否已经完善为尺度。识别新旧事物，要以具体时间、地点、条件为转移，用实践的、发展的观点看问题，**看到新事物具有**

强大生命力。宇宙中万事万物都遵循一个不变法则："旧事物必然灭亡，新事物必然胜利。"

1814年，斯蒂芬逊发明了一辆蒸汽机车。它构造简单笨重，震动厉害，速度不及马车。有人驾着漂亮的马车和火车赛跑，讥笑火车没有马车跑得快；有人责怪火车声响太大吓跑了牛，引起农民恐慌。各种议论、讥笑、抗议接连不断。斯蒂芬逊正视火车的缺陷，进行了改造，减轻排气的尖叫声，加强锅炉火力，提高机轮运转速度。1825年，他又一次进行试车。有人又骑着快马要和火车比速度，拖着26节车厢的机车很快便把骑手甩在后面。

1829年，铁路公司悬赏500金镑，举行机车比赛。斯蒂芬逊和他的儿子罗伯特精心制造的"火箭号"机车赢得了比赛胜利。从此，火车开始得到人们普遍承认，并在世界各地广泛使用。如今，火车时速已经可以达到几百公里，人们正在研制的磁悬浮列车时速可以达到500公里以上。

议一议

为什么新生事物能有那么强大的生命力？

事物的发展是由量的积累到质的飞跃

事物是发展的，而发展总是要经过量变才能达到质变，**量变和质变是事物发展的两种状态。**

事物的发展变化，一般地说总是由微小的、不显著的、数量的变化开始的。杭州的雷峰塔本来是个很有价值的名胜古迹。后来不知从哪里传出雷峰塔的砖可以避邪的说法，因此远近的人们纷纷拆雷峰塔的砖拿到家里去"避邪"。结果，雷峰塔底部的砖逐渐被挖空了。一开始，雷峰塔还矗立着，随着一块一块砖被挖走，雷峰塔终于支撑不住，倒塌了。

量变是事物在数量、程度等方面的逐渐的变化，质变是事物性质上的根本性变化。在量变阶段，由于事物所发生的只是数量上、程度上的变化，事物的根本性质没有发生改变，因此人们所看到的仍然是这个事物，它还保持着稳定的状态和面貌。质变则不同，在质变阶段，事物已经由数量的变化导致了根本性质的改变，已经由一种事物转变为另一种事物，事物原有的平衡、稳定的状态已经被打破。

水在加热的过程中，虽然温度逐步升高，水分子的扩散也在逐步加大，但由于水分子的凝聚态没有发生根本的改变，因此，水还保持着液态的性质，水还是水。这是水在加热过程中量变的阶段。当把水加热到100℃时，水开始沸腾，即出现了剧烈的气化现象，大量水分子从水中逸出，这时液态水原有的稳定和平衡的状态就被破坏，水由液态变成气态。在这个过程中，水由一种物理状态转变成另一种物理状态，也就是发生了质变。

量变和质变是两种不同的变化，但它们又是相互联系、相互转化的。**事物的质变总是从量变开始的，如果没有量变的积累作准备，质变就不会发生。因此，量变是质变的前提和必要准备。**

> **名人名言**
>
> 合抱之木，生于毫末；九层之台，起于垒土；千里之行，始于足下。
>
> ——老子

世界上不存在没有缺点的人，一个人有一些缺点并不能说他就不是好人。但是，如果不注意克服自己的缺点，而是让这些缺点一点一滴地积累、扩大，终有一天，好人也要变成坏人。事实上，很多罪犯之所以走上犯罪的道路，往往都是从一些微小的错误开始的。小错一点一滴积累就会铸成大错。中国古人说："不以善小而不为，不以恶小而为之"，"善不积不足以成名，恶不积不足以灭身"，说的就是这样的道理。

同样，历史上成就伟大事业的人，也往往是从一点一滴的努力开始的。中国明朝大医药学家李时珍，用了27年时间，亲自进行药物的采集和研究工作，积累了上千万字的札记资料，最后才完成了52卷的《本草纲目》这部名著。如果急于求成，不屑于一步一个脚印地努力，就不能完成由量变向质变的飞跃。

从以上的事例可以看出，**事物的量变达到一定程度时，就必然发生质变。质变是量变的必然结果。**这里特别要注意这个"一定程度"，也就是质变发生的一定条件。从哲学上讲，任何事物要发生质变，都有一个"度"的问题，度指的是决定事物质的数量界限，也就是使事物发生质变的临界值。

想一想

中国古代有"行百里半九十""功亏一篑"等格言和谚语，它们说明了什么哲学道理？

水由液态转化为气态的临界值在正常大气压下是100℃，转化为固态（冰）的临界值是0℃。地球上运动物体脱离地球的临界值是7.9km/s（第一宇宙速度），达到或超过这个速度，就能飞出地球成为地球的卫星；如果达到11.2km/s（第二宇宙速度），就会挣脱地球引力的束缚，成为围绕太阳运动的行星或者飞向其他行星。

认识事物的度有十分重要的意义。首先，只有掌握事物的度，才能准确把握该事物。因为度是事物质和量的统一，把握了事物的度，才能区别一事物与他事物的界限，真正认识事物的质。毛泽东讲过：任何质量都表现为一定的数量，没有数量也就没有质量。我们有许多同志，至今不懂得注意事物的数量方面，不懂得注意基本的统计、主要的百分比，不懂得注意决定事物质量的数量界限，一切都是胸中无"数"，结果就不能不犯错误。其次，度的原理告诉我们，在实践中要掌握好"适度"的原则，防止"过"和"不及"两种片面性。**当需要保持事物的一定的质的时候，就必须把量变控制在一定的限度之内，不能使它超出一定的度。当需要促成事物的质变的时候，我们就要果断地、不失时机地使量变突破事物原有的范围和限度。**

议一议

请同学们用唯物辩证法“度”的原理分析一下，适当发展私有经济和搞私有化这二者有何不同？

要保持健康的身体，必须摄入足够的营养。但是人体对各种营养的需要有一定的比例和一定的量。如果补充营养过度，不但会造成营养过剩，还会出现各种疾病。我国现在处于社会主义初级阶段，与现阶段我国生产力的发展水平相适应，为了保护和促进生产力的发展，我们必须以公有制为主体，多种经济成分共同发展。也就是说要发展一定数量的私有经济、个体经济等等，这对发展社会主义的生产力是必要的、有利的。但同时对私有经济和个体经济的数量和规模要控制在一定的限度内，不能搞私有化，不能让私有经济的发展破坏社会主义公有制经济的主体地位。

想一想

青年人在学习、工作、交往当中，哪些方面要保持住“度”，防止不知分寸，盲目乱干？哪些方面又要突破“度”，促成事物的转变和飞跃？

事物的发展是波浪式前进和螺旋式上升

事物的发展，从总的趋势来说，是前进的、上升的。但是它的发展道路是曲折的。**事物的发展是波浪式前进和螺旋式上升，即在前进中有曲折，在曲折中有前进，任何事物的发展都是前进性与曲折性的统一。**

比如一个青年人的成长过程，受他本人内在因素和社会外在因素各方面条件的影响，不可能是直线式地成长，总要经历各种各样的曲折。这个曲折的过程同时也就是他成长、成熟的过程，二者是不可分的。在自然界中，每年春季要经历由冷变暖的过程，但这种变暖并不是温度一天一天升高的直线式的上升。受各种气候因素的影响，气温会有时升高，有时降低，有时则乍暖还寒。但由冷转暖的发展趋势是改变不了的，这种发展趋势是通过气温的曲折变化而表现和实现的。所谓波浪式前进或螺旋式上升是一种形象的比喻，它表明事物发展的方向是前进的、上升的，而发展道路和形式是迂回曲折的。

名人名言

发展是按所谓螺旋式而不是按直线式进行的。

——列宁

事物发展的总趋势是前进的、上升的。

事物的发展是旧事物的死亡和新事物的产生，是由量的积累到质的飞跃。尽管新事物的成长要经历同旧事物的反复的较量，但由于新事物既克服了旧事物当中消极不合理的因素，又吸取和保留了旧事物当中积极合理的因素，因而具有更充实、更丰富的内容，具有更大的优越性和更强的生命力。所以，在事物发展的波浪式或螺旋式后面，体现着事物发展中不可遏止的前进、上升的趋势。

比如社会的发展，是新的社会制度代替旧的社会制度的前进、上升的运动。新的社会制度具有强大的生命力，不管它一开始多么弱小，最后总要战胜和代替旧的社会制度，从而实现社会的发展。人类历史上，资本主义代替封建主义、社会主义代替资本主义，都是代表人类发展的前进、上升趋势的运动。

事物发展的道路又是曲折的，不可能直线发展。

事物的发展之所以不可能是直线的，根本原因在于事物内部的矛盾性。任何新事物总是在和旧事物相联系、相矛盾的过程中才能发展起来的，新事物不能脱离旧事物孤立地实现自我发展，它是在旧事物母体中产生和壮大的，它既要同旧事物开展斗争，同时又要从旧事物中吸取有利于自身发展的东西，而旧事物总是要限制、阻碍新事物的成长。由此可以断定，新事物的发展不可能是一帆风顺的，它要通过同旧事物的反复的较量而向前发展。在发展的形式上，就像大江大河的前进一样总是一波一波地向前推进的。

想一想

从事物在一时一地的运动状况来看，能否体现事物发展的总趋势？如果不能，事物发展的总趋势怎么理解？

名人名言

前途是光明的，道路是曲折的。

——毛泽东

人类历史上社会主义代替资本主义是用无阶级、无剥削的先进社会制度代替有阶级、有剥削的落后社会制度的斗争，这是一场十分艰巨、十分复杂的斗争。在过去，用一种剥削制度代替另一种剥削制度的斗争尚且经历了几百年乃至更长时间的过程，社会主义要最终战胜资本主义，就更不可能是一蹴而就的，必须通过一条迂回曲折的道路才能取得胜利。

事物发展中出现的曲折一般来说有两种情况。其一是由事物内部矛盾引起的客观过程中不可避免的曲折。如发展中有整顿、调整、巩固；前进过程中也有暂时的停滞或倒退。这类曲折是事物辩证运动规律所决定的，是事物自我发展、自我完善的正常道路。其二是由于人们主观上犯错误造成的反复和曲折。比如过去在“左”的思想影响下，认为“一大二公三纯”就是社会主义，把有利于发展生产的个体经济统统否定了，结果使经济发展遭受了巨大挫折。这些人为原因造成的挫折，不是完全不可避免的。因此，对这种曲折，我们绝不能以事物发展具有曲折性为理由，掩盖认识和行动上的错误。

议一议

既然社会主义就是消灭剥削，我们在社会主义初级阶段，为什么还要在一定范围内允许剥削存在、允许私有经济发展呢？

社会的发展不可能没有曲折，个人在人生道路上也不会是一帆风顺地直线前进，要做好思想准备，在遇到挫折时不要悲观失望，丧失信心和勇气。事实上，我们的学习、生活、工作、人生发展等等，都是波浪式运动、螺旋式发展的。比如，我们在工作中会遇到挫折和干扰，也会犯错误，使得工作不能顺利进行。当我们总结经验、修正错误、排除干扰后，工作又会在一个新的基础上顺利进行。如此循环往复，呈现为一种波浪式前进或螺旋式上升的发展过程。

总之，我们要理解和掌握发展是前进性和曲折性相统一的观点，在前进中看到曲折，在曲折中看到前进，按照事物发展的内在规律促进事物的发展。这对我们搞好学习和工作、正确认识人生和社会，有着重要的意义。

想一想

举出学习和生活中的典型事例，说明任何发展都不是直线前进，而是波浪式地向前运动的。

用发展的观点看问题

自然界、人类社会和人本身都是变化发展的，不可能一成不变。现在，和平与发展已经成为时代的主题，如何实现经济与社会的持续、协调发展，是我们必须解决的问题。因此，树立科学发展的观点，用科学发展的观点观察和处理问题，十分重要。

第一，**要把世界上一切事物看成一个变化发展的过程，善于发现并支持新事物的成长。**

统计资料表明：生产力的发展，在原始社会里，是每1万年提高1%～2%；在奴隶社会和封建社会里，是每100年提高4%；在资本主义社会里，是每年提高3%左右；在社会主义国家，每年要提高百分之几到百分之十几。人类知识的总量，更是以几何级数增长着。有资料显示，最近30年的科学技术发明和发现，比过去2 000年的总和还要多。相应地，知识新陈代谢的过程也在加速。这说明，事物不但是发展变化的，而且发展变化的速度越来越快。

名人名言

世界不是既成事物的集合体，而是过程的集合体。

——恩格斯

在当代，事物都是作为过程不断发展的这一辩证特性，体现得比以往任何时候都要明显，形而上学的静止、孤立的观点越来越暴露出其固有的缺陷。因此，作为一个现代青年，如果不树立科学的发展的观点，就不可能适应时代的要求。要树立科学的发展的观点，就要学会用发展的眼光看待任何具体的事物。我们观察任何一个事物，都不仅要知道它的现在，而且要了解它的过去，还要预测它的未来。这里最重要的是认识事物发展的规律，分清哪些是暂时弱小但却具有强大生命力的新事物，哪些是暂时强大但已经逐步失去生命力的旧事物，善于发现新事物，支持新事物的成长，从而促进事物的发展。

现在世界上新发现、新发明、新事物层出不穷。在物质生产领域，一种新产品刚刚问世，另外的新产品已经开始酝酿产生，并准备代替已有的产品。求新、求异、求好、求快，已经是我们这个时代的明显特征。不但不发展不行，发展慢了也不行，发展慢了就是不发展。同时更重要的，发展还有质量的问题，全面、协调、可持续的问题。因此，我们作为思想敏锐的年轻人，必须善于发现并支持各种新事物的成长，必须真正做到坚持发展是硬道理与科学发展的高度统一，真正做到坚持科学发展与把发展纳入全面协调可持续的轨道的高度统一。

议一议

用自己的切身感受谈一谈我们现在社会上日新月异的新发展、新变化，讨论一下青年人如何走在社会发展的前列。

第二，**要弄清事物在发展中所处的阶段和地位，把远大目标和现实努力结合起来。**

任何事物的发展变化都是一个过程，而事物在每个阶段所处的地位、作用和情况又是不同的。事物的发展总是采取由量变到质变的发展形式，在每个发展阶段有不同的特点和要求。对事物的发展，要立足于现实，从现有的基础和条件出发，既要注意它与过去历史的继承关系，又要充分考虑到未来的发展趋势。对未来要有预见性，并用正确的预见指导现实的工作。有了长远的奋斗目标，还要注意把远大目标和现实努力结合起来。

《中华人民共和国国民经济和社会发展第十三个五年规划纲要》综合考虑我国目前所处的发展阶段、发展趋势、发展条件和面临的矛盾与挑战，从全面建设小康社会、加快社会主义现代化建设的要求出发，从经济增长、资源环境、自主创新、改革开放、社会发展、人民生活和民主法制等方面，提出了符合我国国情、顺应时代要求、凝聚人民意志的发展目标。认真完成“十三五”时期我国经济社会发展的任务与目标，就能紧紧抓住这个承前启后的战略机遇期，为我国今后的发展打下坚实的基础。

想一想

我们个人的发展如何立足于现实，从现有的基础和条件出发，把长远的目标和现实努力结合起来。

第三，**要正确看待前进和曲折的关系，永远保持乐观进取的人生态度。**

“自古雄才多磨难”。面对挫折、打击、失败甚至死亡，你怎么办？文王囚于羑里而作《易》；司马迁耻遭宫刑而写《史记》；孙膑惨遭膑刑而东山再起；屈原遭流放，终年漂泊，意志不减，遨游天下，写出《离骚》等爱国名篇，正如李白所说，楚王的楼阁成为荒丘，屈原的正气却充满乾坤，与日月争辉，与山河同在；南非前总统曼德拉坐牢28年；邓小平三次被打倒三次复出。古今中外，久经磨难终成大器者的经历雄辩地说明：前进不平坦，曲线筑人生。

发展总是在矛盾中实现的，因而不可能是直线上升、一帆风顺的。但是，曲折不能改变事物前进运动的总趋势，一时的倒退现象也不能否定总的历史规律，正如阳春三月可能会出现某种低温和寒潮，但毕竟不能阻止春天来到人间；万里长江会出现许多旋涡和回流，但滔滔江水滚滚东流之势却无可阻挡。我们青年学生，好像早上八九点钟的太阳，不要学屋檐下的小燕，应当学暴风骤雨中的雄鹰，在曲折和困难中经受磨炼，增长才干，早日成才。

名人名言

设想世界历史会一帆风顺、按部就班地向前发展，不会有时出现大幅度的跃退，那是不辩证的，不科学的，在理论上是不正确的。

——列宁

第三节　事物是对立统一的

矛盾是事物发展的根本动力

事物为什么会发展？发展的原因是什么？这是在深入研究发展时必须解决的问题。形而上学者认为事物的运动、变化和发展是外力推动的结果。甲的运动是乙推动的，乙的运动是丙推动的……这样无穷推下去，最后运动发展的原因就必然只能到物质世界以外去寻找，必然导致上帝是“第一推动力”的结论。其实，这样的“第一推动力”是没有的。物质世界发展变化的原因就在物质世界内部，而每一事物的发展是事物内部的必然的自己的运动。发展的根本原因，在于事物内部的矛盾性。毛泽东说：**“辩证法的宇宙观，主要地就是教导人们要善于去观察和分析各种事物的矛盾的运动，并根据这种分析，指出解决矛盾的方法。”**

名人名言

一分为二，这是个普遍的现象，这就是辩证法。

——毛泽东

矛盾的现象早就被古今中外的哲学家所注意和研究了。在我国的传统哲学中，有丰富的关于矛盾辩证法的思想，中国古代的哲学家很早就提出了“物生有两”“万物莫不有对”的思想，认为事物往往是成双成对出现的。在《老子》五千言中，就有关于阴阳、有无、大小、强弱、动静、正反、生死、存亡、兴废、美丑、善恶、攻守、治乱、古今等等一系列相对相反的概念。老子指出，“有无相生，难易相成，长短相形，高下相倾，音声相和，前后相随”，即事物都是相辅相成的，各以其对立面为自己存在的前提。

无数事实表明，**没有什么事物是不包含矛盾的，没有矛盾就没有世界。**例如：在数学中，正和负、微分和积分；在力学中，作用力和反作用力；在物理学中，阴电和阳电；在化学中，化合与分解；在生命中，同化与异化、遗传与变异；在社会中，生产力和生产关系、经济基础和上层建筑、先进阶级和落后阶级；在战争中，攻和守、进和退、胜和败；

在党内，正确思想与错误思想；在日常生活中，先进与落后、优点与缺点、真善美与假恶丑、团结与斗争；等等。马克思主义的唯物辩证法以自然、社会和人的思维中存在的大量事实为依据，科学地揭示出，一切事物的内部都包含着相互对立的两个方面，这两个方面既是相互对立的，又是相互统一的。**事物自身包含的既对立又统一的关系叫作矛盾。**

议一议

唯物辩证法说矛盾无处不在、无时不有。我们平时又批评某人说："你不要制造矛盾。"这两种情况下的"矛盾"是不是一回事？

仔细观察任何事物或任何现象，都没有不包含矛盾、自身绝对同一的。当我们说一个人"好"的时候，事实上他并不是处处都好，也存在着不少的缺点或不足。就像人们平时说的，出色的人不完美，完美的人不出色。当我们说一个人"笨"的时候，他也并不是各方面都笨，在某些方面也是很聪明的。反之，成就大事业的聪明人，在日常小事上可能很愚笨，平时所说的"大智若愚"，讲的就是这个道理。当我们说一个集体很团结的时候，事实上这个集体当中肯定也存在着许多不团结的因素，只不过这些不团结的因素还没有影响到整体的团结。当我们看到美国的综合国力很强的时候，也要看到它内部存在着很多的问题和危机。如此等等。唯物辩证法的矛盾的观点告诉我们，任何事物都不是铁板一块，都是可以分析的。所谓分析，就是要分析事物的矛盾。我们一定要学习和掌握这一方法。

矛盾就是对立统一，这里的"对立"指的是矛盾双方的相互排斥和相互斗争；"统一"指的是矛盾双方的相互依存和相互贯通。"对立"和"统一"是矛盾的两种属性，这两种属性是不可分割的。我们一讲矛盾，就要讲矛盾具有两种属性，如果只讲矛盾的一种属性，不讲另一种属性，就要导致形而上学。

哲学上讲的"对立""斗争"，是对自然、社会、思维当中一切互相排斥、互相斗争形式的抽象和概括，像相互否定、相互反对、相互限制、相互离异、相互分化等等，都是矛盾斗争性的具体表现。矛盾的斗争性具有高度的概括性，不能把它仅仅理解为政治对抗、政治斗争。

哲学上讲的"统一"，指的是矛盾的每一方都同对立的一方不可分割地相互依赖、相互依存，它们互为存在的前提，离开其中一方，另一方就不能存在。比如一块磁铁有南极（S 极）和北极（N 极）之分，南极和北极既相互对立又相互依存，失去一方，另一方也就不存在了。

事实上，正因为矛盾的双方在一定的条件下共处于一个统一体当中，这个事物才能存在和发展，俗话说"不是冤家不聚头"，就是说对立的双方既是相互斗争、相互排斥的，又是相互联系、相互依赖的。对立是统一中的对立，统一是对立中的统一。**由于矛盾的斗争性和矛盾的统一性相互联结，对立的双方又统一又斗争，才推动事物向前发展。因此，**

矛盾（既对立又统一）是事物发展的动力。

想一想

如果把一块磁铁从中间锯开，是否会得到两块只有南极没有北极或只有北极没有南极的磁铁？

> **名人名言**
>
> 任何一个过程，都是由矛盾着的两个侧面互相联系又互相斗争而得到发展的。
>
> ——毛泽东

事物究竟是怎样变化发展的呢？其实是事物内部的矛盾双方在一定条件下地位发生转变、打破旧的统一体、建立新的统一体的过程，即矛盾转化的过程。矛盾转化了，就推动着事物变化发展为新的事物；矛盾没有发生转化，该事物就仍然是这个事物。我们前面学习过量变引起质变的道理，现在需要进一步研究，究竟事物为什么会发生由量变向质变转变。学习了矛盾分析的方法就可以知道，其实量变向质变的转变过程，是由事物内部矛盾的变化引起的，是事物内部矛盾双方的既斗争又统一推动着事物由一点一滴的量的变化发展为根本性的质的飞跃。事物发展必然是前进性和曲折性的统一，这也是由事物内在的矛盾性决定的。肯动脑筋思考的学生可能已经想到了这一点，让我们共同研究一下，事物内在的矛盾性怎样决定了发展的前进性和曲折性。

正因为事物内部都包含着矛盾，矛盾推动着事物向前发展，因此，要认识事物、解决问题，就要学习和掌握矛盾分析的方法，**学会正确看待事物中所包含的矛盾，坚持两分法，防止片面性。**

既然矛盾是客观的、普遍的，那么，我们就不能否认矛盾、回避矛盾，而应当正视矛盾、分析矛盾，当然也不能主观地想象和制造矛盾。唯物辩证法讲的矛盾，任何时候都是指现实世界、现实事物当中客观存在的矛盾。

没有什么事物是不包含矛盾的，没有矛盾就没有世界。因此，我们必须实事求是地承认矛盾。只有认识了矛盾，才能解决矛盾、做好工作、求得发展。有的人从主观愿望出发，总是希望自己周围没有矛盾，遇到矛盾时不知所措，甚至采取“遇到矛盾绕着走”的态度，这些都不是正确、积极的态度。

既然任何矛盾当中都包含两个方面而不是一个方面，那么，要全面地看待事物，就要掌握两点论的分析方法，即对任何事物都要坚持两分法，既要看到矛盾的一个方面，也要看到矛盾的另一个方面。如果看问题只看一个方面，丢掉或否认另一个方面，就叫一点论。一点论是形而上学片面地看问题的方法。

想一想

你在现实生活中是如何对待矛盾的？是否害怕矛盾、躲避矛盾或掩盖矛盾？

有人在肯定成绩时，就忘记了不足，似乎一切都是成绩。有人在看到某人有缺点时，似乎这个人全都是缺点，一点优点也没有。这都是形而上学一点论的表现。我们的社会在改革、发展和完善的过程中，难免出现这样那样的问题，我们要承认这些问题，并用积极的态度、得力的办法逐步解决这些问题，但不能在看到这些问题时，否认改革开放以来我国社会的巨大进步和成就。思想方法上的片面性是非常害人的，一旦陷入一点论的片面性，就会以偏概全，导致片面或极端的结论，给学习和工作带来损失，影响个人健康成长。

> **名人名言**
>
> 将来有将来的两点，现在有现在的两点。总之，是两点而不是一点，说只有一点，叫知其一，不知其二。
>
> ——毛泽东

事物发展的内因和外因

《孟子·告子上》讲了一个故事，就是全国有名的棋手奕秋，收了两个智力相当的童子同时跟他学习棋艺。其中一个全神贯注地听讲，另一个虽然也坐在那里听讲，但心里却一直想着有一群大雁将要从这里飞过，准备张弓射雁。同一位老师、同一学习内容、同时授课，外部条件是完全相同的，但一个专心致志，虚心学习，结果棋艺大长；另一个心猿意马，漫不经心，棋艺始终没有进步。可见，学好棋艺，主要有两个原因，第一个原因是学习者主观的努力，第二个原因是教师对棋艺的传授。这两个原因缺一不可，但二者的作用是不相同的。

哲学上把事物的内部矛盾叫作内因，把事物的外部矛盾叫作外因。任何一个事物的发展，不但其内部矛盾存在着多方面的相互作用，而且这个事物又同其他事物相联系，同其他事物构成矛盾。这种内部和外部的矛盾相互作用、相互影响着，事物不可能只有内部矛盾而没有外部矛盾，也不可能只有外部矛盾而没有内部矛盾。前面讲的学习下棋的那两个人，一个人正确解决和调整好了内部的矛盾，能够做到专心致志，而另一个却不能。因此，尽管外部条件相同，结果却是不同的。可见，在事物的发展中，内因与外因缺一不可。事物的发展是内因和外因共同起作用的结果，但是，内因和外因在事物发展中的地位和作用是不同的。

> **名人名言**
>
> 外因是变化的条件，内因是变化的根据，外因通过内因而起作用。
>
> ——毛泽东

内因是事物发展的根本原因，或者叫事物变化的根据。唯物辩证法认为，事物发展的根本原因，不是在事物的外部而是在事物的内部，在于事物内部的矛盾性。任何事物内部都有这种矛盾性，因此引起了事物的运动和发展。

自然界的变化，主要是由于自然界内部矛盾的发展。社会的变化，主要的是由于社会内部矛盾的发展，即生产力和生产关系的矛盾、阶级之间的矛盾、新旧之间的矛盾，由于这些矛盾的发展，推动了社会的进步，推动了新旧社会的代谢。形而上学者在看到事物的发展时，往往从事物的外部找原因，比如用地理环境和气候的变化来说明某个国家的社会制度的变化，这就不能解释，为什么地理环境和气候相同的国家，有的发生了很大的变化，而有的基本没有发生变化。在社会主义市场经济的条件下，企业之间竞争非常激烈，有的企业发展了，有的企业却破产了。究其原因，主要在于企业内部的矛盾，如企业内部的管理模式、管理水平、技术条件，特别是企业的凝聚力、员工的奋斗精神等等。

外因是事物发展的条件，外因通过内因而起作用。唯物辩证法把内因视作事物发展的第一位的原因，但并不否认而且非常重视外部矛盾、外部条件即外因对事物发展的作用。仅有内因并不能实现事物的发展和转变。因为任何事物和其他事物之间都不是孤立的，而是相互联系、相互影响的，所以事物的发展既需要内因，也需要外因。但是，内因与外因并不是分别地、独立地对事物的发展起作用。外因对事物发展的作用，表现在对事物内部矛盾的影响上，即通过促使内部矛盾双方情况的变化而推动事物的变化和发展。

一个青年人的进步，主要是由他自身的思想矛盾所推动的，但好的社会风气、好的学校和家庭教育等外部条件也起着很大的作用。一个人的堕落固然主要是由他自身的思想所决定的，但不良的外部条件和环境也有不可忽视的影响，在很大程度上影响着一个人的发展方向和状况。病菌能使身体虚弱的人得病，而对体魄健壮的人却无可奈何；资本主义腐朽的思想、文化和生活方式，可以使意志薄弱者迷失方向，而对意志坚强的人却无能为力；等等。这些都说明外因的作用不可忽视，但外因只有通过内因才能起作用。

议一议

有这样一个企业，认为自己的企业缺乏竞争力，主要是由于缺少先进技术，于是用国家贷款从国外引进了先进的机器设备。但由于内部管理不善，这些进口设备不但没有很好地发挥作用，而且不久就报废了，造成很大的损失。用我们学习过的哲学道理分析一下这是什么原因。

综上所述，无论是只看到外因作用的“外因论”，还是只看到内因的作用而否认外因作用的观点，都是错误的。正确的观点是，内因和外因在事物的发展中各自具有不同的作用，只有把二者结合起来，使其共同起作用，才能促成事物的发展。

学习内因和外因辩证关系的原理对我们认识事物、解决问题、促进个人健康成长有十分重要的意义。

其一，**在个人成长的过程中，要正确对待内因和外因，正确处理主观努力与外部条件的关系。**首先要重视内因的作用，个人成长最根本的是靠自己的主观努力；同时也不能忽视外因的作用。我们应当利用有利的条件，改变不利的条件，实现个人的发展，为社会作出有益的贡献。

在现实社会中，每个青年所处的环境、条件是很不相同的。有的生活在城市，有的生活在农村；有的生活富裕，有的生活困难；有的家庭和睦，有的父母离异。这些都会给青年的成长带来不同的影响。是不是环境和条件好的，其成长就一定顺利呢？这倒不一定。我们看到不少生活优越的年轻人，反倒没有什么作为，而一些生活在困境甚至逆境中的青年，却奋发有为，成为时代的佼佼者。这是为什么？归根到底在于这些青年自身的努力、自身的原因。如果把发展的原因归结为外部条件，忽视自身的努力，一遇困难就灰心丧气、怨天尤人，再好的条件也不起作用。反之，如果把外部条件变成对自己成长的挑战，以积极良好的态度去面对社会，面对人生，不但会身处逆境而毫不消沉，而且会扬长避短，变不利为有利，发挥人的能动性，改变于己不利的环境、条件，实现人生的理想。

其二，**要用内因和外因相结合的观点观察社会中的各种现实问题，理解建设中国特色的社会主义，必须既坚持独立自主、自力更生，又坚持和扩大对外开放。**

建设中国特色的社会主义，必须首先坚持独立自主、自力更生的基本方针。我国是一个社会主义的大国，人口多，资源相对贫乏。在这样一个国家实现社会主义现代化，是一个非常艰巨的任务。如果不把基点放在独立自主、自力更生上，连温饱的问题都解决不了，更不用说发展和实现小康了。因此，中国的发展要把立足点放在依靠自己力量的基础上，要通过深化改革实现社会主义不断的自我完善。那种把实现中国发展的希望寄托在外国或外部力量上的观点是错误的，在实践中是行不通的。

名人名言

中国的事情要按照中国的情况来办，要依靠中国人自己的力量来办。独立自主，自力更生，无论过去、现在和将来，都是我们的立足点。

——邓小平

建设中国特色的社会主义，还必须坚持和扩大对外开放，并把独立自主、自力更生与对外开放紧密地结合起来。由于历史和现实等方面的原因，我们同西方发达国家在生产力发展水平、科学技术水平等方面还有很大的差距。现在的世界是一个开放的世界，各国之间的联系越来越密切，任何国家都不可能闭关自守孤立地发展。在这种情况下，我们必须尽一切可能扩大对外交流，引进国外先进的技术、先进的管理经验和资金，少走弯路，尽可能地走捷径，实现快速的经济增长和社会发展。

名人名言

对外开放具有重要意义，任何一个国家要发展，孤立起来，闭关自守是不可能的，不加强国际交往，不引进发达国家的先进经验、先进科学技术和资金，是不可能的。

——邓小平

当然，外国的技术、设备、资金、管理经验等等对我们都是外因，外因只有通过内因才能起作用。因此，引进不是盲目的，引进之后还有消化、吸收、为我所用的问题。可见，坚持自力更生与坚持和扩大对外开放，二者是相辅相成、辩证统一的。我们只有在实践中处理好这二者的关系，才能建设好中国特色的社会主义。

坚持重点论和两点论的统一

做事情、干工作都是解决矛盾、做矛盾转化的工作。但我们看到，在实际工作中有人解决得好，有人解决得不好；有人能促成矛盾和事物向好的方向转化，有人则不能。这是什么原因呢？事实告诉我们，现实存在的事物往往是很复杂的，不是仅仅包含一种矛盾，而是存在着许多的矛盾。例如在我国经济和社会的发展中，有生产力发展水平低与人民群众不断增长的物质文化需求的矛盾，有物质文明建设与精神文明建设的矛盾，有发展科学技术、教育事业与国家财力的矛盾，有产业结构调整与就业压力的矛盾，还有发展经济与保护生态环境的矛盾，等等。事物发展中存在的这些矛盾，其地位和作用是不平衡的。其中必有一种是主要的矛盾，由于它的存在和发展，决定或影响着其他矛盾的存在和发展。**这种在事物发展中处于支配地位，对事物发展起着决定作用的矛盾，叫作主要矛盾；其他处于从属地位、对事物发展不起决定作用的矛盾，叫作次要矛盾。**

我国社会发展中存在着各种矛盾，什么是主要矛盾呢？2017 年 10 月 18 日，习近平在十九大报告中强调，中国特色社会主义进入新时代，我国社会主要矛盾已经转化为人民日益增长的美好生活需要和不平衡不充分的发展之间的矛盾。

想一想

在我们生活的班集体当中也有各种矛盾，分析一下，哪个是主要矛盾，为什么是主要矛盾？

毛泽东说："任何过程如果有多数矛盾存在的话，其中必定有一种是主要的，起着领导的、决定的作用，其他则处于次要和服从的地位。因此，研究任何过程，如果是存在着两个以上矛盾的复杂过程的话，就要用全力找出它的主要矛盾。捉住了这个主要矛盾，一切问题就迎刃而解了。"毛泽东的话是对中国革命过程中解决复杂问题的基本方法的哲学概括。在中国革命战争中，毛泽东一贯强调要"集中优势兵力"，反对"四面出击""两个拳头打人"，还提出"伤其十指不如断其一指"，等等，这些抓主要矛盾的辩证思想，是对革命斗争经验的深刻总结，值得我们认真学习。

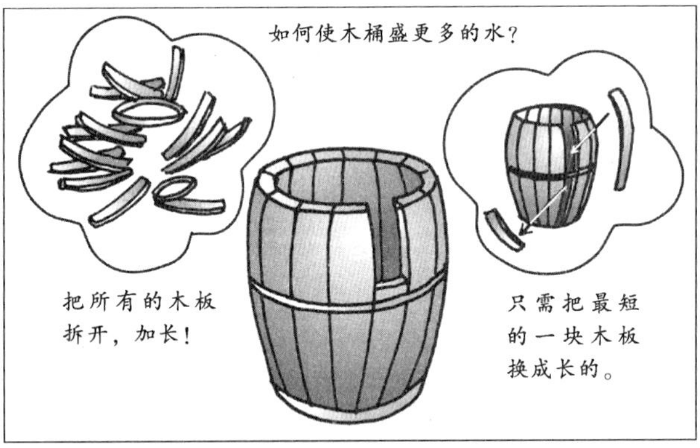

区分主要矛盾和次要矛盾，用全力抓住主要矛盾，也就是要反对不分主次，不分关键和非关键，眉毛胡子一把抓，用十个手指按跳蚤。如果不懂得这个道理，必然会在复杂的事物面前如堕烟海，找不到中心，也就找不到解决问题的方法。

上图反映了著名的"木桶效应"。木桶盛水是整体的效应和功能，如何才能使木桶盛更多的水，甲和乙分别提出了不同的方案。请同学们用抓主要矛盾的道理分析一下，哪个是解决问题的好方法。

在事物的发展过程中，虽然主要矛盾处于支配地位，起着决定作用，但次要矛盾反过来也会影响主要矛盾的发展和解决。**主要矛盾和次要矛盾是相互联系、相互依赖、相互影响的。并且，主要矛盾和次要矛盾在一定的条件下还可以相互转化。**因此，用全力抓住主要矛盾，并不是只抓主要矛盾，其他矛盾一概不管。正确的做法是：**用抓主要矛盾来统领各项工作，既抓主要矛盾又学会统筹兼顾，恰当地处理次要矛盾。当事物的发展使主要矛盾发生变化以后，我们的认识要跟上这种变化。**然而不管怎样，在事物发展过程的各个阶段中，只有一种主要的矛盾起着领导作用，是完全没有疑义的。

> **名人名言**
>
> 弹钢琴要十个指头都动作，不能有的动，有的不动。但是，十个指头同时都按下去，那也不成调子。要产生好的音乐，十个指头的动作要有节奏，要互相配合。
>
> ——毛泽东

不但在存在多个矛盾的情况下，不同的矛盾有主次之分，而且在每一个矛盾当中，矛盾的双方也有主次之分，其地位和作用也是不平衡的。**矛盾着的两方面中，必有一方面是主要的，他方面是次要的。其主要的方面，即居于支配地位、起主导作用的方面，叫作矛盾的主要方面；处于被支配地位、不起主导作用的方面，叫作矛盾的次要方面。**事物的性质，主要是由取得支配地位的矛盾的主要方面所决定的。

议一议

举出我们生活中的事例，说明既要抓住主要矛盾，又要兼顾次要矛盾的解决，既要抓重点，又要抓全面，并把二者很好地结合起来。

在每一个人身上，都既有优点也有缺点，问题是要分析哪个方面是矛盾的主要方面，哪个方面是矛盾的次要方面。对每个具体的人而言，情况是不同的。就大多数人来说，每个人尽管有这样那样的缺点，但仍然是优点占主导地位，缺点是次要的方面。不过也有其他情况，如犯罪的人，尽管他还有一些优点，但他的错误、罪行已经成了矛盾的主要方面，这就决定了这个人的性质已经由人民内部矛盾转化成了敌我矛盾。可见，事物的性质主要是由事物当中矛盾的主要方面决定的。矛盾的主要方面不同，事物的性质就不同。同学们可依此分析一下，资产阶级和无产阶级同处于一个社会当中，是同一个矛盾当中的两个不同的方面，那么，为什么会有资产阶级专政的资本主义社会和无产阶级专政的社会主义社会这两种性质不同的社会呢？

想一想

主要矛盾和矛盾的主要方面是不是一回事，二者的区别是什么？

矛盾的主要方面不同，事物的性质也就不同。然而这种情形不是固定的，**矛盾的主要方面和非主要方面互相转化，事物的性质也就随着起变化。**在矛盾发展的一定过程或一定阶段中，主要方面属于甲方，非主要方面属于乙方；到了另一发展阶段或另一发展过程时，就互易其位置，这是由事物发展中矛盾双方斗争力量的增减程度来决定的。

青年人在进入社会以后，由于缺少社会生活的经验，有时困难条件超过顺利条件，在这种时候，困难是矛盾的主要方面，顺利是其次要方面。然而由于自身的努力，能够逐步克服困难，开辟顺利的新局面。但在相反的情形下，如果我们不顾主客观条件、任意蛮干的话，顺利的局面也能转化为困难的局面。

矛盾的主要方面和次要方面相互关系的原理，要求我们看问题时**既要正确区分主流和支流，不能把支流当成主流；同时又要重视支流，防止支流转化为主流。**

议一议

在语文课文中学过“扁鹊见蔡桓公”的故事。用我们学过的矛盾的主要方面和次要方面相互关系的原理分析一下，蔡桓公开始只是“疾在腠理”的皮毛小疾，为什么后来成了“病在骨髓”的不治之症？

首先要学会正确地区分主流和支流，这对我们判断事物、认清形势、解决问题有十分重要的意义。事物是一分为二的，既有这个方面，也有那个方面，但矛盾的两方面不是等量齐观的。如果分不清主次，弄不清主流和支流，我们就不能作出正确的判断。人们经常用“九个指头”和“一个指头”的关系来比喻矛盾的主要方面和矛盾的次要方面、主流和支流的关系。也就是说，对成绩与问题、优点与缺点、顺利与困难等等，哪个是主要的，哪个是次要的，要有一个正确的判断。任何个人都不可能是完美无缺的，“金无足赤，人无完人”，对人不能求全责备。同样，做任何事情也不可能是十全十美、有百利而无一弊的，只能权衡利弊、得失，判断是利大于弊还是弊大于利，是得大于失还是失大于得，从而作出一定的选择。

其次要学会正确解决支流方面的问题，不要让支流发展为主流。因为矛盾双方的地位不是一成不变的，而是在一定条件下相互转化的。在事物发展的过程中，对支流如果不加控制，让其自行发展，就可能影响主流发展的方向，严重的还会使支流转化为主流。那时，事物的性质就变化了。比如我们党内存在着少数的贪污腐败分子，他们利用职权搞钱权交易、不正之风，在群众中影响很坏。但我们要看到，贪污腐败分子在共产党内只是极少数，不能因为党内出了这些分子，就认为整个党都坏了。这就是要认清在共产党内什么是主流，什么是支流。但分清主流和支流并不是说对贪污腐败分子就可以放手不管了。恰恰相反，我们必须看到贪污腐败现象对党的严重危害，看到如果不认真解决这一问题，不但危及党群关系和社会稳定，而且会影响甚至改变党的性质，破坏社会主义建设事业。因此，党中央已经和正在采取多方面的严厉措施，下决心根治腐败。

我们懂得了主要矛盾和次要矛盾、矛盾的主要方面和次要方面相互关系的原理，就要坚持两点论和重点论的统一。我们所说的两点论，就是要对事物采取一分为二的观点，看到任何事物都有两个方面，不能只看一个方面，否定另一个方面；我们所说的重点论，就是说在两点当中要抓重点，不能把两个方面看成是半斤八两、平分秋色。两点论和重点论是密切相连的。两点是有重点的两点，重点是两点中的重点。离开两点谈重点或离开重点谈两点，都是错误的。我们应当把两点论和重点论统一起来，看问题、办事情，既要全面，又要善于抓重点和主流。学习掌握了重点论和两点论相统一的原理，我们就能加深对党中央关于以经济建设为中心、实现社会全面进步的大政方针的理解，从而自觉地投身建设中国特色社会主义的伟大实践。

具体问题具体分析

在党领导我国人民进行民主革命的初期，党内的教条主义者没有具体分析中国社会的具体矛盾，盲目照抄照搬外国的经验，想用在大城市搞武装起义的办法夺取全国的政权，结果都失败了，使党和工人阶级的力量受到很大的损失。为什么这种从城市斗争开始夺取全国政权的方法，在俄国革命中取得了成功，而在中国就不行呢？因为国情不同。在旧中国，反动势力极其强大，它们占据着中心城市，而革命力量在一开始是十分弱小的。这种敌强我弱的矛盾特点决定，必须走以农村包围城市的道路，即先在反动势力达不到的偏远农村建立革命根据地，积蓄力量，最后才能夺取大城市，取得全国政权。这条适合中国国情的革命道路是毛泽东等无产阶级革命家在分析中国社会的特殊矛盾、总结中国革命斗争的具体经验的基础上提出来的，中国革命沿着这条道路，经过迂回曲折的斗争，最后终于取得了胜利。

俄国革命和中国革命都是无产阶级领导的推翻封建主义、资本主义的革命，这是矛盾的共性；但俄国革命的具体道路是由城市到农村，而中国革命的具体道路是由农村到城市，这是由两个社会矛盾的特殊性所决定的。如果只懂得矛盾的共性（普遍性），而不懂得矛盾的个性（特殊性），不对具体问题进行具体分析，就不可能引导革命走向胜利。其实，不论搞革命也好，搞建设也好，大到国家大事，小到日常生活、工作等等，都要具体问题具体分析。所谓**具体问题具体分析，就是要在矛盾普遍性原理的指导下，具体地分析矛盾的特殊性。**

名人名言

对于物质的每一种运动形式，必须注意它和其他各种运动形式的共同点。但是，尤其重要的，成为我们认识事物的基础的东西，则是必须注意它的特殊点，就是说，注意它和其他运动形式的质的区别。

——毛泽东

首先，**要对不同事物的不同的矛盾进行具体分析。矛盾的特殊性首先表现为，不同的事物有不同的矛盾**，这种矛盾的特殊性是世界上的事物之所以千差万别的内在原因，或者叫作根据。

每个事物之所以不同于其他的事物，是因为每个事物都存在着自己特殊的矛盾。世界上没有哪两个事物是完全相同的。17世纪德国哲学家莱布尼茨说过："世界上没有两片完全相同的树叶。"19世纪法国文学家福楼拜也说过："世界上没有两粒相同的沙子，没有两只相同的苍蝇，没有两双相同的手掌，没有两个相同的鼻子。"事物不同，在于事物内部的矛盾都具有各自的特点，正是事物当中所含有的特殊的矛盾，才使各种不同的事物相互区别开来。工厂不同于学校，商店不同于医院，即使同是商店，也有商城、超市、专卖店、连锁店等等的区别。想一想，如果事物之间没有区别，商店也是医院，医院也是工厂，那么世界会变成什么样子？拿我们同班的同学来说，尽管都是十几岁的青年，但也各具特点、各不相同。如果一个班的同学几十个人都没有任何差别，世界还成为世界吗？由于每个人在个性特点、认识能力、兴趣爱好等等方面都不完全一样，因此对他们的教育也不能千篇一律、整齐划一，而应当因材施教。

其次，**要对同一事物在不同发展阶段上的不同矛盾进行具体分析。矛盾的特殊性还表现为，同一事物的矛盾在其发展的不同阶段各有不同的特点。**或者说，同一事物在不同的发展阶段上，其矛盾也不同。同一事物的发展之所以会出现阶段性的特征，其原因就在于内部矛盾的变化。我们如果不能正确认识和对待矛盾在不同阶段上的不同特点，也不可能做好事情或解决好问题。

每个人都要经历幼年、少年、青年、中年、老年等发展阶段，这种发展阶段区分的内在根据是什么？在于人生的不同阶段，其生理、心理、智力等等矛盾的情况不同，并由此发生了某些阶段性的质变。就某人从生到死都是某人而言，没有发生质变，但在人生的不同时期，人的内在矛盾是不同的，需要解决的主要矛盾也不同。从幼年到成年，生理、心理和智力的发育是主要矛盾，而成年以后这个矛盾就不再是主要矛盾。成年人心理、智力都已发展成熟，但生理上又开始由盛向衰转化。因此，对待处于人生不同阶段的人，采用的方法不应当也不可能是一样的。试想，如果我们用对待幼年人的办法（教其穿鞋、识字）对待成年人，或者反过来，用对待成年人的办法（要求他教育子女、成就事业）对待幼年人，那就非把事情搞乱不可。

最后，**要对同一事物内部矛盾双方的不同特点进行具体分析。矛盾的特殊性还表现为，同一事物矛盾的双方也各有其特点。**要从总体上把握某事物的矛盾，就要对该事物当中矛盾的双方都进行深入、具体的认识和了解。

议一议

具体分析一下青年人在初中阶段和高中阶段有什么不同的特点，原因是什么？

毛泽东过去多次批评在对待矛盾问题上的片面性观点，批评党内的教条主义者只知道中国一方，不知道外国一方；只了解共产党一方，不了解国民党一方；只了解无产阶级一方，不了解资产阶级一方；只了解农民一方，不了解地主一方；等等。现在，进入社会主义现代化建设时期，这种矛盾分析的方法仍然适用。在学校，不能只知道教师一方，不知道学生一方；在企业，不能只知道生产一方，不知道市场一方；在个人成长中，不能只知道自己一方，不知道社会一方；在家庭中，不能只知道家长一方，不知道子女一方；在医院，不能只知道医生一方，不知道病人一方；在商店，不能只知道卖的一方，不知道买的一方；如此等等。不了解矛盾各方的特点，就叫作片面地看问题，或者叫只看见局部，没有看见全体；只看见树木，没有看见森林。这样，是不能找出解决矛盾的方法的。

议一议

根据我们平时的所见、所做、所想，举出具体的例子，说明具体问题具体分析的重要性，以及不对具体问题进行具体分析的危害性。

由此看来，具体问题具体分析包括十分丰富的内容，它对我们想问题、办事情具有十分重要的意义。离开具体问题具体分析，就不能认识矛盾的特性。**具体问题具体分析是人们正确认识事物的基础，也是正确解决矛盾的关键。**正因为具体问题具体分析如此重要，它才成为马克思主义最本质的东西，成为马克思主义的活的灵魂。

本章小结

事物之间的联系是普遍的、客观的，联系是事物之间和事物内部各要素之间相互影响、相互制约的关系，任何事物都不可能脱离同其他事物的联系而孤立存在。事物之间的联系既是客观的，又是具体的。

一切事物都处于发展变化当中，运动是物质的根本属性，静止是运动的特殊状态。一切事物都有其产生、发展和灭亡的过程，发展是新事物代替旧事物。新事物具有强大的生命力。

事物的发展是由量的积累到质的飞跃。任何事物的发展都采取量变的积累和质变的飞跃这两种形式，量变是质变的基础和条件，质变是量变的结果。做事情要把握好度。

事物的发展是波浪式的前进和螺旋式的上升，是前进性和曲折性的统一。事物发展的总趋势是前进的、上升的，事物发展的具体道路是迂回的、曲折的。新事物的发展要经历一个反复、曲折的过程，要正确看待前进与曲折的关系。

任何事物都是包含着矛盾的，事物自身包含的既对立又统一的关系叫作矛盾。矛盾是事物发展的动力，事物当中矛盾双方既对立又统一的关系推动着事物向前发展。要坚持两分法，防止片面性。

事物的内部矛盾叫作内因，事物的外部矛盾叫作外因。内因是事物变化发展的根据，外因是事物变化发展的条件，外因通过内因而起作用。

在有两个以上矛盾存在的情况下，必有一个矛盾是主要矛盾，它的存在和发展决定其他矛盾的存在和发展。认识事物必须要全力抓住主要矛盾，并统筹兼顾，恰当处理次要矛盾。

在一个矛盾的两个方面当中，必有一方面是矛盾的主要方面，事物的性质主要是由取得支配地位的矛盾的主要方面所决定的。矛盾的主要方面和次要方面是相互联系的，在一定条件下，二者的地位会相互转化，事物的性质也就随之发生变化。

唯物辩证法在坚持两点论的同时强调重点论，是两点论和重点论的统一。

具体问题具体分析是马克思主义活的灵魂。具体问题具体分析包括分析不同事物矛盾的不同特点，同一事物在矛盾发展不同阶段的不同特点，同一事物矛盾双方的不同特点，等等。

思考与练习

1. 你对哲学上所说的联系是怎样理解的？请你举出一两件事，运用联系的观点加以说明。

2. 什么叫作用科学发展的观点看问题？请你举出一两件事，说明必须用科学发展的观点看问题。

3. 什么是新生事物，为什么说新生事物是不可战胜的？

4. 某中职一（2）班有男生23名，女生17名。在今年春季植树节前，学校组织植树义务劳动，要求利用业余时间半天完成。具体要求：从学校苗圃挖70棵樟木树，栽在进校大道两边，既要遵守植树规则，又要确保90%的成活率。你作为班长，如何在规定时间内，考虑挖树、挖坑、运输、栽树、浇水等环节？设计出一个最佳施工方案，并用哲学道理写出一篇小论文来。

5. 请同学们思考、分析，下面的寓言故事中包含着什么哲学道理：

古时候有个赵国人，家里老鼠成灾。他就到中山国要了一只猫，这只猫善于捉老鼠，但也喜欢捉鸡吃。一个多月之后，赵国人家里的老鼠被逮了不少，可鸡也被猫吃光了。赵人的儿子颇感忧虑，便向父亲请求把这只猫送走。父亲回答："我们家的祸患在于老鼠，而不在于没有鸡。家中有老鼠，会偷吃我们的粮食、衣物，让我们挨饿受冻，而没有鸡，只不过不吃鸡和鸡蛋而已，离挨饿受冻还远着呢！我们为什么要把这只猫送走呢？"

第三章

提高认识事物的能力

人生活在世界上，每天都要认识事物、解决问题。但是，大量的事实表明，每个人认识事物、解决问题的能力是不一样的。有的人能力强，有的人能力弱；有的人认识快，有的人认识慢。这种差异是怎么造成的？如何才能提高人的认识能力？这是哲学认识论所研究的问题。现代社会飞速发展，对人的认识能力提出越来越高的要求，这就要求我们了解认识的特点、认识形成和发展的规律性。通过本章的学习，我们会初步了解参加社会实践、掌握正确的思维方法是形成正确认识、提高自身认识能力的基本条件。

第一节　实践出真知

实践是认识的来源

人的认识能力是通过大量的认识活动表现出来的，也是在认识活动中锻炼和提高的。那么，人的正确思想、认识是从哪里来的？是怎样形成和发展的？这就不能仅仅从认识本身寻求答案，必须从与认识密切相关的社会实践活动中寻找答案。必须看到，人无论是形成正确的认识，还是提高自己的认识能力，都不可能离开实践。

近代欧洲有个著名的医师和解剖学家名叫维萨里，他出版自己七卷本的《人体的构造》时才29岁。在这本书里，他指出了古罗马医学家盖伦著作中的多处错误，纠正了盖伦关于左右心室相通的说法。年轻的维萨里为什么能取得这些科学的认识呢？这是因为他注重实践，不迷信书本。他强调必须亲自解剖、观察人体。他反对因循守旧、照本宣科。在课堂上，他一边执刀解剖，一边对照讲解人体的构造，这种别开生面的教学方式引起了众人的兴趣。

名人名言

你要有知识，你就得参加变革现实的实践。你要知道梨子的滋味，你就得变革梨子，亲口吃一吃。

——毛泽东

想一想

有没有什么知识可以不通过实践，由人的头脑主观自生？

为什么实践会对人的认识产生重要的决定作用呢？这要从什么是实践，它有什么样的特点入手。马克思主义哲学认为，**实践是人们改造客观世界的一切活动。**实践活动的形式是多种多样的。工人做工、农民种田、渔民捕鱼、猎人狩猎，这些都是自有人类历史以来最基本的实践活动。随着社会的进步，不断有新的实践活动产生出来。在现代，人们从事实践活动的领域越来越广，科学家进行科学实验、企业家管理现代企业、商业人员从事市场营销、IT行业的人员设计电脑程序、国家公务员从事公共管理、司法人员办案，以及教师讲课、医生治病、演员表演等等，都属于实践活动。

人们实践活动的形式多种多样，但仔细分析，它们都有共同的特点。在研究实践的基本特点时，首先要看到，实践是人类所特有的活动，它与动物消极适应自然的本能活动有根本的区别。我们可以通过上面两幅图来对比一下人的实践活动（建造楼房）和动物的本能活动（鸟儿筑巢）究竟有哪些本质的不同。人的实践活动，从简单的到复杂的，都是在意识指导下的有目的的活动。自然界不能满足人，人决心以自己的行动改变世界。人们在实践中变革客观事物，就是把原有的东西改造为新的东西，创造出新的东西，达到自己的

目的。因此，就要求人们认识事物的本质和规律，这和动物的本能活动是根本不同的。只有认识了事物的本质和规律，人才能在实践之前提出正确的计划和方案。从这里可以看出，**实践是人的有意识、有目的的能动性的活动。**

农民盖茅草房先要有个打算和安排。修建现代建筑要先有设计和图纸。现代的建筑不但要符合力学原理，还要符合艺术和美学的要求，水平越来越高。这说明人的实践的有意识、有目的、能动性的特点越来越突出了。

议一议

如果盖一座现代化的楼房，像过去农民盖草房那样没有图纸，没有设计方案，结果会如何？

实践是人的有意识、有目的的活动，但更重要的，**实践是客观的物质性的活动。**这是实践区别于认识、高于认识的显著特征。人的思维活动也是能动性的活动，但思维本身不能改变事物。而实践不同，实践是人们变革客观事物的活动，它必然引起客观对象的变化。如果说，认识的过程是客观见之于主观的过程，即客观事物反映到人的主观头脑当中的过程；那么，实践则是主观见之于客观的过程，即人运用一定的实践手段把实践的目的、方案等等付诸实施，引起客观对象变化的过程。所以，**实践既是人所特有的有目的的自觉活动，又是人所特有的对象性、物质性的活动。**

实践对认识的形成、发展起着根本的决定性作用。实践是认识的来源，人的正确思想只能从实践中来。因为：

第一，**实践不断产生出认识的需要。**人类的实践是由低级向高级不断发展的，实践的发展不断给人们提出新的认识课题，才使认识不断产生，并由低级向高级不断发展。人们面对客观世界，先认识什么后认识什么，不是任意规定的，归根到底是由实践的需求决定的。

> **名人名言**
>
> 社会一旦有技术上的需要，这种需要就会比十所大学更能把科学推向前进。
>
> ——恩格斯

在古代，由于畜牧业、农业、航海业发展的需要，促进了天文学、数学的发展。在近代，由于工业发展和资产阶级发动战争的需要，推动了物理、化学等自然科学的发展。在近几十年里，由于现代社会化大生产的需要，产生了控制论、信息论、系统论以及高能物理、基因技术等许多新的学科。又如，马克思主义理论是适应无产阶级革命斗争的需要而诞生，又在实践中不断发展的。由于我国新民主主义革命的需要，产生了毛泽东思想，而我国社会主义现代化建设的需要，又形成了邓小平理论、“三个代表”重要思想和科学发展观等，它们都是中国的马克思主义，是我国革命和建设的指导思想。

第二，**实践的发展不断提供出新的认识工具和认识手段。**人的感觉器官和思维器官的能力是有限的，要不断地认识世界，就需要新的工具和手段。人类实践的一个重要特点是制造和使用工具来改造世界，实践的工具同时也是认识客观事物的工具。随着实践的发展，人们还制造出了主要用于认识的工具，如望远镜、显微镜、雷达、电子计算机、人造卫星等等，使人类的认识领域一方面深入微观世界，另一方面又扩大到宇宙天体。

人眼的能力是有限的，它只能接受380纳米～770纳米的电磁波（光波）。人耳的能力也是有限的，它只能接受20赫兹～20 000赫兹频率范围内的振荡波（声波）。但现代人所看到和听到的绝不止这些。人们借助射电望远镜可以观察到100亿光年以外的天体；使用电子显微镜能够把物体放大百万倍以上；高空中的人造卫星能帮助人们认清地球的资源分布；新一代电子计算机的高速运算速度使人们对事物的认识更快、更准确；国际互联网扩展了人的认识范围，大大提高了人的认识能力。

想一想

如果没有现代实践提供出的电子显微镜、射电望远镜等先进的认识工具，人类的认识会是怎样？

第三，**人参加变革现实的实践使认识成为现实，并不断提高着人的认识能力。**认识是人脑对客观事物的反映，人们只有在实践中同客观事物反复作用，变革客观对象，使对象的各种特性暴露出来，才能透过纷繁复杂的现象深入事物内部，认识其本质和规律。就像要学会游泳必须下水一样，要想了解一个人，就必须多同他交往，要想认识复杂事物，就必须投身于变革这一事物的实践中。变革现实的实践还不断锻炼和提高着人的认识能力，使人不断积累知识和经验。

有经验的磨工能分辨出0.000 5毫米空隙，而普通人则只能达到0.1毫米；染色专家可区分40种～60种黑色色调，而在一般人看来，它们都是一样的；有经验的炼钢工人能根据熔钢的微细色调确定钢的温度和钢中的杂质含量；有经验的棉农可根据棉叶的细微变化，判断将要发生什么样的病虫害，应该喷洒什么样的农药。

总之，人的认识既不可能从天上掉下来，也不可能从自己的头脑里主观自生，只能从社会实践中产生和发展。实践出真知，实践是一切科学知识的来源。我们要获取知识就必须要投身社会实践，在实践中锻炼能力，增长才干。实践的观点是辩证唯物主义认识论的首要的和基本的观点。

感性认识上升到理性认识

在人们投身实践、变革客观事物的过程中，通过观察活动，事物的各种属性、特点就会通过人的感官（眼、耳、鼻、舌、身）以及作为感官放大和延长的观察工具（望远镜、显微镜、现代传感装置等）反映到人的头脑中来。例如，同学们刚刚进入学校学习时，学校的校园、设施，老师的讲课，学生的活动等等，都会引起你的注意，产生这样那样、或深或浅的印象。这些通过人的感觉器官产生的对客观事物的认识，反映的是客观事物的现象。这种**对事物现象的认识属于感性认识**。随着实践的深入，人们在实践中所积累的感性认识会逐渐增多，再经过大脑思维的作用，就会产生认识上的飞跃，形成对事物本质和规律的认识。例如，经过一段时间的学校生活，你会对学校的办学质量、教学水平等等作出认识的结论。这种认识已经不是单凭感官就能作出的，它所反映的已经不是事物（例如学校）的表面现象。这种**对事物本质的认识属于理性认识。**

光的现象是为大家所熟悉的，我们见过雨后的彩虹，在电视上看到过美妙神奇的北极光，通过光谱仪我们也能观测到光的赤、橙、黄、绿、青、蓝、紫各种颜色。但知道这些现象并不等于认识了光的本质。经过科学家的探索、思考，才知道各种不同的光在本质上都是电磁辐射，都是一定波长的电磁波。这种对光的本质的把握是通过科学思维对感性材料进行加工得出的。

人们在实践中通过观察获得大量的、可靠的感性认识是非常重要的。没有周密细致和全面的观察，就不可能为大脑的思维提供可靠的基础。很多作出伟大贡献的科学家都非常重视通过观察搜集各种必要的感性认识的材料。

现代遗传学说的创始人孟德尔，出身于一个贫苦农民家庭，长大后当了修道院的修士。后来，他在寂寞的修道院花园里进行了长达9年的豌豆杂交遗传试验研究。他从商人那里搜集到许多豌豆品种，反复进行杂交试验，并用数学统计方法研究处理各种实验资料。他在实验的过程中，对杂交后豌豆的性状进行了细心的观察、归纳，经过艰苦细致的研究工作，终于发现了孟德尔遗传定律。

想一想

在我们的日常生活中，哪些属于反映事物现象的感性认识，哪些属于反映事物本质的理性认识？

感性认识虽然是认识过程的必经阶段，但它形成的认识成果是初级的，还不能反映事物的本质。认识的真正任务，是经过感性认识上升到理性认识，也就是由对事物现象的认识上升到对事物本质和规律的认识。

名人名言

我们的实践证明：感觉到了的东西，我们不能立刻理解它，只有理解了的东西才更深刻地感觉它。

——毛泽东

为什么必须把感性认识上升为理性认识呢？因为，感性认识虽然是认识必经的阶段，但它只是认识的低级阶段，它只能把握事物的外部特征和外部联系，不能揭示事物的内在本质和内部联系。认识的目的在于指导实践。正确的感性认识在日常生活中的作用“功不可没”，但对于指导复杂一点的实践，就不够用了。因此，必须在感性认识的基础上运用理性思维对现象进行分析，得出理性认识来把握事物的本质和规律。

1820 年和 1831 年，奥斯特和法拉第分别发现了电流的磁效应和电磁感应现象，法拉第进而又总结出电磁感应定律，楞次通过实验总结出楞次定律，法拉第还提出了场和磁力线概念，等等。这些都属于对电的本质、电与磁的内在联系、电流运动规律等等的理性认识。试想，假如人们只满足于对现象的了解，发现不了事物的本质和规律，也就不会利用电力，人们的生活就会是暗淡无光的。

议一议

我们天天同商品打交道，可是知道的往往是商品的一些表面现象。马克思深刻分析了商品的本质，提出了商品是使用价值与价值的统一。比较一下这两种对于商品的认识，有哪些不同，哪个更深刻？

理性认识是认识的高级阶段。理性认识是人借助于抽象的思维对感性认识材料进行加工、整理、概括而形成的关于事物的本质、事物的全体和事物的内部联系的认识。理性认识一般是用概念、判断和推理来表达的。比如欧氏几何中“三角形内角和等于 180°”，就属于理性认识。因为它已经舍弃了具体三角形的不同特点，从中抽象出了各种三角形的具有普遍性、一般性的本质和共性。理性认识虽然没有感性认识那样生动、直观，但它深入到了事物内部，抓住了事物与事物的内在联系，能够解释许多现象，因此比感性认识要深刻得多。正确的理性认识对人类的实践活动有重要的指导作用。

科学理论是理性认识的重要表现形式，它对人们的社会实践有巨大的指导作用。比如邓小平指出：“科学技术是第一生产力。”这是根据大量事实概括出的科学真理，对我国发展科学技术、促进生产力的发展有十分重大的指导作用。

既然理性认识如此重要，怎么才能把感性认识上升到理性认识呢？**由感性认识上升到理性认识，是认识过程的质变和飞跃，必须具备两个条件：**

第一，**占有十分丰富和合乎实际的感性材料，这是实现由感性认识上升到理性认识的**

基础和前提。

第二，**运用科学的思维方法对感性材料进行加工和改造，这是实现由感性认识向理性认识飞跃的关键。**

人的大脑好比一个加工厂，加工厂生产产品，首先需要原料。人脑加工的原料不能等待客观事物自己送上门来，必须发挥人的能动性，进行深入的调查研究，广泛搜集各种感性材料。有了原材料还要进行加工制作，就要开动人脑这部机器，发挥思维的能动性，运用正确的方法，从大量感性材料当中抽象、概括出事物的本质和规律。

名人名言

脑筋这个机器的作用，是专门思想的。

凡事应该用脑筋好好想一想。俗话说："眉头一皱，计上心来。"就是说多想出智慧。

——毛泽东

毛泽东把人脑对感性材料的加工制作概括为**"去粗取精、去伪存真、由此及彼、由表及里"**16个字，这是非常精辟的。

去粗取精，指的是对已经搜集到的大量感性材料进行分析、筛选，抓住主要的能够说明问题本质的现象，舍弃与本质无关的或次要的现象。

去伪存真，指的是对感性材料进行分析、鉴别，如果其中有虚假材料必须去除，否则就会得出歪曲事物本质的结论。

由此及彼，指的是对大量个别的感性材料联系起来思考，从总体上进行研究，特别要注意把看起来毫不相干的现象联系和统一起来，发现其中的规律性。

由表及里，指的是透过表面的现象发现事物内在的联系、内在的规律性。也就是透过现象看本质，这是最重要的。

可以看出，从感性认识上升到理性认识是一个艰苦的认识过程，特别对于科学的或社会的复杂的认识，要想实现这一飞跃，必须充分发挥人的主观能动性，付出艰辛的劳动。既要在观察和搜集资料方面勤奋努力，也要在运用科学思维方法进行分析与综合方面专心致志，有毅力和耐心，不怕吃苦。为人类认识作出贡献的科学家、理论家，他们都有百折不挠的坚强意志和勤奋钻研的刻苦精神，值得我们学习、效法。

名人名言

在科学上没有平坦的大道，只有不畏劳苦沿着陡峭山路攀登的人，才有希望达到光辉的顶点。

——马克思

马克思为了研究资本主义发展的本质和规律，用了40年时间研究政治经济学，《资本论》的研究与写作倾注了他毕生的心血。马克思认为“研究必须详细地占有材料”，并找出材料的“内部联系”。他除了参加和领导当时无产阶级的斗争以外，还充分利用大英博物馆的有利条件，阅读大量书籍、报刊和统计材料。在大英博物馆的阅览室里，马克思坐在座位上看书，每看到兴奋的时候，就下意识地用脚搓搓地，时间长了，水泥地被磨出了两道沟痕。马克思在非常艰苦的生活条件下，全身心地进行研究，不停地学习，不停地思考，为此牺牲了健康和家庭的幸福。拉法格在回忆马克思时说：“思考是他无上的乐事，他的整个身体都为头脑牺牲了。”

感性认识上升为理性认识以后，认识过程并没有完结。已经得出的理性认识还有一个在实践中接受检验，并在实践中不断得到深化和发展的过程。人类的认识史和我们的生活实践都表明，**对事物本质的认识是一个在实践基础上不断反复、不断深化的过程。**

中国共产党和中国人民对“什么是社会主义，怎样建设社会主义”的认识经历了一个艰苦、反复的过程。新中国成立初期主要是学习苏联，后来毛泽东很快认识到，苏联的经验并不完全适合我们。毛泽东发表了《论十大关系》，提出走一条适合中国特点的社会主义建设之路的基本构想。但是后来，党的指导思想出现失误，在“左”的思想的干扰下，人们把“一大二公三纯”看成是社会主义的本质，社会主义建设遭受巨大的破坏和挫折。结束“文化大革命”后，邓小平带领中国共产党和中国人民深刻总结新中国成立以来的历史经验，特别是改革开放的新鲜经验，对社会主义的本质作出了科学的概括，初步形成了建设中国特色社会主义的基本理论。这说明中国共产党对当代中国基本国情的认识，经过不断的探索，逐步走向科学和成熟。现在，随着实践的发展这一认识还在不断深化。

想一想

你对某人或某物的认识是一次完成的，还是经历过一个由浅入深、由片面到全面的过程？

人的认识是没有止境的。已经形成的某一具体的理性认识，只能是对物质世界的某一层次或某一方面的认识，是对事物的某一发展阶段的认识。实践在发展，要求人的认识要不断地深化、不断地扩展，要随着客观事物的进程向前推移。把理性认识看成是停滞、僵化的观点是错误的。

19世纪以前，人们普遍认为原子是不可分的，是物质世界的最小单位。后来放射性的发现，证明原子是可分的，原子由原子核和电子组成。原子核又由质子和中子等基本粒子构成。现代科学已经发现三百多种基本粒子，并且表明基本粒子还有更深的内部结构，它们之间也是相互作用、相互转化的。人类对物质结构的认识经历了一个由浅入深、由某一方面到更多方面的认识过程，这个过程是没有止境的。

议一议

结合你学习过的物理、化学、数学的知识，分析一下人类的认识是怎样由浅入深、由片面向全面发展的。

注重实践学会学习

通过分析人的认识过程，可以发现，提高人的感性观察的能力，获取全面可靠的感性认识材料，离不开实践；提高理性思维的能力，把感性认识上升到理性认识，离不开实践；把已经形成的理性认识不断深化和扩展，也离不开实践。因此，青年学生要提高认识能力，**一定要树立实践的观点，多接触实际，在实践中学习、提高。**

吉林工学院32名大学生作为青年志愿者，到居委会担任支部书记助理和居委会主任助理。他们开展社会调查工作，为居民提供家教、咨询，与街道办事处共同开设服装裁剪班，义务培训下岗女工，组织居民开展文化娱乐活动。北京市几所大学的202名博士生、硕士生赴490多个村庄，组织了一次“百名博士百村行”活动。他们完成了175份调查报告和1 500份问卷调查。这些调查报告反映了改革开放以来我国农村发生的巨大变化，分析了当前的农业和农村形势，并针对一些热点、难点问题提出了政策性建议。

马克思主义哲学认为，实践不是孤立的个人的活动，而是处于一定社会关系中的人所进行的活动。因此，实践是社会性、历史性的活动。我们讲的投身实践就是投身社会实践，在社会实践中同劳动群众相结合。人民群众是社会历史的主人，是改造自然、推动社会发展的决定力量。人民群众有无穷无尽的创造力，他们不但是物质文明的创造者，也是精神文明的创造者。只要我们在社会实践中和人民群众结合在一起，就能克服“眼高手低，动手能力差”、思想方法往往具有片面性和理想化等缺点，做一个对社会有用的人。

名人名言

群众是真正的英雄，而我们自己则往往是幼稚可笑的，不了解这一点，就不能得到起码的知识。

——毛泽东

历史上很多发明创造都是劳动人民做出的。我国古代黄道婆改进的纺车，使工效提高了好几倍。“珍妮纺车”的发明者是英国当过木工的织布工人哈格里沃斯。有一次他不小心踢翻了女儿珍妮的纺车，轮子带动那根锭子飞快地转动着，这使他想到如果把几个锭子竖起来，其效率不是比一个横锭的效率要提高几倍吗？于是他发明了效率可提高8倍的有8个竖锭的纺车。为了纪念他女儿的纺车给他的启示，哈格里沃斯把自己发明的纺车命名为“珍妮纺车”，并申请了专利。

社会实践活动的形式是多种多样的，内容是丰富多彩的。随着人类实践的发展，特别是科学技术的进步，实践的领域不断扩大，形式也更加复杂。**实践的基本形式有三种，即变革自然的生产实践活动、处理社会关系的实践活动和科学实践活动。其中，生产实践是人类最基本的实践活动，它是人的各项实践活动的基础。**

在现代社会，生产实践极为发达，交通、通信、广播、电视、互联网，以及照明、音响、激光技术，不但改变了人们的生活方式，也改变了人们从事政治文化活动的方式。

议一议

如果没有现代生产实践提供的各种手段、设备、条件，我们能从事现代的政治、艺术、文化活动，过现代人的生活吗？

处理社会关系的实践对社会的发展起着重要的作用，它通过对社会关系的调整和变革反作用于生产活动，保护和促进社会生产的发展。在阶级社会里，处理社会关系的实践主要表现为阶级斗争，先进阶级反对没落阶级的阶级斗争是阶级社会发展的直接动力。在不改变社会基本制度的前提下对社会关系进行某种调整属于改革的实践。改革是我国社会主义社会发展的基本动力。

我国所进行的改革，以维护社会主义的基本制度为前提，所改变的是与生产力发展不相适应的经济体制和政治体制，即经济制度和政治制度的具体形式，以促进生产力的发展和社会的进步。几十年的实践表明，改革就是解放生产力和发展生产力，它得到了广大人民群众的拥护。青年学生要关心改革，了解改革，积极投身改革的实践。

在生产实践和处理社会关系实践的基础上，随着社会分工的发展，不断有新的实践形式产生出来。比如教育实践活动、艺术实践活动、医疗实践活动、科学实践活动等等。特别应当受到重视的是科学实践活动，它以观察、实验和科学研究自身建设等等为主要内容，对社会的发展，特别是对现代生产力的发展起着巨大的推动作用。**科学实验是科学实践的最重要的形式，是科学工作者在科学理论的指导下，按照一定目的、运用特殊的设施和手段，去探索事物规律性的活动。**

想一想

在你的家乡，改革开放以后，出现了多少有成就的企业家、事业家和各方面的人才？改革开放为人才的成长提供了哪些条件？

科学实验是一种尝试性、探索性和准备性的实践活动，它离不开实验设备和实验室。中国古代的科学技术很发达，但在近代以后落伍了。其中一个重要原因是实验自然科学没有欧洲那样发达。18世纪以后，欧洲的实验自然科学发展得非常迅速。其中如非常著名的卡文迪许实验室等，对近代科学发展起了非常重要的作用。卡文迪许一生都是在实验室和图书馆里度过的，他过着俭朴的生活，把大量收入积蓄起来，进行化学、热学、电学方面的实验。

议一议

管理活动属于哪一种形式的实践?

青年学生要多接触实际，在实践中学习、提高。同时，也要**学会学习，努力把前人在实践中总结出来的理性认识变为自己掌握的知识。**

人的知识，一般地说是由直接经验和间接经验两部分构成的。从亲身实践中得来的知识属于直接经验，从书本上或靠他人传播得来的知识属于间接经验。由于人类实践活动的领域十分广大，人不可能也没有必要事事获得直接经验，因此，向书本学习，向他人学习，向前人学习，都是十分重要的。学习书本知识与实践出真知并不矛盾，二者是统一的。因为间接经验只是“流”而不是“源”，对你来说的间接经验，在前人和别人那里则仍为直接经验。从人类知识的总体来看，归根到底，仍然是发源于实践。为了更有效地**从事实践活动，既要重视直接经验，也要学习间接经验。**

人的实践水平之所以能不断提高，是因为每一代人都能学习和接受上一代人从实践中获得的知识。人类在实践探索的过程中，积累了很多的经验，既有成功的经验，也有失败的经验。比如在近代历史上，不少人曾花了很多的心血研究永动机，设计了许多方案，都失败了。后来，由于力学研究的进步，从科学上证明了永动机是不可能的。如果我们不学习前人的知识和经验，还要重新实验永动机，只能是徒劳无功，浪费时间和精力。

我们不仅要重视学习，**还要学会学习，从一定的意义上说，学习也是实践，**学习也有自身的规律性。青年学生要有意识地培养和提高自己的学习能力，应当把学习知识的过程同提高学习能力的过程很好地统一起来。因为，每个人在学校学习的时间毕竟是短暂的，现代实践飞速发展，新知识、新问题层出不穷，仅靠在学校学习的知识是远远不够的。如果在青年时期培养了良好的学习能力，就能终身受益。

名人名言

学而不思则罔，思而不学则殆。
——孔子

提高学习能力其实也不神秘，就是掌握学习的基本功，掌握正确的学习方法。像阅读能力、思考能力、理解能力、融会贯通能力等等，都是不可缺少的学习能力。学习不仅仅是识记某些知识，最重要的是理解知识所揭示的事物的本质和规律。客观世界是一个复杂的系统，反映客观世界的知识也是复杂的、相互联系的，构成人类的知识系统。

人类认识世界是由浅入深、由片面到更多方面的，学习人类的知识也只能循序渐进，一步步地学习，对每一步的学习都不能忽视。在学习中，不断地思考和总结非常重要，学习并不是被动地接受知识，而是教学相长的互动过程。在理解知识的过程中，要多问几个“为什么”，善于在提出问题的过程中深化和拓展知识。随着个人知识领域的扩大，还要不断归纳、总结，由此及彼地发现知识之间的联系，把学习与思考、认识与实践、发明与创造等等有机地结合起来。

第二节　把现象作为认识入门的向导

透过现象看本质

人的认识能力的高低，突出地表现在能否透过现象把握本质上。有的人能够列举一大堆现象，但总是停留在表面上，不能深入事物的内部。这既不能科学地认识事物，也不能正确地解决问题。为此，我们必须学习现象与本质之间既对立又统一的关系，掌握透过现象看本质的方法。

名人名言

我们看事情必须要看它的实质，而把它的现象只看作入门的向导，一进了门就要抓住它的实质，这才是可靠的科学的分析方法。

——毛泽东

1927年秋收起义之后，毛泽东率领工农红军到井冈山建立革命根据地，开展武装斗争。面对敌强我弱的局面，有的人提出了革命能否胜利，红旗到底能打多久的疑问。毛泽东运用唯物辩证法分析革命形势，指出看事物必须要看它的本质，不能被现象所迷惑，反动派的强大只是暂时的，革命的火种目前虽然弱小，但是星星之火可以燎原，革命一定会胜利。事实证明了毛泽东的预言是正确的。

现象和本质作为事物的两个不同的方面，它们确实是相互区别、相互对立的。正因为现象不直接等同于事物的本质，我们才需要研究事物，需要把感性认识上升为理性认识。如果现象和本质是直接合而为一的，一切科学就成为多余的了。

首先，**现象是表面的、外露的，一般来说是能被感官直接感知，看得见摸得着的；而本质是现象之间的内在联系，是事物的根本性质，它是看不见摸不着的，只能凭抽象的思维来把握。**

我们认识事物只能从看得见摸得着的现象出发，但不能认为认识了现象即认识了本质。因为大千世界，现象与本质的关系是非常复杂的，有的相同的现象隐藏着不同的本质，有的不同的现象却是同一本质的表现。因此，所谓不要只看现象不看本质，说的就是这个道理。

其次，**现象是大量的、个别的，是事物本质多方面的具体表现，而本质则是同类现象中一般的、共性的东西。现象比本质丰富、生动，本质比现象普遍、深刻。**

就人而言，每个人在外表特征、思想品质、性格气质、待人处事等方面表现出来的现象，可以说是丰富多样的，谁的认识都无法把它囊括无遗；但在每个人的现象背后，总有一个基本的本质，决定着这个人的全部行为。我们只有透过大量个别的现象认识了这个人的本质，才能说真正认识了这个人。

想一想

你能举出现象不同而本质却相同的例子吗？想一想，你能概括出几种现象与本质的矛盾关系？

最后，**现象是多变的和易逝的，有较大的流动性，而本质则是相对稳定的。**

列宁曾经用湍急的河流来比喻现象和本质的关系，他说："河水的流动就是泡沫在上面，深流在下面。"这是说现象五彩缤纷、瞬息万变，但本质则是扎实的、稳固的。在人类历史上，一切剥削阶级的本质，在消灭剥削阶级之前是不会改变的，但剥削的形式、手段，剥削的具体表现却是不断变化的。如果因为剥削的表现形式发生了变化，就认为是剥削者的本质变了，这也属于只看现象不看本质。

现象和本质既是对立的，又是统一的，尽管不能把现象直接看成本质，但又要承认，**现象总是从特定的方面表现事物的本质的，它的存在和变化，是以本质为依据的。**本质决定现象，现象表现本质，这是现象与本质的辩证法。现象和本质之间的统一性为我们透过现象认识本质提供了可能性。我们怎样才能在复杂的现实生活中做到透过事物的现象认识其本质呢？

第一，**要全面地把握事物的各种现象。**切忌仅仅看到一些局部的、个别的现象，就轻率地对事物的本质下结论。

我国有位知名的哲学家写过一篇《重视本质不忽视非本质》的短文，很能说明问题。

现摘录如下：

包办婚姻有没有感情好的？当然有。

婚姻自主有没有闹离婚的？当然有。

但不能说，包办婚姻比自主婚姻好。这里确实有个思维方法问题。……从本质上看问题，是把握事物质的规定性。这当然不是说，非本质的方面是无关紧要的。事实上，事物的非本质方面不断发展，就可能使事物变质。区分本质，重视非本质，这应该是我们认识事物的重要方法。

第二，**要学会正确地区分真象和假象。**假象是一种与本质对立最为明显、最为突出的现象。但它也是事物本质的一种表现，它以歪曲和颠倒的方式反映事物的本质。

国际霸权主义者的本质是侵犯他国主权，把自己的利益置于其他国家和人民的利益之上，但同时却制造出关心世界各国人权，到处进行“人道主义援助”的假象。这种假象也是由它的侵略扩张本质所决定的，并反映这一本质。

议一议

事物的现象有的和本质相一致，有的和本质不一致，我们如何分析和对待这两类不同的现象？

第三，**要开动思想机器，对大量的现象以及它们之间的相互关系进行科学的分析和研究，下一番辩证思考的功夫。**

透过现象认识本质的过程，其实也就是前面讲过的把感性认识上升到理性认识的过程，这两个过程是一致的，因此使用的方法也是一致的。把感性认识上升到理性认识所使用的“去粗取精、去伪存真、由此及彼、由表及里”的分析方法，对于透过现象认识本质也是完全适用的，同学们不妨对比着分析一下。

正确认识偶然与必然

人们认识客观事物，不但要透过现象认识本质，而且要从大量的偶然性中发现事物的必然性。**必然性指的是事物的发展在某种条件下的不可避免性和确定性；偶然性则是事物发展中可出现、也可不出现，可以这样出现、也可以那样出现的某种不确定性。**

种瓜得瓜、种豆得豆、摩擦生热、春夏秋冬四季更替、社会主义取代资本主义等等，都是事物的联系和发展必然如此、不可移易的确定趋势，即都具有必然性。一株瓜秧能结出几个多大的瓜，一株豆秧长出几个豆荚，社会主义在哪个国家什么时间先取得胜利等等，都带有某种偶然性。

想一想

在你的日常生活和学习的过程中，哪些属于偶然性，哪些属于必然性，区别它们有什么意义?

必然性和偶然性是事物联系与发展中出现的两种不同的趋势，它们起着不同的作用。必然性产生于事物内部的主要原因，偶然性则产生于事物内部的次要原因或外部原因。必然性联系在事物的发展过程中居于支配地位，决定着事物发展的方向，偶然性联系在事物的发展过程中一般居于从属地位，对发展进程起着促进或者延缓的作用。

自然界的各个物种，从植物到动物，从昆虫到猛兽，有的相似，有的不同，充满偶然性，好像杂乱无章。达尔文经过23年的环球考察，于1859年出版《物种起源》，证明在生物界大量偶然现象的背后存在着进化的规律，即生物发展的必然性。

地球上的北温带地区，从1月到7月，气温逐渐增高，是一个确定不移的趋势，这是由太阳光对该地区从斜射至直射的变化这一根本原因所决定的。但是，云层的厚薄和分布的状态，气压的高低和湿度的大小，气流和洋流的变化等等原因，都或多或少地影响到地面的吸热和散热比例，因此，在地面由冷变热总的过程中，某一天的气温是否一定比前一天高，就具有偶然性。

必然性和偶然性是一种对立统一的关系。必然性和偶然性作为事物联系和发展中的两种不同的趋势，二者的地位和作用是不同的，因而存在着区别和对立。但是，必然性和偶然性又是相互统一的，**必然性存在于大量的偶然性之中，没有脱离偶然性的纯粹必然性。**必然性不是孤立存在的，它通过大量的偶然性表现出来，并为自己开辟道路。**偶然性是必然性的补充和表现形式。**

议一议

有一种说法，认为必然性都是有原因的，而偶然性则是没有原因的。大家分析一下这种说法对不对，为什么?

名人名言

大故有之必然，无之必不然。小故有之不必然，无之必不然。

——墨子

各个气体分子的运动是杂乱无章的，各个分子之间以及它们与容器相互碰撞的速度、方向、角度等等，都是复杂多变的，因此，每个分子运动的方向、速度等等，都是偶然的。然而，在许多单个分子的偶然性运动的相互作用中，存在着一定的必然性，这种必然性通过“布朗运动”等物理规律体现出来。

学习必然性和偶然性辩证关系的原理，对于人们把握事物的辩证运动，正确开展认识和实践活动，具有重要的方法论意义，**认识事物要善于从大量的偶然性中揭示出事物发展的必然性。**

生物进化论是19世纪自然科学中的一个伟大发现。这一发现主要应归功于英国生物学家查理士·达尔文（C. R. Darwin），他的名著《物种起源》（1859年）的出版标志着这一科学理论的确定。达尔文创立生物进化论的工作是艰苦卓绝的，他的成功有多方面的原因：强烈的科学探索精神，以顽强的意志随“贝格尔”号战舰进行环球的科学考察，对生物进化资料全面、丰富的观察、占有，博览群书并进行创造性的科学研究，等等。其中有一个不可忽视的方面，就是达尔文非常注意那些容易“被人忽略的事物，并且对它们作细致的观察”。这样，便能获得可供考察的新的境界。达尔文之子法兰士在回忆达尔文时说，他具有“那永不忽视例外的能力……如果一件事实在表面上看来是不重要的或是同目前的工作没有关系的，那么很多人几乎会不自觉地忽视它，并且会提出某种未加充分考虑的、不能成为解释的解释。正是这些事实被他抓住了作为出发点”。达尔文的这种发现例外的能力，也就是重视事物发展中的偶然性，从偶然性中揭示必然性的能力。科学发现很多是从平常人不注意的偶然事实开始的，青年学生要学习和掌握这种能力。

学习必然性和偶然性关系的原理，还有助于我们理解“机遇”在科学研究、社会发展以及个人成长中的作用。“机遇”的出现往往带有一定的偶然性，有些人总抱怨别人的机遇好，自己的机遇不好。其实，“机遇”往往是留给那些有准备的人的，如果没有洞察机遇、把握机遇的能力，碰到机遇也会失之交臂的。

想一想

回忆一下你成长过程中，是否有碰到机遇而没有主动抓住的事情？

科学研究过程中往往会出现未料到的偶然事件，这就是科学发现中的“机遇”。例如，弗莱明不小心把青霉菌拌进葡萄球菌中，结果杀死了全部葡萄球菌。这就是一个偶然的“机遇”。他抓住这一“机遇”并且进一步深入研究，发现了药物青霉素以及其他一系列抗菌素，从而在医药科学上实现了一次重大突破。

正确把握事物的因果联系

在人们认识客观事物的过程中，不但要透过偶然发现必然，而且要把事物作为发展的结果，认识和追溯这个结果产生的原因。原因和结果是人类在认识和实践活动中经常遇到的问题。我们常说对任何事物都不能仅仅满足于知道它，而应该进一步问一个“为什么”。问“为什么”也就是探究事物发生的原因。

事物都是相互联系的，在事物的普遍联系当中，有一种**引起和被引起的关系，叫作因果关系。**在这种关系当中，原因是指引起某种现象的现象，结果是指被某种现象引起的现象。

名人名言

懂得事物因果的人是幸福的。

——培根

摩擦生热，摩擦是原因，生热是结果。地震引起海啸，地震是原因，海啸是结果。地球自转使得东西两个半球轮流接受日光的照射，从而产生昼夜交替，可以说地球自转是因，昼夜交替是果。月亮绕地球运动引起潮汐现象，前者是因，后者是果。改革开放促进了我国社会的发展，改革开放是因，社会发展是果。任何事物都不是孤立存在的，也不是无缘无故产生的，凡结果必有因，凡原因必有果。有人在办某事以后说，我辛辛苦苦却毫无结果。其实，“毫无结果”也是一种结果，应该好好想一想，这种“毫无结果”的结果，其原因究竟是什么？

因果联系是普遍存在的，**任何现象都会引起其他现象的产生，任何现象的产生都是由其他现象所引起的。**人们常说“事出有因”“前因后果”，这就是说，在一个具体的因果联系当中，总是原因出现在前，结果发生在后，原因和结果之间有一种先后相继的关系。例如，“钟不敲不响”，总是先敲后响，决不会倒过来先响后敲。但是，并不是所有相继出现的现象都有因果联系，像白天与黑夜之间的先后相继关系就不是因果关系，我们不能说白天之后是黑夜，所以白天是黑夜的原因，地球绕着太阳运动时的自转才是昼夜交替的真正原因。“在此之后”，不等于“因此之故”。事物之间的因果联系，必须既是先后相继的关系，又是引起和被引起的关系。

在每一个具体的因果联系当中，原因和结果是有严格的区别的。如果混淆二者，就会发生以因为果或者倒果为因的错误。

不法分子犯罪是导致司法机关对他进行惩治的原因，被司法机关依法治罪是罪犯犯罪导致的结果。这种因果关系是不容颠倒的。在国际社会中，侵略者的侵略是原因，被侵略者的奋起反抗是结果。如果倒因为果，把被侵略者的反抗说成是原因，侵略者的侵略说成是结果，那就是十分荒谬的了。

名人名言

我没有什么特别的才能，不过喜欢穷根究底地追究问题罢了。

——爱因斯坦

原因和结果是可以相互作用的，不但原因作用于结果，结果也可以反作用于原因，使两种现象互为因果。具体地说，甲现象引起乙现象的变化，甲是因，乙是果；反过来，乙现象又作用于甲现象，引起甲现象的变化，乙成了因，甲则是果。例如在自然现象中，热是引起燃烧的原因，反过来，燃烧又产生大量的热，热又使燃烧更剧烈。所谓“旺火无湿柴”就是这个道理。在社会生活中，科学的发展转化为生产力，使生产得到发展，生产发展以后又促进科学进一步发展。这样，科学和生产就表现为互为因果。

正确认识因果联系的这种辩证性质，可以有效地利用事物之间的相互作用去促进事物的发展，科学上的反馈原理的运用便是一例。所谓反馈原理，就是根据因果相互作用的辩证法，通过事物调节中心输出信息达到一定效应的“返回传入”，从而实现事物自动控制或自动调节的原理。

在瓦特以前，人们已经制造过一些蒸汽机，但都因不能控制蒸汽压力，不能使机器匀速运转而不能在实际中运用。后来，瓦特在蒸汽机上加了一个离心调节器，压力过大时，离心调节器的转速加快，从而部分地关闭阀门，堵塞蒸汽流，减少压力；反之，压力过小时，离心调节器的转速变慢，从而开大阀门，加强蒸汽流，增大压力。在这里，压力变化是离心调节器转速变化的原因，反过来，离心调节器的转速变化又成了压力变化的原因。这就是利用互为因果的反馈过程，进行自动调节，把蒸汽压力控制在一定水平上，从而保持机器匀速运转，使其符合实用的需要。

反馈原理是现代控制论的理论基础，它在一切需要自动控制的领域得到了广泛的运用。

原因和结果，在不同的关系中，其地位是可以发生变化的。某一事物或现象，在一种特定的关系中是原因，在另一种关系中则可能成为结果；反之亦然。这是因为物质世界的联系和发展是一个无限的因果链条，甲现象引起乙现象，乙现象引起丙现象……乙现象对丙现象来说是原因，但对甲现象来说又是结果。例如，人们毁林开荒造成水土流失，水土流失造成生态环境恶化，生态环境恶化造成人们无法正常生活和居住，等等。

想一想

有这样一位同学，他在课堂上不认真听讲，回家做作业很吃力，每天睡得很晚，第二天上课没有精神，听不懂老师讲的课，回家又不会做作业。这样长期下去，身体疲劳，成绩不好。请大家运用学过的哲学道理分析一下，这属于什么问题，怎样能克服这种恶性循环？

达尔文早就发现，自然界的生物与生物之间，生物与环境之间，是一个相互联系的因果链条。在草原上，田鼠如果多了，蜜蜂就会减少，因为田鼠会吃掉蜜蜂的蜂房。蜜蜂少了，三叶草就会不茂盛，因为三叶草的生长需要蜜蜂传授花粉。三叶草不茂盛，牛羊就长不肥，因为牛羊要吃三叶草。反之，田鼠少了，蜜蜂就会多，三叶草就会茂盛，牛羊就长得肥。在这个自然界的因果链条中，每一个现象的变化都是上一个现象变化的结果，同时也是引起下一个现象变化的原因。

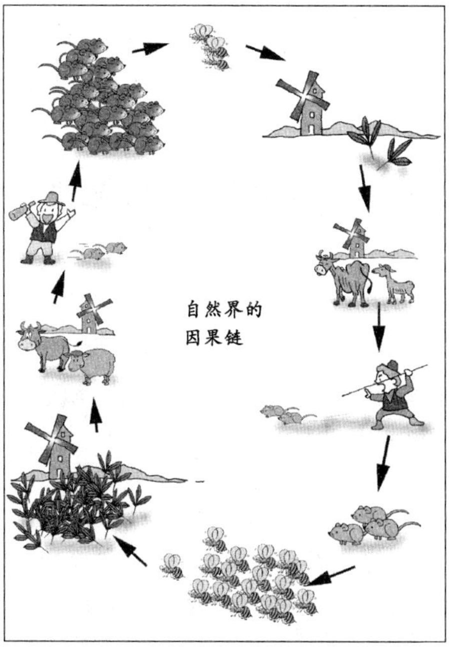

认识和掌握客观事物的因果联系，对于我们科学地认识事物和有效地进行实践活动，具有极其重要的方法论意义。**认识事物就是一方面要把每一个现实的事物作为结果，认真研究它产生的原因（回溯法）；另一方面通过探索事物产生的原因，认识事物发展的规律性，从而科学地预见事物的发展（前瞻法）。**对于人的认识能力而言，这两种方法都是不可缺少的。

名人名言

人类总得不断地总结经验，有所发现，有所发明，有所创造，有所前进。停止的论点，悲观的论点，无所作为和骄傲自满的论点，都是错误的。

——毛泽东

一切科学认识首先在于探求事物产生和发展的原因。当人们发现了肺病的病因——结核菌，并且找到了制服这种病因的特效药物和预防它的有效手段时，防治肺病的医学科学水平就大大提高了。反过来说，防治癌症的科学水平至今仍然没有根本的突破，正是由于还没有彻底弄清致癌的主要原因。一切实际工作也是如此。只有把握了事物的因果联系，才能通过自觉的努力，防止和消除产生消极或不利结果的原因，达到人们所需要的积极、有利的结果。

对事物因果联系的把握，并不单纯是根据结果回溯原因。人们孜孜不倦地寻求事物产生的原因的目的，是为了掌握事物发展的规律性，提高对事物发展的预见性。现代社会发展的速度是以往任何时代所不能比拟的，如果不能预见事物的发展，就驾驭不了飞速发展的事物，就会在实践中失败。因此，**要提高对事物因果联系的把握能力，就要把追溯原因与预见结果有机地结合起来，使我们的实践活动更具科学的预先性。**

第三节　培养科学的思维方法

逻辑思维的基本形式

人为什么能把感性认识上升到理性认识，从而能够透过现象把握事物的本质和规律？因为人有理性思维的能力，能够形成概念，并进而运用概念进行判断和推理。**概念、判断、推理是逻辑思维的基本形式**，它们在人的认识过程中起着十分重要的作用。

人的思维离不开概念，人一张口说话就要出现很多的概念。当几岁的小孩说出“妈妈是人”“哈巴狗是狗”时，他已经不自觉地使用了“妈妈”“人”“哈巴狗”“狗”等等概念。当然，要小孩完全理解这些概念，还需要较长的时间。各门科学也都有自己的概念，是否具有特定的概念及概念体系，是一门科学成熟与否以及发展水平高低的重要标志。初等数学中有“正数、负数、平行、垂直”的概念，高等数学中有“微分、积分、导数、拐点”的概念，初等物理学中有“力、速度、加速度、动能、势能”等概念，现代物理学中有“惯性系、非惯性系、量子、场”等概念。在我们所学的哲学当中，“物质、意识、实践、矛盾、发展”等等都是最基本的概念。随着人的认识的发展，特别是科学的进步，总有新的概念产生出来，比如现在人们所说的“IT、网络、资讯、e化、电子货币、克隆、纳米”等等都是过去没有的概念。

可见，概念在人的生活、工作特别是思维当中起着非常重要的作用。

首先，**概念是反映对象的本质属性的思维形式。**人们掌握了概念，就舍弃了对象的许多非本质属性，抽象地反映了对象的本质属性，从而把一类事物与另一类事物区别开来。

想一想

如果我们不了解和掌握现代科学的概念，能否做一个现代人？

张三、李四、男人、女人、大人、小孩……都是“人”，但我们讲到“人”时，已经舍弃了个别人的许多特殊的、非本质的属性，而把人与其他动物的最主要的区别作为人的本质属性，从而形成了“人”这个概念。

其次，**概念是以最抽象、一般的形式反映事物，概念使人突破直观的局限，从而使人能进行抽象的思维。**抽象思维是人所特有的，要进行抽象思维不能离开概念。概念的最大特点是以抽象概括的形式更普遍、更深刻地反映客观事物。

“三角形”是一个抽象的概念，而“锐角三角形”“直角三角形”“钝角三角形”是包括在三角形这一抽象概念当中的各种不同的三角形。当我们在黑板上画出一个三角形时，这种直观地表现出来的三角形，要么是锐角三角形，要么是直角三角形或钝角三角形，而不可能同时既是锐角三角形，又是直角三角形或钝角三角形。而三角形的抽象概念（指三条直线围成的封闭图形）就能突破直观的局限，以最抽象、一般的方式把握所有属于三角形这一图形的本质和共性。

议一议

以抽象方式反映客观事物的概念，同反映客观对象的各种直观形式，有什么区别和联系？

总之，**概念是思维的基本单位，它既是人们对客观事物认识的总结，又是人们获得新认识的起点。**只有形成了正确的概念，我们才能准确地作出判断，并进而合乎逻辑地进行推论，形成正确的认识。

在人的思维过程中，做到概念明确是最基本的要求。为此，就要明确概念的内涵和外延，并且，在同一思维过程中，必须使概念的内涵和外延前后保持一致，不能混淆概念或偷换概念。

概念的内涵也就是概念的含义，它指明概念所反映的事物是什么，通常用下定义的方法揭示概念的内涵。如“商品是用来交换的劳动产品”“氧是核电荷为 8 的元素”“人是能够制造和使用工具的动物”等等。

概念的外延通常称为概念的适用范围，它指明概念包含哪些事物。如一切进入交换领域的各种类型的劳动产品都属于“商品”的外延。

概念的内涵和外延是相互联系、相互制约的，明确了概念的内涵（对象是什么和不是什么）实际上也就决定了概念的外延（哪些对象包括在这个概念当中，哪些对象不能包括在这个概念当中）。在思维过程当中，我们要时时检验概念的内涵是否明确，概念的外延是否犯了不适当地扩大或缩小的错误。

在对概念下定义的过程中，已经涉及判断这一重要的思维形式，**判断是对事物的性质、状况、关系等等有所断定的思维形式。**“实践是检验真理的唯一标准”“运动是物质的根本属性”“社会主义的本质是解放生产力、发展生产力”“美国是世界上最大的霸权主义者”等等，都属于判断。判断是人通过概念联结的方式对事物的一种断定，它可能出现真假、对错两种结果。凡是**符合客观实际的断定是真判断，不符合客观实际的断定是假判断。**

唯物主义哲学认为“世界统一于物质”，这是符合客观实际的真判断；主观唯心主义哲学家贝克莱认为“世界是我们各种感觉的复合”，这是不符合客观实际的假判断。在思维过程中，作出判断的基本要求是：判断必须真实、准确、如实地反映客观事物的本来面貌。检验一个判断是真判断还是假判断，最终要通过社会实践。

议一议

在你的学习和生活中，哪些是符合客观实际的真判断，哪些是不符合客观实际的假判断？举几个例子说明。

判断在人的思维中起着重要的作用，**人对客观对象的认识只有通过判断的形式才能明确地表达出来，当人们作出了关于事物的某种判断时，才标志着形成了一定的认识。**如果我们对某种对象、某种事物不能形成一定的判断，那么，我们对这种事物的认识就必然是模糊的、含混不清的。当我们作出了关于事物或对象的正确的、深刻的判断时，我们才可以说正确地、深刻地认识了这个事物。

“社会主义”的概念是人们所熟悉的，但究竟什么是社会主义、怎样建设社会主义，过去认识得并不是很清楚。邓小平总结中国和外国社会主义实践正反两方面的经验，明确提出“社会主义的本质是解放生产力、发展生产力”，这个科学判断的提出，标志着人们对社会主义认识的巨大飞跃，对建设中国特色社会主义的实践有科学的指导作用。

我们要在思维中作出正确的判断，其中一个基本条件，是**判断不能出现逻辑矛盾。**所谓逻辑矛盾指的是对同一事物或对象不能同时作出既肯定又否定的逻辑判断。

议一议

请你举例说明，什么是唯物辩证法讲的客观事物自身的矛盾，什么是违背思维规则出现的逻辑矛盾？

逻辑矛盾不同于我们前面讲过的矛盾无处不在的辩证法意义上的矛盾。唯物辩证法讲的矛盾是客观事物所内在具有的既对立又统一的关系。而逻辑矛盾则是指思维中出现的一种错误。我们都熟悉中国古代寓言中“自相矛盾”的故事，有一个人夸他的矛如何好，无坚不摧，同时又夸他的盾如何好，任何矛都攻不破。反讥者曰：“以子之矛陷子之盾，何如?”这个卖矛和盾的人实际上作出的是这样两组逻辑判断：“我的矛能刺穿我的盾，我的矛不能刺穿我的盾。”“我的盾能挡住我的矛，我的盾不能挡住我的矛。”在每一组判断中包括两个判断，而这两个判断不能同时都真，必有一假，因此是自相矛盾的逻辑判断。

在人的思维过程中，不但要使用概念进行判断，还要根据某些已知的判断，推论出新的判断。这种**由若干个已知判断推论出新的判断的思维过程，叫推理。推理在人的思维中有着重要的作用，它是一种获得新知识的方法。**

判断一：我的矛能刺穿我的盾。　　判断二：我的矛不能刺穿我的盾。

我们在初中学过平面几何，几何中的证明推导过程就是逻辑推理的过程。如果我们不知道两个几何图形是否具有全等、相似或其他数量关系等等，可以通过几何的公理、定理，以及两个图形给定的若干条件，经过一定的逻辑推导，得出对这两个图形相互关系或几何性质的认识。从这个过程可以知道，**推理包括前提和结论两部分。前提是已知的判断，是推理的根据和理由，它是推理的出发点。结论是根据前提引出的新判断，它在推理之前是未知的，在推理之后成为已知的，它是推理的目的和结果。**

想一想

剖析一两道几何证明题，或者分析一下侦探根据一定线索推论犯罪人的过程，从中找出由前提到结论的推理过程。

正确的推理要有严密的逻辑性，也就是说，**通过推理获得新的知识要符合两个条件：一是前提真实，二是推理形式正确。**

前提是推理的根据，结论是从前提推导出来的。前提不真实，结论就是不可靠的。如"所有的金属（在常温下）都是固体，水银是金属，所以水银是固体"。这个推理的大前提"所有的金属（在常温下）都是固体"是不真实的，所以结论是错误的。有时候，前提是真实的，但由于推理形式不正确（违背推理的逻辑规则），推出的结论也很可能是错误的。如"共产党员应遵守纪律，我不是共产党员，所以我不应遵守纪律"。这个推理的小前提（我不是共产党员）是否定判断，违背了如果大前提是全称的（所有共产党员），则小前提必须是肯定的这一逻辑推理的规则，因而结论是错误的。

逻辑思维的基本方法

在运用概念作出判断、进行推理的逻辑思维过程中，需要运用**归纳和演绎、分析和综合**等科学的思维方法。

在人的思维和认识的过程中，经常要用到两种相互联系的方法，即从个别到一般和从一般到个别。相应地，就有归纳和演绎两种逻辑思维的方法。**归纳是从个别事实上升到一般结论的思维方法，演绎是从一般性的原则推断出个别性结论的方法。**

人们的认识，往往是从大量杂乱的、个别的事例开始的，比如今天看到铁能导电、铜能导电、木头不能导电，明天看到铝、锌等等都能导电，而塑料、橡胶等等不能导电，接触的东西多了，就在头脑中逐渐形成了一类物体能导电，另一类物体不能导电的结论。这是一个通过比较、分类而进行归纳的过程。由此得出了导体和绝缘体这两个概念。显然，这是一个由大量个别事例上升到一般结论的过程。当人们得出了“所有的金属都是导体”这个一般性的结论以后，再看见一种新的金属，就会推断出“这种金属也能导电”这个特殊的结论，这就是运用一般性原则进行演绎的过程。可见，归纳和演绎其实也就是前面讲的推理，只不过是两种不同形式的推理。

无论进行归纳还是演绎，都要掌握相应的方法。从古至今，哲学家和逻辑学家对归纳和演绎的理论与方法进行了长期、深入的研究。拿归纳来说，古希腊哲学家亚里士多德就谈到简单枚举法、完全归纳法和类比法等等。近代英国哲学家弗兰西斯·培根提出了整理和分析感性材料的“三表法”，后来约翰·穆勒提出了“求因果五法”，即求同法、求异法、求同求异并用法、共变法和剩余法，成为古典归纳逻辑的集大成者。要进行科学的归纳，关键是要在进行大量观察和实验的基础上，对经验材料进行科学的整理，也就是进行比较、归类、分析和综合。**比较是用来确定事物对象之间的共同点和差异点的方法；归类是根据事物对象的共同点和差异点，把事物对象一类一类地区分开来的方法。这是进行归纳时需要掌握的最基本的方法。**

想一想

你在学习知识和进行社会实践的过程中是否自觉地运用过归纳和演绎的方法？你是否过一个阶段，就把学过的知识进行一次归纳整理？如果没有这样做，不妨试一试，从中体会归纳的意义和作用。

世界上的动物有几十万种，但可以运用比较和归类的方法把它们划分为原生动物、海绵动物、腔肠动物、棘皮动物、蠕形动物、软体动物、节足动物、脊椎动物等。归类以后，各种不同的动物也就被一类一类地区分开来了，便于人们加以认识。

在人的认识过程中，还需要运用分析和综合相结合的科学思维方法，这是由客观事物都是整体和部分的辩证统一这一基本性质所决定的。我们在认识事物的过程中，**既要把事物的整体分解成部分，也要把事物的部分综合为整体，这就要运用分析、综合以及二者相结合的逻辑方法。**

议一议

在我们学过的数学、物理、化学各门学科中，有无数的定理、公式等等，它们并不是杂乱无章的，而是有内在的联系的。运用比较和归类的方法对这些定理、公式进行归纳整理，便于我们掌握和运用。

水是什么？水是由水分子组成的，水分子又由氢和氧两种元素构成。要搞清水是什么，就要对它的元素构成进行分析。但水分解为氢和氧后就不再是水，水之成为水是氢和氧按一定比例、结构结合成的整体。对水的认识既要分析它的各个要素，又要把它们有机地联结起来。

分析是把事物的整体分解为各个部分、方面、要素，分别加以研究的思维方法。例如，研究人的生理结构，把人分为消化系统、呼吸系统、血循环系统、骨骼系统、肌肉系统等等，分别研究它们各自的结构、形态、功能等；研究社会，把它分成社会的经济结构、政治结构、文化结构等等，再逐一进行考察；研究一个企业，把它分为开发、生产、营销、管理等各个不同的部门和环节，分别考察其实际状况。

分析方法具有多种形式。较早产生的有定性分析、定量分析和因果分析。在现代，分析方法有了重大发展，更多采用的是结构分析、功能分析、信息分析、模式分析、发生学分析、流程分析、系统分析等等。辩证分析是一种高层次的分析，就其本质来说是一种矛盾分析、整体的分析。

分析是综合的基础，也是认识事物整体的必经阶段。只有对事物的各要素进行了周密、科学的分析，才可能从整体上进行综合，从而深刻地认识事物。

遗传学很早就提出了基因的概念，认为人体细胞核中的染色体是控制遗传的基本物质。要揭开遗传之谜，就要对遗传物质进行深层次的分析和研究。1953 年，美国《自然》杂志发表了美国学者沃森和英国学者克里克合写的文章《核酸的分子结构》。文中提出脱氧核糖核酸（DNA）分子结构的双螺旋模型。这标志着对遗传之谜的探索，已从细胞水平深入分子水平。后来，科学家们发现，DNA 长链上的核苷酸三个一组地组成遗传密码，在遗传密码中储存着遗传信息，遗传实质上就是遗传信息的传递。于是破译遗传信息便成为现代生命科学的划时代的工作。经过包括中国科学家在内的各国科学家的努力，人类基因图谱的绘制取得了重大的突破，它将对遗传学、基因重组和基因移植等产生重大影响。这说明，任何科学发现都需要进行艰巨的努力，需要对所研究的对象进行深入、周密、细致的分析和研究。

想一想

定性分析和定量分析相结合的方法是各门科学都要采用的。化学当中是如何运用定性分析和定量分析的？

在运用分析方法时，必须强调，分析不是机械的分解，更不是“只分不联”，分析既包括分析整体的各要素，也包括分析要素之间的矛盾和关联。辩证的分析方法与割裂部分和整体的形而上学方法是根本不同的。

综合是把分解开来的各个要素结合起来，再组合为一个整体的思维方法。例如，只有全面考察人的消化系统、呼吸系统、血循环系统等等之间的内在联系，把它们综合为一个整体，才能弄清人的生理功能。只有把经济、政治、文化等诸多方面统一和综合起来，才能全面认识一个社会的整体系统。

综合对于人类的科学认识和实践具有重大意义，科学上的许多发现都是在分析基础上进行综合而作出的。伽利略发现了地上物体的运动规律，开普勒发现了天上行星的运动定律，牛顿对地上和天上的运动规律进行了综合，提出了运动三定律和万有引力定律。但牛顿的力学只涉及宏观低速世界。爱因斯坦把宏观低速运动与宇观高速运动（接近光速的运动）统一起来，实现了更大的综合，提出了狭义相对论原理。现代科学的发展在更多领域和更大范围内实现着新的综合，它要求科学家们具有高超的分析能力，也具有高超的综合能力。

想一想

你能否举例说明，在物理学和数学中，哪些是由于实现新的综合而使这一学科向前发展的？

综合是分析的完成，是全面认识事物的十分重要的方法。综合不是各个部分简单、机械的相加，而是按照对象各方面的本质要求与内在联系，在分析的基础上整体把握事物的本质和运动规律。在对客观事物进行分析之前，人们对事物的整体的认识是一种笼统的、模糊的认识。经过科学的分析，并对事物各要素从内在联系上加以综合之后，人们得出的是一个全新的整体性的认识。

人类早期对综合的认识，主要表现为机械的综合、线性的综合，基本特点是认为整体等于各部分相加之和，把综合看成是思维对各部分加减组合的过程。现代系统论创造了系统综合的方法，提出了整体可以大于各部分相加之和，也可以小于或等于各部分相加之和。这是因为现代人类面对的是各种巨大的系统、复杂的系统，部分与整体的关系出现了十分复杂的状况。对当今自然、社会各种问题的解决，离开系统分析和系统综合已经不可能得出正确的结论和有效的解决方法。

议一议

生态环境是人与自然互动的复杂系统，对其中任何一个问题的分析和解决，都涉及系统中另外的方面和问题。我们应如何进行“综合思考”“综合研究”“综合治理”？

可见，分析与综合是密不可分的。一方面，综合离不开分析。分析是综合的基础，没有经过系统的、周密的分析，就不可能有正确的综合。另一方面，分析又离不开综合。没有综合的指导，就不可能进行正确的分析。因此，我们既要注意在综合指导下的分析，又要注意在分析基础上的综合。在认识和实践的过程中，必须把分析和综合有机地结合起来。

本章小结

实践是人的有意识、有目的的能动的活动，也是客观的、物质性的活动。实践是认识的来源，人的一切真知都只能从实践中来。

对事物现象的认识属于感性认识，对事物本质与规律的认识属于理性认识。认识的真正任务，是经过感性认识上升到理性认识。也就是说，人对事物的认识不能停留在现象上，而要深入事物的内部，把握事物的本质和规律。

实现由感性认识到理性认识的飞跃，需要具备两个条件：一是大量占有可靠的感性材料；二是发挥思维的能动作用，对感性材料进行加工制作。

对事物本质与规律的认识是在实践基础上不断反复、不断深化的过程。人们应当在实践中使认识不断深化、扩展和向前推移。同时要学习前人和他人的知识、经验，掌握人类已经获得的知识。

认识事物要把现象作为入门的向导，掌握现象与本质的辩证关系，全面把握现象，识别假象，揭示本质。

认识事物要掌握偶然性与必然性的辩证关系，善于从大量的偶然性中揭示出事物发展的必然性。

认识事物还要正确把握事物的因果联系，学会通过结果追溯原因和根据原因预见结果的科学方法。

要正确认识事物的本质和规律，必须培养科学的思维方法。在思维的过程中要做到概念明确、判断恰当和推理合乎规则。同时要学会运用归纳与演绎相结合、分析与综合相结合的逻辑思维方法。

思考与练习

1. “既然实践是认识的来源，因此我必须事事亲自实践。”这句话对不对，为什么？

2. “既然只有透过现象才能认识本质，因此，事物的现象是认识本质的障碍。”这句话对不对，为什么？

3. 在现代，科学已经走在了生产的前面，生产成了科学的应用过程，这是否说明实践决定认识的原理过时了？

4. “偶然性之所以为偶然性，是因为它的出现没有原因。”这句话是对还是错？请加以分析。

5. 我们日常的学习和工作中有很多能够导致良性循环或恶性循环的“因果链”，你能不能举出一些例子来？

第四章

从生产活动出发认识社会历史

人总是生活在现实的社会关系当中，人做任何事情都不能不受各种社会关系的制约。那么，社会究竟是什么？这是人类已经思索了几千年的大问题，哲学家们提出了各种不同的观点和答案。确实，社会太复杂了，从经济、政治到艺术、文化，从抽象的思想到社会的现实，从个人到群体、民族，从阶级、国家到战争、革命等等，马克思主义从生产活动出发，才给正确认识社会历史提供了一把科学的钥匙。

第一节　生产活动是人类社会存在和发展的基础

生产活动是人类最基本的活动

当我们思考社会活动的时候，首先想到的可能是各种社会活动家，比如政治家、军事家、艺术家、科学家、教育家、宗教活动家等等。打开电视机，每天向大众报道的社会活动往往是各国政府要人的会议、会见、活动、谈判等等。久而久之，使人形成一种印象，似乎社会就是各种社会活动家的活动，是他们的活动决定社会历史的发展。

名人名言

人们首先必须吃、喝、住、穿，然后才能从事政治、科学、艺术、宗教等等。

——恩格斯

马克思主义哲学的创始人深入研究了社会生活的各种现象，在人类的认识史上，第一次科学地揭示了经济与政治、经济与文化等等的相互关系。马克思、恩格斯提出，**人类的活动有多种多样的形式，**政治、文化在社会历史当中起着十分重要的作用，但它们在社会历史中不是最基础的东西，社会发展中最基础的东西是社会的物质生产活动。包括政治、军事、艺术、文化、宗教、哲学等等在内的一切活动都是建立在生产活动的基础之上的。人们要从事其他的活动，先得有食物、衣服、住房等生活资料。为了获得这些生活资料，就必须进行生产。所以，**物质生产活动是人类社会最基本、最具基础性的活动。**

我们可以想一想，作为世界上最发达的资本主义国家的美国，为什么其领导人趾高气扬，在世界上指手画脚、横行霸道？是美国的领导人比我们强吗？不是。最根本的原因是，美国是现在世界上生产力最发达的资本主义国家。它的物质基础比我们雄厚，它有实力作为后盾，所以能够以强凌弱。由于历史和现实多方面的原因，我国的生产力发展水平和美国相比还有较大差距，要想在世界上发挥更大的作用（我国生产力发展了也不会像美国那样在世界上搞侵略和霸权），必须下大气力发展社会主义社会的生产力。

人类各种形式的活动都是在物质生产活动的基础上产生和发展的，并受物质生产活动的制约。人类在远古时期，生产能力十分低下，所有的社会成员都必须参加生产劳动，没有社会分工，因而也就没有专门的人从事政治、艺术、文化的活动。后来，生产发展了，逐步有了剩余产品，一部分人可以不从事笨重的体力劳动了，才开始产生了最初的艺术、文化、政治等等的活动形式。这部分人不进行生产活动，但他们也要吃、喝、住、穿，他们的消费资料是从事社会生产的人们提供的。社会的物质生产活动越发达，就越能给物质生产活动以外的活动提供更好的物质基础、物质条件。因此，非物质生产活动不能脱离物质生产活动，并始终受物质生产活动的决定和制约。

物质生产活动与政治、艺术活动，谁决定谁？

毛泽东年轻时读了《三国演义》《水浒传》等小说，读后思索了一个问题：这些书里的英雄人物整天东征西战，他们吃的粮食是从哪来的呢？显然不是他们自己种的，而是别人给他们提供的。作为农民儿子的毛泽东认为社会是不平等的，这些写小说的人只把骑马打仗、征服天下的人视作英雄，而种粮食的农民则不在他们的视野之内。

生产力是人类社会发展的决定因素

任何一个社会要存在，要发展，都不能离开生产。**生产是指人们创造社会物质财富的劳动。**比如，工人做工、农民种田、渔民捕鱼等。仔细分析人们的生产活动，就会看到人们在生产活动过程中总要发生两个方面的关系：一方面是人们在生产中同自然界的关系；另一方面是人与人的关系。这两方面的关系就是生产力和生产关系。

生产力是人类征服、改造和利用自然，使其适应人类社会需要的客观物质力量。它体现的是生产过程中人与自然的关系。生产力是在物质生产活动即劳动中形成的。劳动对象、劳动资料和劳动者构成了生产力的基本要素。

想一想

生产力有哪些要素？它反映什么关系？

名人名言

各种经济时代的区别，不在于生产什么，而在于怎样生产，用什么劳动资料生产。劳动资料不仅是人类劳动力发展的测量器，而且是劳动借以进行的社会关系的指示器。

——马克思

劳动对象是指生产过程中被加工的东西。它既包括未加工的自然物，如矿藏、森林、海底资源等，又包括经过加工的物体，如织布用的纱、炼铁用的矿石等。没有劳动对象，生产就无法进行，也就形成不了生产力。劳动对象不同，还直接影响生产力的发展水平。

劳动资料又叫劳动手段，是人们用以改变和影响劳动对象的物质资料或物质条件，如原始的镰刀、现代的收割机，以及厂房、仓库、道路、运河等，这些都是人们从事各种各样的生产劳动所必须具备的。劳动资料中，最重要的是生产工具，生产工具的状况，标志着人们

征服和改造自然能力的强弱，是衡量生产力发展水平的客观尺度。一个社会之所以比以前的社会达到更高的生产力发展水平，归根到底是因为生产中应用了或者能够应用更先进的生产工具。

想一想

经过职业训练的人与没有经过职业训练的人，劳动生产率会一样吗？

劳动者是指具有一定生产经验、劳动技能和知识，能够运用劳动资料作用于劳动对象，即具有一定劳动能力，并且从事生产实践的人。劳动者应具有劳动能力，不仅要有一定的体力，还要有一定的智力、经验和技能，因为物质生产是有意识、有目的的活动，是体能与智能的综合支出，而且随着生产力的进一步发展和科学技术的进步，智力因素所占的比重将日益增加，脑力劳动者在生产中的作用将越来越突出。

这幅图中所反映的生产力三要素分别是什么？

劳动者和劳动资料、劳动对象是构成生产力的实体部分。劳动者是生产力中人的因素，劳动资料和劳动对象结合起来就是生产资料，它们是生产力中物的因素。生产力中人的因素和物的因素相结合，发挥其整体功能，才能构成现实的生产力。对于社会生产力状况的考察，任何见物不见人或见人不见物的观点，都是片面的、错误的。

中国工程院院士袁隆平多年来对水稻进行精心研究，搜集国内外大量资料，吸取其精华，并对水稻进行杂交培育，使中国杂交水稻研究居于世界领先地位，他也被国际同行誉为“世界杂交水稻之父”。袁隆平培育的杂交水稻使中国成为世界上第一个利用水稻杂交优势的国家，它大幅度地增加了我国的粮食产量，解决了几千万人口的吃饭问题，为国家积累了财富，为我国综合国力的提高作出了巨大贡献。2001 年 2 月 19 日，首届国家最高科学技术奖在北京人民大会堂隆重颁发，袁隆平院士获得此项荣誉。

在生产力和生产关系的矛盾中，生产力居于决定地位，生产力的状况决定生产关系的性质和变化。生产力是社会存在中最活跃、最革命的因素，它处于经常不断的发展变化中，而生产关系则相对稳定。生产力发展了，生产关系容纳不下发展了的生产力时，就要或迟或早地引起生产关系的变革，引起生产方式的变更。

社会历史的发展，首先是生产力发展引起生产关系的变革。随着生产关系的变革，又引起上层建筑的变革，整个社会就从一种社会形态转变为另一种社会形态。所以，**生产力是社会存在中最活跃、最革命的因素，是社会发展的最终决定力量。**

想一想

如何理解生产力是社会存在中最活跃、最革命的因素？

原始社会公有制之所以会瓦解，是因为在原始社会末期，生产力水平提高，出现了剩余产品，从而为剥削他人的劳动提供了可能，原始社会的生产关系不再适合生产力发展的要求，于是被奴隶社会的生产关系所取代。后来的封建制生产关系、资本主义生产关系之所以能代替奴隶制、封建制生产关系，也是由当时生产力的发展所决定的。

先进生产力推动社会前进

人类社会的发展，是先进的社会生产力不断取代落后的社会生产力的历史进程。任何政党、阶级或集团，只有把握先进生产力的发展趋势和特点，顺应先进社会生产力发展的潮流，不断推动先进生产力的发展，才能成为社会进步的力量，为人类社会的发展作出贡献。在现实社会当中，有各种各样的生产力，那些能够推动社会进步，促进社会发展，创造更多的社会财富，满足人们日益增长的物质文化需要，为人的全面发展奠定坚实物质基础的生产力是先进的生产力；反之则是落后的生产力。

先进生产力具有以下鲜明特性：其一是先导性，表现为能使社会生产方式发生先导性变化，从而带动整个社会生产力向前发展。其二是科技创新性，先进生产力的出现离不开科学技术的发明及其应用。人们通过科技创新提升、改造生产力的要素乃至整个生产力系统，从而产生了各个时代的先进生产力。其三是高效性，先进生产力通过提升人类改造自然的能力，从而大幅度提高了生产效率和经济效益。其四是革命性，表现为对社会生产方式和整个社会关系引起革命性变化。先进生产力可以说是“历史的发动机”，它是一种具有革命性、引导性的生产力，是推动历史前进的火车头，它对整个生产方式、社会生活提出了新的发展方向，发展先进生产力最能代表广大人民群众的根本利益。因此，无产阶级政党必须带领工人阶级和人民群众大力发展先进生产力，促进社会的发展。

想一想

为什么要大力发展先进生产力？

1848年世界上第一个无产阶级政党——共产主义者同盟诞生以后，就开始向束缚社会生产力发展的资本主义剥削制度宣战。1917年，在俄国工人阶级政党的领导下，俄国工人阶级和劳动群众推翻了资本主义制度，打碎了束缚社会生产力发展的枷锁，建立了世界上第一个社会主义国家，为社会生产力的发展开辟了广阔的道路。苏联在短短的几十年的时间内，社会生产力得到了快速发展，综合国力不断增强。这是苏联共产党和苏联社会主义不断发展、巩固的根本原因，也是苏联人民在第二次世界大战中取得胜利的决定性因素。20世纪80年代末90年代初，苏联、东欧发生了剧变，工人阶级政党丧失了执政地位，社会主义遭受了严重的挫折。发生剧变的原因是多方面的，但是，根本的原因是苏联共产党没有很好地代表先进生产力的发展要求。经济体制逐渐僵化，社会生产力发展缓慢，人民群众生活用品短缺，社会主义的优越性、党的先进性未能从根本上表现出来，这是发生剧变的深层次原因。

议一议

我国社会主义充满生机和活力的原因是什么？

名人名言

时代在发展，形势在变化，我们必须紧跟世界发展进步的潮流，始终代表中国先进生产力的发展要求、先进文化的前进方向和最广大人民群众的根本利益，坚决解决党内存在的突出问题。

——江泽民

中国共产党是中国工人阶级的先锋队，它之所以发展到今天，成为领导中国人民进行社会主义现代化建设的执政党，根本原因在于它代表着中国先进生产力的发展要求。在新民主主义革命时期，我们党领导人民经过28年的浴血奋战，在一次又一次的挫折中，走出了一条有中国特色的革命道路，推翻了三座大山，打碎了严重束缚社会生产力发展的旧的国家机器，建立了新中国，为我国社会生产力的发展扫除了障碍。新中国成立以后，我们党领导人民对中国社会生产力的解放和发展进行了伟大而艰巨的探索。尽管发生了像“文化大革命”那样的严重错误，但我们党通过总结经验教训勇敢地走出了一条建设中国特色社会主义的道路，形成了中国特色社会主义的理论、纲领、路线和方针政策，大大促进了中国社会生产力的发展。特别是改革开放几十年来，我国社会生产力得到快速发展，社会生产力水平迈上了新台阶，商品短缺状况基本结束，市场供求关系发生了重大变化，适应生产力发展要求的社会主义市场经济体制初步建立；全方位对外开放的格局基本形成，对外经济关系发生了重大变化，社会生产力发展的舞台更加广阔；综合国力不断增强，人民生活已接近小康水平。这是我们党赢得人民群众拥护和支持，我们国家在苏联、东欧发生剧变，社会主义在世界范围内遭受严重挫折的情况下，仍然充满生机与活力的深层次原因。

科学技术是第一生产力

名人名言

四个现代化，关键是科学技术现代化。没有现代科学技术，就不可能建设现代农业、现代工业、现代国防。

——邓小平

在生产力系统中，除了劳动对象、劳动资料和劳动者这些实体性要素外，还有科学技术这样的非实体性要素。如果说劳动对象、劳动资料和劳动者是生产力的“硬件”，那么，科学技术等就是它的“软件”。科学技术是一个总体性概念，科学偏重于知识体系，技术则表现为方法、工艺和能力，二者紧密联系、相互作用、相互转化。科学上的突破常常引起技术上的发明，从而推动生产力的发展；反过来，科学也会从技术和社会需要中获得发展动力。在不同时代，生产力具有不同的生长点。近代生产力的发展“以劳动资料为起点”，工作机、动力机先后成为“第一”生产力。而在当代，科学技术决定了生产发展的方向、规模和速度，社会活动结构从生产——技术——科学转化为科学——技术——生产，科学技术由此成为“第一”生产力。邓小平指出：“科学技术是第一生产力。”邓小平的这一论断，是对科学技术在现代生产力中的重要地位和重要作用的科学概括，是对马克思的“科学是一种生产力”思想的深化。

关于科学技术对生产力发展的作用，有人提出这样一个公式：

生产力＝（劳动力＋劳动工具＋劳动对象）×科技

如果是高科技，则有：

生产力＝（劳动力＋劳动工具＋劳动对象）×高科技

不论如何表述都表明，在当代中国，要发展生产力，特别是发展先进生产力，赶上世界先进水平，关键是实现科学技术现代化。科学技术含量高低、是否具有科技创新性，在当代已经成为是否能成为先进生产力的最重要的标志。

在现代化的大生产中，科学技术发挥着越来越重要的作用。据统计，在20世纪初，发达国家工业生产的增长，只有5%～20%是靠科学技术取得的；到了70年代，生产的增长已有60%～80%靠的是科学技术；90年代以来，许多知识密集型行业生产的增长几乎完全靠科学技术，科学转化为生产力的周期也越来越短。当今世界范围内兴起的新技术革命，已形成以网络技术、生物工程、纳米技术等为代表的新技术群，它们的广泛应用，必将使社会生产力发生新的飞跃。

第二节　生产关系必须适应生产力的发展

人们在生产活动中形成生产关系

人们进行生产，无论是过去还是现在都不是单个人孤立地进行的，相互之间必然要发生关系。**生产关系是在生产活动中形成的人与人之间的关系。它包括**三个方面的内容：一是**生产资料所有制形式**，即土地、工厂、矿山、铁路等生产资料归谁所有，由谁支配；二是**人们在生产中的地位和相互关系**，即人们是平等互助的关系，还是剥削与被剥削的关系；三是**产品分配形式**，即人们如何取得财富，取得多少等。这三个方面是相互联系、相互制约的。其中，生产资料所有制形式是最基本的，是生产关系的基础。

想一想

生产关系包括哪些内容，它反映什么关系？

生产资料所有制决定人们在生产过程中的地位和相互关系，也决定产品分配关系。例如，在封建社会中，大部分土地为地主阶级占有，农民完全没有或者只有少量的土地，这样的所有制决定了农民被束缚在封建制度下，耕种地主的土地，地主在社会生产中处于支配地位，农民没有人身自由，只能受统治和剥削。地主和农民是统治与被统治、剥削与被剥削的关系。这也决定了在产品分配中，农民不得不向地主缴纳地租。我国旧社会流传过一首民谣："不种麦的吃光面，不养蚕的穿绸缎，晒盐的老汉喝淡汤，编席的妇女睡光床。"说的正是劳动人民不掌握生产资料，尽管辛勤劳动，却不能得到应有的生活资料。又如，生产资料的资本家所有制，决定了资本家在社会生产中处于支配地位，而丧失了生产资料的劳动者，则成为受资本家支配的雇佣工人，两者是剥削与被剥削、统治与被统治的关系。资本家占有生产资料，也就决定了在产品分配中，工人只能获得作为劳动力价格的工资份额，其余的部分统统被资本家剥削去了。

名人名言

人们在自己生活的社会生产中发生一定的、必然的、不以他们的意志为转移的关系，即同他们的物质生产力的一定发展阶段相适合的生产关系。这些生产关系的总和构成社会的经济结构。

——马克思

生产关系中的所有制关系，把生产力中人和物的要素结合起来，使生产力由可能变成现实；生产资料所有制的性质、人与物结合的具体方式和方法，是区分社会经济结构或经济形态的基本标志；生产资料所有制关系决定生产关系的其他方面，有什么样的生产资料所有制关系，就有什么样的人与人的关系，就有什么样的产品分配关系。可以说，生产关系本质上就是生产资料的所有制关系。

在生产关系中，生产资料所有制起主要的决定性的作用，但人们在生产过程中的地位和相互关系及产品分配关系也不是消极被动的。生产资料所有制总是要通过人们在生产过程中的地位和相互关系及产品分配关系来体现的，否则生产资料所有制也会由于无法得到体现而落空。生产关系是一个有机的整体，它的各个方面都关系到人们在社会生活中的地位和作用，关系到人们的物质利益，都应当予以足够的重视。

想一想

在生产关系中，生产资料所有制性质起什么作用？

以生产资料所有制的性质为标志，历史上的生产关系有两种基本类型：一种是以生产资料公有制为基础的生产关系，原始社会的生产关系、社会主义的生产关系和未来的共产主义的生产关系，都属于这一类型。这种类型的生产关系是社会成员之间在根本利益一致基础上结成的关系。社会成员之间在根本利益上的一致，并不意味着社会成员之间不存在矛盾。在不同所有制范围内的社会成员，其满足自身物质利益的方式和份额多少也存在着一定差别，国家利益、集体利益和个人利益之间存在错综复杂的矛盾。一般说，这些矛盾不具有对抗性质，只要处理得当，就不会导致人们之间物质利益的根本冲突。另一种是以生产资料私有制为基础的生产关系，奴隶制生产关系、封建制生产关系、资本主义生产关系，都属于这一类型。这种类型的生产关系是社会成员之间在根本利益冲突的基础上结成的关系。

议一议

历史上的生产关系有哪些类型？

一定的生产关系总是适应一定生产力的要求而形成的。有什么样的生产力，就会有什么样的生产关系。

据中国古书记载："未有火化，食草木之实，鸟兽之肉，饮其血，茹其毛；未有丝麻，衣其羽皮。"这是原始社会人们的生活情景。在当时生产力极其低下的状况下，个人没有能力单独同自然界作斗争，只能依靠集体力量进行生产，这就决定了原始社会必然形成以低水平公有制为基础的生产关系。因此，原始人不知道什么是私有财产，也没有私有观念。原始社会末期，随着金属工具的使用，生产力水平逐渐提高，出现了剩余产品，从而为剥削他人的劳动提供了可能，导致原始社会的瓦解，产生出奴隶社会以奴隶主占有制为基础的生产关系。后来之所以产生出封建社会和资本主义社会的生产关系，也是由当时的生产力状况和水平所决定的。

议一议

如何理解马克思说的"手推磨产生的是封建主的社会，蒸汽磨产生的是工业资本家的社会"？

生产力的变化和发展决定生产关系的变化和发展。生产关系一经产生，在一定时期内是相对稳定的。

当生产力发展到一定程度，旧的生产关系已容纳不下新生产力的发展时，生产关系的变革就势在必行了。当然，这种变革不一定会立即发生，但只要旧的生产关系不再适合生产力发展的要求，丧失了存在的必然性，它或迟或早地会被生产力的发展所打破。这就像脚和鞋的关系一样，把生产力比作人的脚，把生产关系比作鞋，脚大了鞋子小，就必然要根据脚的大小换合适的鞋子。所以，某种生产关系的出现，是生产力发展的客观要求和必然结果。生产关系的变革，根源于生产力的发展。

3岁时的新鞋，4岁时再穿……

生产关系对生产力的反作用

生产力决定生产关系，是历史唯物主义的一条根本原理。这个原理深刻地揭示了生产力发展是社会历史发展的最终根源。对生产力发展是促进还是阻碍，是衡量一种社会制度是否先进、生产关系是否优越以及优越性大小的客观标准。

生产力决定生产关系，但是生产关系是不是消极被动的呢？不是。它对生产力的发展有着能动的反作用。这种反作用有两种表现：一种是**当生产关系适合生产力状况时，对生产力的发展起促进作用。**因为适合生产力的生产关系使劳动者的积极性、生产工具和劳动对象的作用都能得到发挥，为生产力发展创造了有利形势。另一种是**当生产关系不适合生产力发展要求时，对生产力发展起阻碍作用。**因为，不适合生产力发展的生产关系，会使劳动者的积极性受到压抑，生产工具和劳动对象都不能发挥应有的作用，因而**对生产力发展起阻碍作用。**

议一议

举例说明，当生产关系适应生产力发展时，就会促进生产力的发展；反之，则阻碍生产力的发展。

农业合作化后，我国农业有了很大发展。但是过于集中的经营方式、劳动方式和平均分配方式所造成的那种“上工等敲钟、下地一窝蜂、干活大呼隆、评工闹哄哄”的局面，挫伤了农民的劳动积极性，束缚了农业生产力的发展，因此，迫切需要改变这种经营方式。1978年，贫困落后的安徽省凤阳县小岗子村率先实行包土地、包生产、包分配的“大包干”，口号是“交足国家的，留足集体的，剩下是自己的”，兼顾了国家、集体、个人三者利益，克服了原来集体经济中吃“大锅饭”的平均主义现象，体现了按劳分配。它的特点是责任明确、利益直接、分配方法简便。党和政府尊重群众的愿望，积极支持试验，随后在全国推广。废除人民公社，又不走土地私有化道路，而是实行家庭联产承包为主，统分结合，双层经营的模式，有力地促进了农村生产力的发展，农民人均收入成倍增长，生活得到明显改善，经济发达的农村已经达到小康水平。

生产关系对生产力反作用的情况是很复杂的。一种新的生产关系，从总体上讲对生产力的发展起促进作用，但是，并不排除个别的环节会有缺陷，在一定时间和范围内对生产力的发展起着程度不同的阻碍作用；一种旧的生产关系，从总体上讲对生产力的发展起阻碍作用，但是，通过对生产关系的某些环节的调整，可能暂时地、局部地对生产力发展起着某种刺激作用。

名人名言

资产阶级在它的不到一百年的阶级统治中所创造的生产力，比过去一切世代创造的全部生产力还要多，还要大。

——马克思、恩格斯

资本主义的生产关系刚产生时，是适合生产力状况的，曾对生产力的发展起过巨大的推动作用。但就是在资本主义的上升时期，由于资本主义的内在矛盾，即生产的社会化和生产资料资本家私人占有的矛盾的存在和发展，早在1825年就发生了经济危机。这表明，资本主义在上升时期，其生产力也不是直线上升的，有时也会下降。第二次世界大战以来，一些发达资本主义国家的生产力出现过发展较快的所谓“黄金时期”。这是由于生产力是最活跃、最革命的因素，生产力总是要不断发展的，世界新技术革命的成果在生产中的应用，有力地推动了发达资本主义国家生产力的发展；同时，由于垄断资产阶级为了维护资本主义制度，适应生产力状况，对生产关系某些环节作了调整，对生产力的发展也起了一定的作用。对这些情况，我们要做具体的分析。

议一议

如何正确认识资本主义生产关系对生产力发展所起的作用？

所以，我们既不能因为第二次世界大战后资本主义生产力一时较快的发展，而否认资本主义的生产关系和生产力之间存在着不可克服的矛盾；也不能因为这种矛盾存在，而否认它的生产力仍然能够向前发展。这是我们应该具有的历史唯物主义的态度。

生产力和生产关系的矛盾运动，揭示了生产关系一定要适合生产力状况的规律。这个规律是社会发展的普遍规律，它揭示了生产力和生产关系之间内在的本质的必然联系。这个规律的基本内容就是生产力决定生产关系，生产关系对生产力有反作用；生产关系是否应当变革以及变革的方向与形式，归根到底取决于生产力的状况。正确认识和利用生产关系一定要适合生产力状况的规律，是无产阶级政党和社会主义国家制定路线、方针、政策的主要客观依据。

我国原来是一个半封建半殖民地国家，经过民主革命，走上了社会主义道路，建立了社会主义生产关系。但由于我国是从半封建半殖民地社会中脱胎出来的，生产力很落后，这就决定了我国必须经历一个很长的社会主义初级阶段。社会主义初级阶段的生产关系只能是以公有制为主体、多种所有制共同发展，以按劳分配为主体、多种分配方式共同发展的生产关系。这种生产关系是在宏观上适合我国目前生产力的状况的，即生产力表现为水平低、发展不平衡、高低落差大的多层次性。

想一想

在社会主义初级阶段，为什么要实行以公有制为主体、多种所有制共同发展？

改革和完善生产关系，推动社会主义社会生产力的发展

社会主义生产关系和生产力的矛盾运动决定了社会主义经济体制改革的历史必然性。现实的社会主义生产关系中还存在着不适应生产力发展的一系列环节和方面，主要是计划经济条件下形成的社会主义生产关系的具体形式和对社会经济活动进行组织、管理的具体制度即经济体制，同生产力发展的要求之间还存在着不相适应的矛盾，旧的经济体制和模式有着种种弊端，阻碍了生产力的发展。

因此，社会主义国家必须根据本国生产力的现实状况和发展要求，及时进行经济体制改革，自觉地调整和变革生产关系中不适应生产力发展的一系列环节和方面，建立充满生机活力的社会主义经济体制，以推动社会生产力的发展。这是生产关系一定要适合生产力状况规律的客观要求，具有历史的必然性。因此，**改革也是解放生产力、发展生产力。**

想一想

我国为什么必须进行经济体制改革？

改革开放以来，我国经济建设和社会发展取得了巨大成就，国民经济持续较快发展，工业化、城镇化、市场化、国际化步伐加快，对外贸易迈上了新台阶，国家财政收入大幅度增加，价格总水平保持基本稳定，城乡人民生活进一步改善，这些都是不断深化改革的结果。但在前进的道路上我们仍面临着突出的矛盾和问题。目前我国正处于改革的攻坚阶段，必须以更大决心加快推进改革，使关系经济社会发展全局的重大体制改革取得突破性进展。

社会主义经济体制改革的性质是社会主义制度的自我完善和自我发展。经济体制改革不是改变社会主义根本的经济制度，而是在坚持社会主义根本经济制度的前提下进行的改革，是要使它更加完善和进一步发展。就我国国情来说，我们已经进行的改革，在所有制关系上，目标是以公有制为主体、多种所有制形式共同发展。公有制经济包括国有经济、集体经济以及混合经济中的国有、集体成分。在分配关系上，把以按劳分配为主同按生产要素分配结合起来。改革中所采取的一些措施，例如发展生产资料市场、金融市场、技术市场和劳务市场，发行债券、股票，都是伴随社会化大生产和商品经济的发展必然出现的，并不是资本主义所特有的。同时，我们的改革是在党和政府的领导下有计划、有步骤、有秩序地进行的，是我们自己发现矛盾和弊端，自己制定解决矛盾和克服弊端的办法，更是依靠自身的力量解决的。随着经济体制改革的深入发展，必将逐步完善社会主义生产关系，从而进一步推动生产力的发展。

议一议

如何理解社会主义经济体制改革的性质是社会主义制度的自我完善和自我发展？

生产资料所有制是生产关系的基础，以公有制为主体，是由我国社会主义性质和经济发展的客观要求所决定的。公有制是实现最广大人民根本利益的重要保证。在我国公有制经济的影响力、控制力不断增强的同时，我国个体、私营等各种形式的非公有制经济逐步成为社会主义市场经济的重要组成部分，对充分调动各方面的积极因素，加快生产力的发展起了重要作用。非公有制经济已经成为国民经济发展新的重要增长点。

名人名言

社会主义的任务很多，但根本一条就是发展生产力，在发展生产力的基础上体现出优于资本主义，为实现共产主义创造物质基础。

——邓小平

社会主义的根本任务是发展生产力。首先，革命的根本目的是解放和发展生产力。早在革命战争时期，我们党就明确指出：中国一切政党的政策及其实践在中国人民中所表现的作用的好坏、大小，归根到底，看它对于中国人民的生产力的发展是否有帮助及其帮助之大小，看它是束缚生产力的，还是解放生产力的。当时，把阶级斗争放在中心位置上，是因为只有先推翻反动统治，才能解放生产力。其次，发展生产力是解决社会主义初级阶段主要矛盾的客观要求。只有大力发展生产力，才能不断解决我国当前面临的各种问题。最后，高度发达的生产力是社会主义战胜资本主义的根本保证。只有集中力量发展生产力，创造出比资本主义更高的劳动生产率，才能建立和发展社会主义强大的物质基础，才能充分显示社会主义制度的优越性，从而最终完全战胜资本主义。

第三节 社会意识在社会发展中的作用

社会存在决定社会意识

人类社会生活纷繁复杂，形形色色，存在各种事物和现象。但从大的方面，可区分为社会存在和社会意识两大领域。**社会存在是社会生活的物质方面**，包括自然地理环境、人口因素，但主要是指物质资料的生产方式。**社会意识是指社会生活的精神方面**，包括政治法律思想、艺术、道德、宗教、科学、哲学以及风俗、习惯、传统等。**社会意识是对社会存在的反映，并对社会存在发生能动的反作用。**会意识包含十分广泛的内容，但其核心是受一定生产关系制约的社会观念，这些观念构成一定社会的意识形态，对社会生活、社会发展起十分重要的作用。

名人名言

不是人们的意识决定人们的存在，相反，是人们的社会存在决定人们的意识。

——马克思

江苏省张家港市，原名沙洲县，原来物质基础相当薄弱。十一届三中全会以来，一年一个新变化，连续9年进入全国百强县（市）前三。张家港市经济建设为什么能取得如此成效？其答案是张家港人坚持以经济建设为中心，两个文明建设相互推动。在经济持续、稳定、健康发展的同时，长期不懈地创建精神文明活动，为经济发展提供了强大的支撑力。首先是精神推动力，就是全市人民在创业实践中逐步形成、提炼，江泽民同志充分肯定并亲笔题写的“团结拼搏、负重奋进、自加压力、敢于争先”的张家港精神。其次是文化渗透力，倡导精神文明建设直接参与经济主战场，从建设现代企业文化入手，帮助企业塑造企业形象，培育企业精神，增强凝聚力，提高竞争力。最后是发展的后续力，可持续发展现已成为张家港人的共识。市委明确提出，对全市污染严重的企业，哪怕是生产“金子”也坚决实行关停并转。去过张家港的人都知道，在张家港的大街上走一天，皮鞋表面都很少有浮尘。该市被中宣部确定为创建全国文明城市示范点。张家港市两个文明建设充分说明：人们不仅需要物质生活，而且需要精神生活；人们的社会生活，既有物质方面的内容，又有精神方面的内容。

议一议

张家港市的经济腾飞说明了什么？

首先，**社会存在是社会意识产生的前提和基础。**如前所述，人们从事科学、教育和艺术等精神活动，先要有饭吃、有衣穿、有房住。可见，物质资料的生产是最基本的社会存在，是社会意识产生的物质基础和前提。不仅如此，任何一种社会意识都是适应一定的社会的需要而产生的，离开了社会存在的需要，社会意识就不会产生。

马克思主义这个伟大的思想体系，是适应无产阶级反对资产阶级的斗争需要而产生的。没有这个特定的社会存在的需要，就不可能产生马克思主义。同样，邓小平理论也是如此，也是在中国这个特定的社会存在需要的基础上产生的，并指导中国人民走上了建设中国特色的社会主义道路。

其次，**社会存在决定社会意识的内容。**社会意识的内容是对社会存在的反映，有什么样的社会存在，就有什么样的社会意识。因此，人们的思想、理论、观点的根源，只能到社会存在中去寻找。

资本主义制度的存在，决定资本主义的政治法律思想、道德观念等社会意识，是以维护资本主义私有制为特征，以个人主义为核心的。我国社会主义制度的存在，决定了我国的政治法律思想、道德观念等社会意识，是以维护社会主义公有制为主体、多种所有制经济共同发展为根本特征的，决定了社会主义道德建设要以为人民服务为核心，以集体主义为原则。

在同一个阶级社会里，人们的经济地位不同，思想、观点、感情也往往不同。

费尔巴哈说过，皇宫里的人和茅屋里的人所想的是不同的。鲁迅也说过：人类的悲欢并不相通，穷人决无开交易所折本的懊恼；煤油大王哪会知道北京捡煤渣老婆子身受的辛酸；灾区的灾民总不会去种兰花；贾府的焦大也不爱林妹妹的。这也表明，人们不同的喜怒哀乐，不同的思想、感情，是由他们所处的物质生活条件决定的，人们有什么样的经济地位，就会有什么样的社会意识。

最后，**社会存在的变化决定社会意识的变化。**由于社会内部生产力和生产关系的矛盾运动，社会存在总是处在不断变化和发展中。随着社会存在的变化，旧思想会逐渐消失，新思想会不断出现。

人们的审美观念就是随着社会生活条件的发展变化而变化的。唐朝初年，连年征战的封建统治者崇尚武功，把长得壮健丰满当作美女的标志；而到了五代十国的后唐，由于封建阶级日趋没落，整天沉湎于酒色歌舞，因而逐渐把缠裹小足、轻盈瘦削、弱不禁风的女子当作美女。

在社会历史发展中，社会存在的变化总会引起人们观念的更新，一些旧观念为新观念所代替，旧观念逐渐被人们所抛弃，新观念逐渐被人们所接受。

改革开放以来，社会生活发生了重大变化，封闭、保守、狭隘的小生产观念，平均主义“大锅饭”的意识，轻视人才的意识等受到很大冲击，安于现状、无所作为、思想懒惰、惧怕变革、墨守成规的习惯逐渐被克服。与此同时，随着改革的深化和社会主义市场经济体制的逐步确立，人们的经济观念、市场观念、自主意识、竞争意识、效率意识、民主法制意识以及开拓进取精神大大增强了。这就告诉我们，世界上没有一成不变的观念，而观念的变化正是社会存在变化的结果。

议一议

举例说明社会意识是由社会存在决定的。

承认社会存在决定社会意识，这是历史唯物主义的根本观点。而各种形式的历史唯心主义都认为社会意识决定社会存在。它们要么认为，社会的发展是由人们的主观意志，特别是个别英雄人物的意志决定的；要么认为，是由“上帝”“神”“天命”“绝对精神”决定的。前者属于主观唯心主义历史观，后者属于客观唯心主义历史观。它们都看不到社会历史发展的客观规律，在纷繁复杂的社会历史现象面前，无法得出正确的结论。

社会意识对社会存在的反作用

社会意识依赖于社会存在，这是社会意识的一个特点；**社会意识对社会存在具有相对的独立性**，这是社会意识的另一个特点。

社会意识的相对独立性主要表现在：

第一，**社会意识的发展与社会存在的发展的不平衡性。**社会存在决定社会意识，社会存在发生变化，社会意识或迟或早也会发生变化。但有时某一种社会思想和理论，在它赖以存在的物质条件根本改变之后，还可能存在一个相当长的时期，并对社会的发展起着一定的阻碍作用。

在我国社会主义制度下，封建主义的经济基础早已消灭，但封建意识还长期存在于人们的头脑里，对社会主义经济的发展起阻碍作用。这说明社会意识的发展与社会存在的发展不完全一致。

第二，**社会意识的发展具有历史继承性。**各个时代的社会意识并不是彼此隔绝、互不联系的。每一时代社会意识的各种形式，都同过去时代的思想成果有着这样那样的、或多或少的继承关系。每一时代的思想家、科学家、艺术家在认识和解决当时社会存在的问题时，都要批判地吸收前人所创造的有价值的成果和思想材料，把社会的科学文化向前推进一步，并为后人留下科学文化遗产。作为无产阶级完整世界观的马克思主义，正是批判地继承了人类在此以前所创造的优秀的思想成果而创立起来的。

名人名言

人们的社会存在，决定人们的思想。而代表先进阶级的正确思想，一旦被群众掌握，就会变成改造社会、改造世界的物质力量。

——毛泽东

第三，**社会意识对社会存在具有能动的反作用。**社会意识的反作用是社会意识相对独立性最重要、最突出的表现。社会意识对社会存在及其发展不是消极被动的，而是能够起促进或阻碍作用的。一种社会思想、理论，一旦在特定社会存在的基础上产生，便反过来影响社会存在，影响物质生活。**先进的社会意识、先进的文化对社会存在的发展起促进作用，**因为它正确或比较正确地反映了社会发展的客观要求，是为先进阶级、先进社会势力服务的。**落后的社会意识、落后的文化同历史发展规律相违背，它是为腐朽制度和没落阶级服务的，因而对社会存在起阻碍和破坏的作用。**

在新民主主义革命时期，以毛泽东为代表的中国共产党人将马列主义的基本原理与中国革命的实际有机地结合起来，创立了毛泽东思想。在毛泽东思想的指引下，中国共产党领导全国人民前仆后继、英勇斗争，终于推翻了压在中国人民头上的三座大山，建立了新中国。十一届三中全会以来，在我国社会生活中，开拓、进取、拼搏、求实、创新等先进的社会意识，对于鼓舞、激励人们奋发向上、知难而进、争取学习和事业上的成功，有着积极的促进作用；而保守僵化、墨守成规、安于现状的社会意识则使人目光短浅、不思进取，导致人们在学习和事业上无所作为，甚至失败。

先进的、科学的、革命的社会意识之所以能够对社会存在产生巨大的促进作用，是由于它正确地反映了事物的变化发展规律，能对事物的发展趋势作出正确的判断，使人们采取正确的措施，推动事物的发展。在形势好时，能居安思危，清醒地看到存在的问题，及时加以解决，进一步发展大好形势；在面临困难和遇到挫折时，能看到成绩，看到光明，充分利用有利因素，信心百倍地去促进事物向好的方面转化。

议一议

举例说明社会意识对社会存在具有能动的反作用。

回顾党的历史，在抗日战争时期，当时失败亡国论者提出“抗日必败，再战必亡”的反动社会意识，给中国人民夺取抗日战争的胜利设置了思想上的障碍。以毛泽东为代表的共产党人在分析敌我双方有利因素和不利因素的基础上，指出抗日战争的“最后胜利是中国的”。这种科学的、革命的预见在指引中国人民夺取抗日战争胜利的斗争中产生了巨大的促进作用。在改革开放的历史进程中，邓小平科学地预见了我国社会发展的客观进程，形成了一系列科学理论，如解放思想、实事求是的思想路线；“一个中心，两个基本点”；“三步走”；“一国两制”；“两手抓，两手都要硬”；等等。这些先进的、科学的社会意识在我国现代化进程中发挥了十分巨大的积极作用。

加强社会主义精神文明建设，做“四有”新人

社会意识进步的成果构成社会的精神文明。社会意识进步和社会存在发展的相互作用，总是通过精神文明和物质文明的相互作用表现出来的。

江苏省江阴市华西村，是个江南小村，只有0.96平方公里，320户人家，1 500人。改革开放以来，生产大发展，小村面貌大变化，农民生活大改善。华西村家家住新楼，户户有存款。农民生活确实富了。一些外国游客到华西村旅游，吃住在农民家里，亲身感受了华西村农民的生活，感慨地说：像这样的社会主义，我们也要。华西村成功的经验之一，就是靠两个文明一起抓，重点抓“六爱”教育，始终坚持社会主义方向。这“六爱”是“爱党爱国爱华西，爱亲爱友爱自己”。“六爱”是华西人的行动准则和精神支柱。方向道路明了，就一心一意搞社会主义。

“文明”是指人类开化和社会进步的状态。社会文明包括物质文明和精神文明。物质文明是人类改造自然界所取得的物质成果，它表现为物质生产的进步和物质生活的改善。精神文明是人们在精神生产和精神生活中得到的成果，侧重于在社会生活中有积极意义的成果，包括文化和思想两个方面。因此，**建设精神文明既包括推动教育、科学、卫生、体育、文化的进步发展，也包括促进人们思想、政治、道德水平的提高。**

我国社会主义精神文明建设总的指导思想和总的要求是：必须以马列主义、毛泽东思想和邓小平理论为指导，坚持党的基本路线和基本方针、基本纲领；加强思想道德建设，发展教育科学文化，以科学的理论武装人，以正确的舆论引导人，以高尚的精神塑造人，以优秀的作品鼓舞人；培养有理想、有道德、有文化、有纪律的社会主义公民，提高全民族的思想道德素质和科学文化素质；团结和动员各族人民，把我国建设成为富强、民主、文明的社会主义现代化国家。

想一想

我国社会主义精神文明建设总的指导思想和总的要求是什么？

在加强物质文明建设的同时，加强社会主义精神文明建设，具有十分重要的意义。

第一，社会主义社会是全面发展、全面进步的社会，社会主义现代化事业是物质文明和精神文明协调发展的事业，社会主义精神文明是社会主义社会的重要特征，是现代化建设的重要目标和重要保证。

第二，物质文明和精神文明是互相联系、互相影响、互相作用、互为条件、互为目的的。一方面，物质文明的发展为精神文明建设提供物质基础和实践经验。另一方面，精神文明对于社会改造、社会进步，对于物质文明的建设又有巨大的反作用：其一，它为物质文明建设提供理论指导，保证其正确的方向；其二，它为物质文明建设提供精神动力；其三，它为物质文明建设创造良好的安定团结的政治局面和社会环境；其四，它为物质文明建设提供智力支持。

议一议

“仓廪实则知礼节，衣食足则知荣辱”，你对这个观点是如何理解的？

第三，改革开放以后，我们党从多方面加强精神文明建设，取得了积极进展和明显效果，对促进改革、发展、稳定起了重要作用，这是主流。但同时也应该看到，在一些地方和部门的领导工作中，忽视思想教育，忽视精神文明，“一手比较硬，一手比较软”的问题还没有很好地解决；在社会精神生活方面存在不少问题，有的还相当严重。因此，在把物质文明建设搞得更好的同时，必须切实把精神文明建设提到更加突出的地位。**在建设中国特色社会主义的过程中，必须坚持物质文明建设和精神文明建设两手抓，两手都要硬。**

想一想

什么是中国特色的社会主义文化？

文化有广义和狭义之分。广义的文化与文明一致，由物质文化、制度文化和精神文化三类构成。狭义的文化是指精神文化。人类社会由经济、政治、文化三大基本部分构成，作为与经济、政治并列的文化，指的是狭义的文化，即精神文化。我们正在建设的具有中国特色的社会主义文化，是以马列主义、毛泽东思想、邓小平理论为指导，以培育有理想、有道德、有文化、有纪律的公民为目标，发展面向现代化、面向世界、面向未来的，民族的科学的大众的社会主义文化。

文化在社会生活中的作用是非常重要的。在一个社会中占统治地位的文化，具有维护和巩固这种社会制度，调控并保持其正常运转的功能；人类社会的进步体现在，每一代人都是以前一代人所取得的成就为基础不断发展的，而文化则起着把每一代人在实践中获得的知识和技能不断传承下去的作用；文化对人具有教化功能，即人创造文化，文化又塑造人。对于一个民族而言，文化的这种功能，集中表现为建构民族心理，塑造民族性格，形成民族传统。

名人名言

一定的文化是一定社会的政治和经济在观念形态上的反映。一定形态的政治和经济是首先决定那一定形态的文化的；然后，那一定形态的文化又才给予影响和作用于一定形态的政治和经济。

——毛泽东

本章小结

人们为了维持自己的生存，就必须通过生产劳动向自然界谋取物质生活资料。物质生产活动是最基本、最具基础性的活动。

生产力是人类征服、改造和利用自然，使其适应人类社会需要的客观物质力量。生产力是社会存在中最活跃、最革命的因素，是社会发展的最终决定力量。科学技术是生产力中的智能因素，在当代已成为第一生产力。

生产力决定生产关系，生产关系对生产力具有反作用。当生产关系适应生产力的发展时，对生产力的发展起促进作用；当生产关系不适应生产力的发展时，对生产力的发展起阻碍和破坏作用。社会主义经济体制改革，是社会主义生产力发展的要求，是生产关系一定要适合生产力状况这一规律的客观要求。

社会存在决定社会意识，社会意识对社会存在具有能动的反作用。先进的社会意识对社会存在的发展起促进作用，落后的社会意识对社会存在的发展起阻碍和破坏作用。

精神文明是人们在精神生产和精神生活中得到的成果，侧重于在社会生活中有积极意义的成果，包括文化和思想两个方面。在建设中国特色社会主义的过程中，必须坚持物质文明建设和精神文明建设两手抓，两手都要硬。

思考与练习

1. “手推磨产生的是封建主的社会，蒸汽磨产生的是工业资本家的社会。”此观点是否正确？为什么？

2. “科学技术是第一生产力”的原理对我国的现代化建设有何重要指导意义？

3. 举例说明生产关系对生产力具有能动的反作用。

4. “我们要继承和发扬中华民族优良的思想文化传统，吸收人类文明发展的一切优秀成果，在生动丰富的社会主义实践中，创造出人类先进的精神文明。”试用社会意识反作用原理对这段话加以分析。

5. 试用社会意识相对独立性的有关原理，分析下面这段话：“社会丑恶现象的滋生蔓延，毒害人们特别是青少年的身心健康，妨碍现代化建设和改革开放，损害社会主义形象，人民对此深恶痛绝。扫除各种丑恶现象，切不可手软，必须长期坚持，抓出成效。”

第五章

树立正确的人生价值观

每个青年学生都刚刚拉开自己的人生帷幕，期冀着有一个美好的人生。可是，人生犹如一条蜿蜒曲折的道路，既有无限的风光，又有险阻、泥泞；既有成功的喜悦，又有痛苦的思考。人生道路应该怎样走，什么样的人生才是有价值、有意义的，是摆在每个青年人面前现实而又严峻的课题，也是古今人们常讲常新的话题。通过本章的学习，我们会从理性上得到启迪，去正确认识人生道路上一些比较严肃的问题，提高把握自己人生的自觉性。

第一节 人生的基本问题

人是社会的人

人同动物一样，是自然界长期发展的产物。劳动使古猿进化为人类，所以人作为自然界的生命有机体，具有同动物一样的自然属性，如食欲、繁衍能力以及趋利避害的自卫能力等。但这些属性并不能将人同动物区别开来，所以不是人的本质属性。那么，人的本质属性是什么呢？有人说，人的本质是会说话、会劳动，但这无法说明社会生活中人的复杂的本质差别。人的本质只能从社会中找根源，**人的本质在于社会性。**

在人类发展的任何时期，任何个人总是处在一定的社会关系中并从事社会实践活动的现实的人，而不是孤立的、离群索居的、抽象的人。现实的人总是从属于一定的社会群体，同周围的人发生着各种各样的社会联系。人从事社会实践活动的舞台，是具有确定内容的生产力和生产关系所形成的现实社会，而不是处于社会关系之外的动物赖以存在的自然界。**现实的社会关系决定了人的本质，决定了人同动物的根本差别。**只有存在于各种社会关系之中的人，才是真实存在的具有人的本质的人。

名人名言

人的本质不是单个人所固有的抽象物，在其现实性上，它是一切社会关系的总和。

——马克思

1920年在印度，两个由狼养育大的女孩被一位牧师救了出来。当她们刚被发现时，只能像狼一样用四肢奔跑，不会直立走路，不会说话，只能发出像狼一样的嗥叫。当时推断大女孩年龄约有8岁，小女孩阿玛拉1年后死去。大女孩卡玛拉活了9年，由牧师对她进行了人的发育的各种训练。结果3年后，卡玛拉才能站立起来，在语言方面，只能说一些简单的单词。卡玛拉17岁那年死去。

人的社会生活是多方面的，既有物质生活，又有精神生活，其中物质资料生产实践活动是人的社会生活的主要内容。人与人之间的社会关系也是多方面的，包括经济关系（生产关系）、政治关系、思想关系三个主要方面。其中经济关系是最主要的、决定性的关系。这一切构成了社会关系的总和，它们相互交错、相互作用、相互渗透，制约和影响着人的本质的形成。

想一想

如果人一生下来就完全同社会隔绝，他能成为人吗？

经济关系包括对生产资料的占有、生产中人的地位及劳动产品的生产、分配、交换和消费等方面的关系。政治关系包括阶级、民族、国家、党派等关系。思想关系包括信仰、思想道德、宗教等关系。此外还有以血缘为纽带的家庭关系，以社会活动为纽带的朋友关系、同事关系等。这些关系涉及经济、政治、思想、文化、法律、道德、宗教、习惯等各个领域。

在原始社会，人类的生产活动和社会关系十分简单，所以人的本质也不复杂。随着社会生产力水平的提高和阶级的出现，人类的社会实践活动和社会关系日益变得复杂起来，所以人的本质也日益复杂。尤其是随着社会分工的扩大和细密化，生产的商品化、社会化，人类社会实践活动和社会关系的进一步发展，人的本质的内涵更加丰富和复杂。

人的本质在现实性上是一切社会关系的总和，但“总和”并不等于社会关系的简单相加，各方面社会关系对人的本质的形成所起的作用是不同的。在一切关系中，生产关系是最根本的社会关系，它制约着其他社会关系。**人的本质从根本上说是由他在生产关系中的地位决定的。**

想一想

在经济全球化、信息网络化时代，社会关系和人的本质的变化趋势是什么？

在阶级社会里，生产关系主要表现为阶级关系，所以人的本质主要表现为阶级性。不同阶级的人，在政治态度、思想观点、心理活动、性格情感、生活习惯以及作风等方面都各不相同，要做超阶级的人，是不可能的。

名人名言

在阶级社会中，每一个人都在一定的阶级地位中生活，各种思想无不打上阶级的烙印。

——毛泽东

中国古代哲学史上，有许多哲学家将人的本质看成是固定不变的、超阶级的、空洞抽象的概念。孟子认为人的本性是善的，是与生俱来的。荀子则认为人的本性是恶的，“好利”“好争斗”“好声色”等等是人的本性。这种人性“善”或人性“恶”的观点都是脱离人的社会性、阶级性来抽象谈论人的“本性”，因而是错误的。

人类社会的社会关系是随历史发展而变化的，所以**人的本质是历史的、变化的，不同社会历史条件下，人的本质具有时代性特征。**

议一议

“人不为己，天诛地灭”这一观点为什么是错误的？

17 世纪英国唯物主义哲学家霍布斯，18 世纪启蒙主义思想家霍尔巴赫、爱尔维修等人，从“自爱”“自保”的人性论出发，提出了“合理的利己主义”，宣扬“自私是人的本性"，它充分反映了资产阶级维护剥削制度的愿望，为证明资本主义制度的合理性和永恒性作了最好的注脚。他们这样做的目的是把资产阶级的自私打扮成全人类永恒不变的共同本质，抹杀了人的本质的阶级性和历史性，具有很大的欺骗性和虚伪性。

人是社会的人，人的一生就是在社会中生活、实践的一生。人生需要回答和处理的问题很多，但是人生首先要回答、任何人也无法回避的问题是人和社会的关系问题。**人和社会的关系问题是人生的基本问题。**如何回答和处理这一基本问题，关系到人对人生的根本看法和态度，是区分不同人生观的主要标志。

从理论上看，个人与社会的关系是辩证统一的关系。**个人与社会相互依存。**

一方面，**个人离不开社会。**人要生存，就必须进行物质资料生产活动。在生产过程中，人不仅要同自然打交道，而且还必须结成一定的生产关系，并因此而发生同社会的种种关系。

在现代社会中，社会的生产方式不再是自然经济条件下的男耕女织、自给自足的小生产，社会分工使个人的劳动必须成为社会劳动，在分配和交换中才能实现自己的劳动价值，这就大大增强了个人对社会的依赖性。

人不是天生就会劳动，人的劳动技能是在社会中学会的。社会不但为个人提供了物质生活、精神生活所必需的消费资料，同时还为个人才能的发挥、自我价值的实现提供了条件和舞台。一个人就像一滴水，只有融入社会的大海之中，才不会干涸。

人的实践活动绝不会从社会历史的起点开始。每一代人进入社会生活时，每一个婴儿在呱呱落地时，都会享受社会已为他们的生存和发展准备好了的起始条件，即社会的物质和文化环境。人把人类社会几千年的发展所积累起来的物质财富和精神财富作为自己活动的基础，使每一代人的发展起点都建立在前一代人的终点之上。

名人名言

能不在社会里生存的人，不是禽兽就是神明。

——亚里士多德

另一方面，**社会离不开个人。**社会是由千千万万个人组成的。没有个人，社会就变成了一个空洞的概念。社会的物质财富和精神财富是千百万体力劳动者和脑力劳动者创造出来的；社会的文明和进步，社会的管理，都离不开社会中的每个人。当然，社会不是个人的简单相加。在个人与社会的关系中，社会对个人更具有决定意义。

议一议

结合自己的亲身体会讨论一下个人对社会的依存。

历史唯物主义认为，人民群众是社会历史的创造者，人民群众创造了社会的物质财富和精神财富，人民群众是社会历史变革的主力军。中国历史上传统的民本主义认为，“民为邦本，本固则邦宁”。如果社会是一个有机的生命体，每个人就是这个生命体的细胞，细胞的新陈代谢才会使生命充满活力。

个人与社会还存在相互矛盾的方面。在个人与社会的关系中，社会是矛盾的主要方面。在剥削阶级统治的社会中，代表社会统治力量的国家政权掌握在剥削阶级手中，他们维护落后的生产关系，严重阻碍和限制了个人的生存和发展，个人与社会的矛盾是对抗性矛盾。在社会主义条件下，社会代表和维护最广大人民的根本利益，社会制度为个人的生存和发展提供了充分的条件，个人与社会的矛盾是非对抗性矛盾。

目前我国处于社会主义初级阶段，个人与社会也存在着这样那样的矛盾，社会还存在着这样那样的不尽如人意之处，一些人还存在着升学、出国、就业、分配差别等方面的困扰，社会的民主、文明、公平程度还未达到一定的高度，社会中还存在着许多丑恶现象，还会使个人的人生出现坎坷、烦恼甚至痛苦和悲剧。但这是社会发展过程中出现的现象，不是社会主义制度本身的原因造成的。随着社会主义社会的发展和人的素质的逐步提高，这些问题会逐步得到解决。

从实践上看，个人活动与社会发展是相互作用、相互制约的。首先，**个人活动对社会产生能动作用。**人的社会实践活动是有目的、有意识的活动，这种活动会作用于社会，在社会历史发展过程中留下这样那样的印迹。无论是杰出的人物，还是普通劳动者，他的社会实践活动，总会或多或少地、直接或间接地对社会生活产生一定的作用。

在社会主义建设中，赵梦桃、时传祥、王铁人、张秉贵等许多模范人物和先进分子，热爱本职工作，兢兢业业，在平凡的岗位上为社会主义建设添砖加瓦。社会生活是一个有机的整体，工、农、兵、学、商，各行各业都是社会活动不可缺少的部分，他们的工作都是社会必需的，平凡的岗位也会对社会的发展起一定的作用。

普通一兵雷锋在自己短暂的生命历程中，以高尚的思想道德品质，为中国人民和世界人民留下了一笔无价的精神财富。科学家袁隆平呕心沥血，在杂交水稻领域苦苦探索，取得了历史性突破，使我国水稻年增产量可养活 6 000 万人口。

名人名言

我的人生哲学是工作，我要揭示大自然的奥秘，并以此为人类造福。我在世这短暂的一生中，我不知道还有什么比这更好的了。

——爱迪生

个人活动对社会历史发展的作用，就其方向而言，有两种情况：一种是促进或推动社会的发展；另一种是阻碍或破坏社会的发展。**当个人活动符合社会发展规律，符合广大人民的根本利益时，就会对社会发展起推动作用，反之则起阻碍甚至破坏作用。**

法西斯头子希特勒、墨索里尼、东条英机一伙战争贩子，为了争夺世界和瓜分世界，悍然发动了第二次世界大战。第二次世界大战先后使61个国家、全球80%的人口卷入战争。这场战争死伤人数达6 700万，其中死亡人数达5 000万～5 500万人，物质损失约4万亿美元，给世界人民带来了深重的灾难。历史将他们永远地钉在了耻辱柱上。

其次，**个人活动受社会条件和客观规律的制约。**一是受环境的制约。一定的生产力状况、生产关系的性质以及社会政治制度、科学文化发展程度和文化传统等条件，制约着当时社会的人的活动。二是受自己的阶级和社会地位、工作和生活条件的局限。三是受社会发展规律的制约。人类社会发展具有自身的规律性，是一个客观过程，人的活动必须遵守其规律，顺应社会历史发展的趋势，才能取得成功。否则，就会受到历史的惩罚，就会失败。

利用社会条件使个人得到发展，通过个人活动为社会发展作出自己积极的贡献，这是马克思主义处理个人与社会关系的最基本的观点。

正确处理义与利、苦与乐、生与死的关系

义利关系、苦乐关系、生死关系是人生道路上的重要课题，如何回答这些问题，是区别不同人生观的重要标志。

人在社会活动中，会遇到道德和利益的矛盾，如何处理这一矛盾，就是人们常说的义利原则。中国传统文化中的主流文化——儒家文化将义利关系对立起来，重义轻利，并主张“以义制利”，对中国社会的发展产生了重要的影响。

孔子有一句名言，叫作“君子义以为上”，明确地肯定了义具有至上性。孟子认为，如果不合乎道义，不能要别人的一点东西；如果不合乎道义，一点东西也不能给别人。这种“义以为上”的观念对培养崇高的道德节操具有不可忽视的意义。但是同时，“义以为上”的传统也导致忽视或否定功利的倾向，忽视了在一定条件下功利意识也可以成为积极的动因。

毛泽东以辩证的思想将“义”和“利”统一起来，把“义”和“利”的价值选择统一到民族的前途命运和人民的翻身解放之上，将民族命运和人民利益作为价值选择的出发点，以民族、国家、人民利益为最高利益，反对帝国主义利益、剥削阶级利益和少数人利益，主张为人民利益、民族利益而献身，这既是最高的“义”，又是最大的“利”。这就是无产阶级的义利相统一的原则。

老一辈无产阶级革命家和无数先烈，为了民族独立和人民解放，呕心沥血，舍生忘死，他们既是无产阶级义利原则的创建者，又是这一原则的忠诚实践者。全心全意为人民服务，成为共产党人的最高宗旨和座右铭。

在社会主义道德建设中，我们党继承了中华民族优良的道德传统，将无产阶级义利原则统一在社会主义道德体系中，**以为人民服务作为社会主义道德的核心，以集体主义作为**

社会主义道德的原则，形成了崭新的社会主义道德。

在改革开放中，邓小平从民族的利益出发，提出了“经济是最大的政治”，提出了“三个有利于”的原则，江泽民同志提出了“三个代表”的思想，都是义和利相统一原则的体现。在社会主义市场经济条件下，这一义利原则又有了新的内涵。允许一部分人通过诚实劳动、合法经营先富起来，然后再达到共同富裕。共同富裕，是社会主义本质的要求，是无产阶级义利原则在新的社会历史条件下新的表达方式。

在市场经济条件下，商品生产的价值规律在社会经济生活中发挥了重要的作用，但是也为社会主义道德建设带来了新的课题。

有些人将价值规律原则用到了社会生活的方方面面，出现了权钱交易、贪污受贿、以权谋私、制假卖假、唯利是图等现象。这是同社会主义道德原则完全背离的。

在市场经济条件下，青年学生在商品经济的大潮中，应该树立正确的义利观，坚持社会主义道德原则，强化民族振兴、国家富强的使命感，自觉抵制资产阶级腐朽思想，推动社会的文明与进步。

议一议

“一切向钱看”为什么是错误的？

成克杰、胡长清等腐败分子，身居高级领导岗位，利用人民赋予的权力，贪污受贿，以权谋私，最终沦为人民的罪人。这些人在金钱面前，忘记了一切道德原则，见利忘义，成为金钱的奴隶和牺牲品，丧失了共产党人应有的人格精神，最终失去了自己拥有的一切，应成为人们的人生之鉴。

名人名言

患难困苦，是磨炼人格之最高学校。

——梁启超

有人形容人生是苦辣酸甜，五味俱全，虽说不够全面，却也说明了人生十分不易。人生道路上，确实有苦有乐，有酸有甜。在社会生活中，人们对苦和乐有着不同的感受和态度是一种很普遍的社会现象。作为一种观念，苦乐观是一定社会存在的反映，它具备主观和客观两方面的因素。**从客观上讲，社会生活中确实存在着使人们欢乐和痛苦的因素，**每一个人都无法回避。**从主观上讲，对苦和乐的感受又因各人的人生观不同，具有相对性，**而每个人对苦和乐的看法的不同就形成了形形色色的苦乐观。

在现实社会中，不同阶级的人有不同的苦乐观，不同层次的人也有不同的苦乐观。腐朽没落的剥削阶级和懒汉懦夫绝无“先天下之忧而忧，后天下之乐而乐”的襟怀，绝无

“与天奋斗，其乐无穷；与地奋斗，其乐无穷”的气概。鲁迅先生说过，“人类的悲欢并不相通”。各种事实都表明，不同的人对苦与乐的理解是不一样的。

在苦乐观问题上，我们反对自然主义的苦乐观和唯心主义的苦乐观，主张树立辩证唯物主义的苦乐观。

议一议

“与天奋斗，其乐无穷；与地奋斗，其乐无穷”的含义是什么？

自然主义苦乐观单纯把苦和乐看成是肉体感官的体验，是人欲的产物。我国古代《列子·杨朱篇》中说：“十年亦死，百年亦死，仁圣亦死，凶愚亦死”，所以人“惟患腹溢而不得恣口之饮，力惫而不得肆情于色”，宣扬了吃喝玩乐的、纵欲的自然主义苦乐观。这种苦乐观的境界十分低下。唯心主义苦乐观单纯把精神欲求的满足当作最大的快乐，把心灵上的苦当作最大的苦，这种苦乐观抽象地从精神上解释苦与乐，甚至无病呻吟，令人厌恶。

辩证唯物主义苦乐观把人对物质生活的追求和对精神生活的追求高度统一起来，把对苦与乐的认识看作一定社会关系和生产力水平的产物，看作物质生活、精神生活和社会环境的高度统一，既反对纵欲主义，又反对禁欲主义。

在生活中，苦和乐的表现是多方面的，只有正确认识人生的苦和乐，才能减少人生的苦，增加人生的乐。

就苦而言，**一是要敢于吃苦。因为吃苦对人的成长有极大的促进作用。**

法国作家罗曼·罗兰说：“痛苦像把利刀，一方面割碎了你的心，一方面掘出了生命的新水源。”中国先秦思想家孟子认为，苦能使人“动心忍性，增益其所不能”。因此，青年人要敢于吃苦，接受苦的磨炼。

二是要胸怀坦荡，克服自卑、猜忌、嫉妒等不健康心理给人带来的无谓烦恼。

人们常讲，“君子坦荡荡，小人常戚戚”。高尚的道德情操，坚强的意志和勇气，可以战胜一切痛苦，一切痛苦都是怯懦的表现，在坚强的生活信念的感召下，一切痛苦都会悄悄地隐退。

就乐而言，**一是要在劳动、事业、学习和创造中寻找欢乐。**

劳动可以获得生活资料，改善人的生活条件和环境，劳动可以创造美，使人看到自己的力量和智慧；事业成就可以使人饱尝成功的喜悦；学习可以使人获得知识的陶冶，从而获得身心的欢乐。这些欢乐是最真实、持久和醉心的。

二是要乐于助人，在帮助别人、为人民服务及为国家和社会奉献中追求欢乐。这种欢乐是高尚的欢乐。

雷锋在短暂的一生中，全心全意为人民服务，帮助别人排忧解难，乐此不疲。他说，“人的生命是有限的，为人民服务是无限的，我要把有限的生命投入到无限的为人民服务中去”。他在平凡中创造了伟大。雷锋永远是我们学习的榜样。

想一想

“助人为乐”的含义是什么？

人一生中常常要受到各种各样的考验，而生死关头的抉择，则是最为严峻的考验。人为什么生，为什么死，应当如何对待生与死，这就是生死观。它包括人对于生命意义的诠释，对生的意义和死的意义的理解，以及对生死的看法和态度。生死观是从更高层次上对人生观的反映和检验。

人的生死观具有鲜明的层次性和阶级性。具有剥削阶级和享乐主义人生观的人，醉生梦死，苟且偷生。具有悲观厌世人生观的人，消极颓废，生是糊里糊涂地生，死是糊里糊涂地死。意志薄弱者，不敢“直面惨淡的人生”，厌世轻生。生死观在社会生活中，受每个人道德水平、心理意志、理想信念等影响，呈复杂多样性。有的人为事业鞠躬尽瘁，或为了别人而牺牲自己，舍己救人，或面临生死关头，视死如归；也有的人贪生怕死，或临阵脱逃，或屈膝投降，出卖同志、组织，沦为叛徒，遭到世人的唾弃。

无产阶级生死观是无产阶级人生观的集中表现，**它从劳动人民的根本利益出发，以集体主义为原则，以解放全人类、实现共产主义为崇高目标，以生为人民作贡献、死为人民而献身为内容，无论对生、对死都采取一种严肃而认真，坦荡而乐观的态度。**它是共产主义道德的最高表现，体现了无产阶级无私无畏的彻底革命精神，是生死观的最高境界。无数革命先烈，李大钊、方志敏、董存瑞、张思德、欧阳海、王杰等，都在生死关头为我们树立了光辉的榜样，建造了不朽的丰碑。

> **名人名言**
>
> 为人民利益而死，就比泰山还重；替法西斯卖力，替剥削人民和压迫人民的人去死，就比鸿毛还轻。
>
> ——毛泽东

在今天和平的环境中生活，我们不需要时刻面临生死的抉择，更重要的课题是如何对待生活和生命。青年学生要珍惜自己的青春年华，充分利用生命的每一分钟去学习，去工作，去创造，让青春闪光。当祖国和人民需要我们的时候，我们应当向英雄和先烈学习，为了无产阶级革命事业不惜牺牲自己的生命。

第二节　人生价值取向

人生价值的内涵

人生价值是什么？有人说人生价值是地位、名誉和金钱，有人说人生价值在于对社会和对他人的奉献。这就是人们所说的人生价值观。

名人名言

一个人的价值，应该看他贡献什么，而不应该看他取得什么。

——爱因斯坦

说到人生价值，人们会首先想到物的价值。物的价值在于它能够满足人的需要。如粮食能满足人的食用需要，艺术品能满足人的审美需要等。所以价值是一种关系，一种需要和满足需要的关系。物的价值就是人的需要与物能够满足人的需要的关系。物的价值体现在人与物所形成的价值关系之中。

传说16世纪时，英国公爵俄罗达格里到南美洲去旅游，发现一种名为“狼桃”的植物，所结果实红艳似火，十分好看。于是带回一株，当作爱情的象征，献给他的情人伊丽莎白女王。从此“狼桃”在欧洲落了户，供人们观赏。它就是我们常吃的西红柿。又过了二百年，法国一位画家见西红柿美艳娇嫩，大胆尝了一口，感到美味可口，并未中毒。经分析，它含有大量的维生素，营养丰富。这样西红柿才成为人们餐桌上不可缺少的食品。这个传说说明了物同人没有构成价值关系时，并不具有价值，当人们在实践中发现了它的有用性，能够满足人的需要时，它才有了价值。在人同物的价值关系中，物是被动的，物不会主动满足人们的需要。

人生价值同物的价值存在着本质的不同。

想一想

为什么说人生价值体现在同他人、同社会的关系之中？

一方面，**人生价值源于人自身的创造。**只有通过有意识、有目的、能动的社会实践活动，才能将人的潜在价值变为现实。所以人生价值的实现是一个能动的过程，不像物在价值关系中的被动性。**人是自然界各种事物中唯一具有能动的创造能力的，所以人生价值大大超过物的价值。**

另一方面，**人生价值只有通过人与人之间、个人与社会之间的关系才能表现出来。**人不是物，而是处于一定社会关系中的人，如果把人看作孤立的单个的人，人无所谓价值，因为无法形成价值关系。而处于社会关系中的人，同社会中的其他人、同社会发生着现实的联系，所以才形成价值关系。因此，人生价值体现在人同他人、同社会的关系之中，体现为人对他人、对社会需要的满足和贡献。

议一议

为什么人生价值的实现是一个能动的过程？

人在价值关系中具有双重角色，即人既是价值的创造者，又是价值的需求者。人怎样处理好同他人、同社会的关系，扮演好人生价值关系的双重角色，就构成了人生不同的价值观。

社会价值和自我价值的统一

人在价值关系中的双重角色，决定了人生价值具有双重性，即人生价值包括两个方面：**一是个人对社会的责任和贡献，即个人的社会价值，体现了人对社会的意义；二是社会对个人的尊重和满足，即个人的自我价值，体现了个人的自我完善和发展。**

无产阶级在马克思主义世界观指导下，科学地认识了自己的历史使命，确立了无产阶级的人生价值观。在无产阶级看来，人生的真正价值在于对社会的贡献和创造。无产阶级的人生价值就是要在解放全人类的同时解放自己，在为人民创造幸福的斗争中获得个人的幸福，并为此贡献自己的一切乃至自己的生命。这种人生价值观同资产阶级的人生价值观是根本对立的，是人类社会迄今为止最科学、最高尚的人生价值观。

在社会价值和自我价值的统一中，**个人对社会的责任和贡献是实现人生价值的基础和源泉，**处于首要地位。因而我们提倡个人为社会、为人民的奉献精神。**社会对个人的尊重和满足是实现人生价值的前提和条件，**也是社会文明和进步的标志。因而社会也要关心个人的成长、进步，尊重个人的劳动和贡献，鼓励个人为社会发挥自己的聪明才智和创造能力，提供个人能够全面发展的条件。

名人名言

你若要喜欢你自己的价值，你就得给世界创造价值。

——歌德

在人生价值观上，我们既不能否认个人对社会的责任和贡献，也不能否认社会对个人的满足和尊重。任何社会，人的价值实现都必须从这两个方面体现出来。如果大家只讲索取，强调个人的满足，社会就无法进步。如果社会对个人缺乏尊重和关心，社会也不能进步。

人生价值的这两个方面是统一的、不能割裂的。享受和劳动不可分，尊重和贡献不可分。一个人的人生价值不仅在于他需要从社会和他人那里得到尊重和回报，更重要的在于他为社会和他人尽了自己的责任，作出了应有的贡献。人生价值是社会价值和自我价值的统一。其中就社会价值而言，是个人对社会的责任和贡献，这是人生价值的主要标志。就自我价值而言，是社会对个人劳动创造成果的肯定和承认，体现了人在社会中生存和发展的物质保证和精神保证，这也是人生价值得以实现的重要标志。

许多青年人，一提到人生价值，就想到了社会对自己的满足和回报，而忽视了人生的社会价值，这是将人生价值的两个方面割裂开来，实际上是对人生价值的片面理解。持有这种观点的人只讲享受，不思创造，只讲索取，不讲贡献，甚至用挣钱的多少、地位的高低、名声的大小来衡量人生价值，走进了人生价值的误区。

走出人生价值观的误区

评价一个人的人生价值，不仅在于他的存在和需要是否得到了尊重和满足，更重要的在于他为社会、为他人尽到了什么责任，作出了什么贡献。从这个意义上说，**人生的价值在于对社会的贡献。**

有的人认为金钱是衡量人生价值的标准，这是在人生价值观上一个极大的误区。金钱与人生价值的关系，长期以来一直是人们经常议论的话题，也是哲学家们常常探讨的问题。

应该承认，在市场经济条件下，金钱对人们的价值观产生着日益重要的影响。金钱，是货币在日常生活中的通俗叫法。人类社会早期，商品生产和交换非常有限，并没有金钱。随着商品生产的发展，商品交换日益频繁和扩大，人们为了交换方便，便开始使用金钱。金钱产生以后，由于它担当着衡量商品价值的尺度和商品交换媒介的职能，金钱就成为财富的象征。尤其是在资本主义社会条件下，金钱成为人们崇拜的对象，成为衡量一切价值的标准，这就是资产阶级的“拜金主义”。

议一议

有钱就有了幸福吗？

恩格斯说：“在资产阶级看来，世界上没有一样东西不是为了金钱而存在的，连他们本身也不例外，因为他们活着就是为了赚钱，除了快快发财，他们不知道还有别的幸福，除了金钱的损失，也不知道还有别的痛苦。”对资产阶级来讲，金钱就是幸福，金钱就是人生目的，金钱就是人生价值。

社会主义市场经济条件下，金钱仍然发挥着商品交换媒介的作用，具有同一切商品进行交换的功能。对个人说来，钱多一点，衣、食、住、行、用等物质生活条件就必然舒适和好一些；反之，如果钱少一些或者没有钱，生活就会发生困难甚至没有保证。国家和政府努力领导人民发展经济，就是为了改善、提高人民的生活水平。但是，绝不能以此将金钱作为人生的最终目标和价值标准。

改革开放为中国社会带来了勃勃生机，社会经济的繁荣使人们的物质生活水平大幅度提高，社会进步使人们在物质生活不断改善的基础上有了更丰富的精神追求。但是，当今社会价值观念的多元化，也使人们的人生观、人生态度呈多元化趋势。

有一些青年学生对人生的一些重大问题采取了极不严肃、极不负责任的态度。他们认为，什么人生观问题、人生价值观问题，都没有思考的必要，用他们的话说，人生似乎是一场游戏，不必过分认真。游戏人生是人生价值观上的又一误区。

游戏人生只能算一种不严肃、不负责任的人生态度，在青年人中有多种不同的表现。一是消极无为，不思进取，逃避社会现实，整天生活在虚拟的环境之中，对国家、民族、社会、事业、爱情、友谊麻木不仁，毫无责任感。二是稀里糊涂，不知何为可为，何为不可为，以“难得糊涂”为座右铭，在浑浑噩噩中了此一生。三是玩世不恭，以西方嬉皮士为楷模，奇装异服，招摇过市，毫无道德观念。四是追求享乐主义，醉生梦死，吃喝玩乐，乐此不疲。

游戏人生无论有什么样的表现，其共同特征是消极厌世，逃避现实，不思进取，缺乏严肃认真的人生态度和崇高的精神追求，没有严谨的道德原则和责任感，没有科学人生观的任何特征，显然是同马克思主义世界观对立的。**这种人生态度缺乏正确的价值导向，是青年人实现人生价值的陷阱，**其危害性十分明显。

想一想

自己身上有没有游戏人生的表现？

当代青年人在家庭结构上大部分是独生子女，从小在父母的百般溺爱中生活，都是红太阳一族的，从小养成了以自我为中心的习惯。如果将这种习惯带入社会、带入人生的历程中，会造成自己同他人之间的强烈冲突，造成人际关系的紧张。和谐融洽的人际关系是事业成功、人生价值实现的十分重要的条件，所以青年人要实现人生价值，就不能以自我为中心。**处处以自我为中心，这是人生价值观上的另一误区。**

独生子女教育是一个备受社会关注的问题。青年人从小是家庭的中心，人称“小皇帝”，想要什么就得给什么，想怎样就必须怎么样，只知道要别人的关心和照顾，而不懂得关心和照顾别人，形成一种自私、任性、狭隘的心理定势，如果不及时进行纠正，会给社会和个人带来一系列不良后果。

以自我为中心，就是一事当前，先想自己，自己的愿望和需要必须得到满足。在集体中只要组织照顾，不要顾全大局。在同他人相处中，只要别人帮助和关心，缺乏对别人的关爱、理解和宽容。在处事中，主观意志很强，缺乏理性思考。在心理上，意志薄弱，缺乏适应能力，经不起挫折和失败。这些行为、性格、心理上的种种不良习惯和缺陷如果任其发展，就会形成极端的个人主义和偏执型人格。纠正这种思想，必须首先从处理同他人的关系做起。

想一想

你自己是否有以自我为中心的思想？

名人名言

一个人的真正价值首先决定于他在什么程度上和在什么意义上从自我中解放出来。

——爱因斯坦

“人人为我，我为人人”集中体现了人的社会本质，也反映了人生价值的真谛。人是社会的，个人的存在、发展既需要个人的努力，又需要他人的帮助和支持。实际上，在社会生活中，每个人每时每刻都在享受着别人的劳动成果，即“人人为我”。而我作为社会的一分子，也应该努力为别人、为社会贡献力量，即“我为人人”。在一定意义上，社会是一个庞大的服务站，个人既是服务者，又是服务的对象。个人在为社会、他人服务的同时，也在为自我服务。因此，首先应强调“我为人人”，大家都为社会、为他人服务、作贡献，社会就和谐了，整个社会就进步了，个人也获得了自身发展所需的社会环境和条件；从道德角度讲，“我为人人”体现了道德主体的原则，体现了崇高的人生价值。

第三节　人生价值的实现

坚持集体主义，反对个人主义

为了在社会实践中真正实现人生价值，就必须坚持社会主义集体主义原则，处理好个人利益同集体利益的关系。因为我们现实的生产关系是社会主义生产关系。在社会主义条件下，生产资料公有制已经消除了人们在生产资料面前的不平等，消除了经济关系上人与人的对立。**社会主义集体主义原则就是在个人利益与集体利益一致的基础上，对个人利益与集体利益相互依存、相互促进关系的反映。**

社会主义集体主义原则的基本内容和要求是：**从人民的根本利益出发，坚持集体利益高于个人利益，把集体利益放在第一位。在保证集体利益的前提下，充分尊重和保障个人利益。当个人利益同集体利益发生矛盾时，个人利益应当服从集体利益，必要时为维护集体利益和国家利益牺牲个人利益，甚至献出自己的生命。**

名人名言

只有在共同体中，个人才能获得全面发展其才能的手段，也就是说，只有在共同体中才可能有个人自由。

——马克思、恩格斯

在个人利益与集体利益的关系中，集体利益是劳动者个人的长远利益和全局利益，维护集体利益就是维护劳动者个人的长远利益和全局利益。社会主义集体主义不反对个人的正当利益，反对的是极端个人主义，反对的是损公肥私、损害集体利益以满足个人利益的行为。

社会主义集体主义原则，是社会主义社会中的人应当普遍遵循的原则，也是处理个人与国家、集体之间关系的基本准则，是社会主义的价值导向。

名人名言

人之生也，不能无群。

——荀子

人生的社会实践活动，都是在一定的集体中进行的，每时每刻都会遇到个人同集体的关系问题，这一问题既是任何人都无法回避的问题，也是人生价值得以实现必须解决的问题。一个人只有具备了集体主义思想，才能处理好个人与国家、个人与集体、个人与他人之间的利益关系。同时，也只有具备了集体主义思想，才能坚持民族气节，具有高度的民族自尊心、自信心和自豪感，自觉捍卫祖国的独立和尊严，为社会主义祖国繁荣富强而献身。一个人也只有融入集体，才会实现人生的社会价值，找到实现自我价值的舞台。

发扬集体主义，必须反对个人主义。个人主义与我们讲的保障正当的个人利益不是一回事，而是一种资产阶级的思想体系和价值观念。

个人主义思想最早是西方新兴资产阶级在反对封建专制时所提出的一种道德原则和人生价值理论，它以人的自然本性为根据，从“天赋人权”出发，认为人生来就是自由的，不应该受社会和他人的制约。“个人主义”这一概念是19世纪法国政治评论家托克维尔最早提出来的。

想一想

谈谈集体对人生的重要性。

托克维尔认为，个人主义有三个方面的含义：一是将个人作为一种价值目标，强调个人本位，每个人都是目的，具有很高的价值，而社会和集体只是达到目的的手段；二是作为一种政治和法律制度，主张反对权威主义，通过政治法律手段，向封建君主、封建阶级索取利益，以及在资产阶级内部进行利益分配，以达到个人自由和平等的要求；三是作为一种经济理论，强调私有制度，保护资产阶级私有制。总之，个人主义是以个人为中心，一切从个人出发，为满足个人私欲不惜损害他人和整体利益的一种思想体系，同集体主义是完全对立的。

个人主义是同西方资本主义国家经济制度和政治制度相适应的思想，其要害是把个人利益置于集体利益之上，一切以个人利益为根本出发点和归宿。极端个人主义则为了达到个人目的，可以使用一切不道德的、违法的手段。个人主义在反对封建专制和宗教神学的斗争中曾经起过某种积极作用，但是，在现实社会生活中，对人的思想和行为有着十分明显的消极作用，危害很大。

在资本主义社会，个人主义与社会达尔文主义的“生存竞争”“弱肉强食”的原则是一致的，它主张，任何人的发展，都应把别人当成敌人，实现自我奋斗，否则就会被淘汰和吞食。个人主义把个性解放、个性自由作为人生唯一的追求目标。这种只顾个人、不顾社会和他人的竞争观念和生存原则，必然导致人与人之间的敌对和残酷斗争，危害社会的和谐与安定。

正确处理物质贡献和精神贡献的关系

人的社会实践活动是多方面的，人在社会实践活动中对社会作出的贡献也是多方面的，但归根到底表现为两种形式，即物质贡献和精神贡献。

一般说来，物质贡献和精神贡献在个人身上是统一的，即在同一社会实践活动过程中产生的两个方面的成果。

古今中外，许多人在为社会创造巨大物质财富的同时，也在思想道德上、思维方式上为人类留下了巨大的精神财富。例如爱因斯坦、爱迪生、居里夫人、李四光、竺可桢、华罗庚等科学家以及王铁人等普通劳动者，他们不但为社会创造了巨大的物质（物化的）财富，也为社会创造了无法估量的精神财富，有时甚至精神财富的作用大于物质财富的作用。

名人名言

第一流的人物对于时代和历史进程的意义，在其道德品质方面，也许比单纯的才智成就方面还要大。

——居里夫人

大量的事实证明，**我们在评价一个人的人生价值时，不能把他对社会的物质贡献大小作为唯一的尺度，而忽略他在对社会作贡献的实践过程中所表现出的崇高精神境界。人们在物质方面的贡献是可以计量的**，容易看得见，而**精神方面的贡献却是很难用数字衡量的**，它往往被忽视。其实，精神方面的贡献，特别是优秀人物的高尚思想品德，对社会的影响尤为深刻，对社会进步具有特殊意义和无法估量的价值。所以，**衡量一个人的人生价值，既要看他在物质方面、获得经济效益方面的贡献，又要注重他在精神方面、思想道德方面、思维方式方面对社会的贡献。**

中国人民解放军第四军医大学学员、共产党员张华在西安郊区为抢救淘粪落池的农民英勇献身的事迹就是一个典型的例子。张华生前在学校曾被评为三好学生、优秀共青团干部，多次受到奖励。张华，一名新时代的大学生为救一个上了年纪的农民的生命，献出了自己年轻的生命，表现出了高尚的精神境界，他的生命是闪光的，他的牺牲是有价值的。

当时在社会上，有人提出“年轻的大学生冒死救老农民是否值得”的疑问，引起了一场争论。有些人认为，一个年轻大学生的生命，远比一个老农民的生命对社会有意义，所以得出结论，大学生救老农，是“拿金子去换取等量的石子”，不值得。

大学生救老农到底值得不值得？我们究竟应该如何正确评价张华的道德行为？这就涉及如何看待精神价值和物质价值的关系问题。

从马克思主义的人生价值观来看，我们所追求的应该是精神价值与物质价值的结合。就张华救老农的事迹作评价，应该看到，人生价值不能单纯用物质贡献来衡量，同时应从精神贡献上来衡量。张华舍身救人的英勇行为，不仅为人们树立了光辉的道德榜样，而且表明社会主义、共产主义道德有巨大的精神价值。

名人名言

没有伟大的人格就没有伟大的人，甚至没有伟大的艺术家、伟大的行动者。

——罗曼·罗兰

1946年，伟大的无产阶级革命家周恩来在从延安去重庆途中，飞机遇到了危急情况。在这生死的关头，他毅然将自己的降落伞包让给了一个11岁的小姑娘，把生的希望留给了别人，把死的威胁留给了自己，这是一种何等高尚的自我牺牲精神！这是周恩来伟大的人格精神作出的必然选择。周恩来作为党的领导人，身负着国家兴亡的历史使命，其生命价值不能同11岁的小姑娘去比较。如果在危急关头还这样去掂量双方的身份差别，就失去了道德的价值。

总之，青年人应该树立正确的人生价值观念，注重人生的物质价值和精神价值的结合。人是应该有一点精神的，否则，就将人的价值混同于一般物的价值。我们应该积极实践，努力为社会作出更大的物质贡献和精神贡献。

全面提高个人素质，适应现代社会的发展

人生价值的实现是需要一定的条件的。人生价值是通过人改造自然、改造社会的实践活动表现出来的。人的社会实践活动一方面是在特定的社会历史条件下、特定的生产关系中进行的，所以它依赖于特定历史条件下社会为其提供的客观条件。另一方面，人的社会实践活动是一种能动的活动，所以它又依赖于人自身具有的主观条件。

从客观条件来说，人生价值的实现需要两个方面的条件。

首先是社会历史条件。**特定社会历史条件下的现实生产关系和政治制度、法律制度、文化制度、人才制度等是人的创造力能否得以充分发挥的客观条件。**

古今中外有许多仁人志士，他们有非凡的才能，但终因社会环境不好，缺乏必要的客观条件而空怀报国之志，含恨终生。人类历史表明，社会的政治制度、经济制度、文化制度和人才制度会对人生价值的实现产生重大影响。

社会主义制度的建立，为广大劳动人民实现人生价值开辟了以往任何社会都无法比拟的广阔前景，创造了越来越良好的条件。在社会主义市场经济条件下，社会为每个人人生价值的实现提供了更为公平的条件，个人能够以完全独立的人格和主人翁地位，参与社会实践活动。

其次，还需要有一定的社会生活环境因素。人是环境的产物，**良好的社会生活环境是人才成长、人的全面发展的客观条件。**

我国汉朝刘向的《列女传》中有孟母择邻的故事：孟子的母亲带着幼年的孟子，起初住在一片公墓附近。孟子看见人家哭哭啼啼地埋葬死人，他也学着样子玩。孟母说："我的孩子住在这里不合适。"就立刻搬了家，搬到了集市附近。孟子看见商人自吹自擂地在卖东西赚钱，也学着玩。孟母说："我的孩子住在这里也不合适。"又搬到了学堂附近。孟子便开始学习礼节并要求上学了。孟母说："这里才是适宜我儿子住的地方！"于是就在这里住下了。这个故事说明良好的生活环境、家庭教育对孩子的健康成长的重要作用。

实现人生价值离不开人的主观能动性的发挥，需要一定的主观条件。**青年人应全面提高自身素质，适应现代化。**

以计算机和互联网广泛使用为标志的产业革命引起了社会生产方式和生活方式的巨大变化，人类进入了知识经济时代。我国改革开放和社会主义市场经济的建立，使我国经济增长方式发生了巨大的变化，在经济全球化的潮流中，我国经济逐步与国际接轨，进一步向世界开放。在经济发展的同时，我们的社会也在全面进步。国家的繁荣、民族的振兴成为当代中国青年人神圣的历史使命，时代为青年人人生价值的内容注入了新的内涵，为青年人人生价值的实现开辟了更为广阔的空间，同时，时代也对人的素质提出了更高的要求。

青年人在新时代的社会实践活动中，应具备以下几方面的素质：

第一，**思想政治素质。**最重要的是坚定正确的政治方向。

一个人有了正确的方向，才能树立正确的人生价值目标，才能有所作为。正像一个国家，有了正确的方向，才能独立富强；一个民族，有了正确的方向，才能兴旺发达。党的基本路线代表了我们国家前进的方向，这就是坚持四项基本原则，坚持改革开放，建设中国特色的社会主义，实现四个现代化。因此，当代中国青年的正确方向应该是投身四个现代化建设的实践，为祖国的繁荣昌盛添砖加瓦。这是时代赋予青年人的人生价值的内涵。为了不迷失方向，青年人应该认真学习马列主义、毛泽东思想，认真学习邓小平理论、"三个代表"重要思想、科学发展观和习近平总书记系列重要讲话精神，不断提高自己的思想政治素质。

第二，**职业道德素质。**良好的职业道德素质是社会化大生产的客观要求。

社会化大生产是以社会生产充分分工为标志的。社会分工使每个人的劳动成为社会劳动。劳动过程中需要很高的协作精神和敬业精神，需要强烈的市场竞争意识和服务意识。社会化大生产过程就像机器的传动链条，一个环节出了问题，整个链条就会中断。产品是用以交换的商品，其质量好坏直接关系到消费者的利益。企业是市场竞争的主体，每一个员工的形象都代表着企业的形象。所以，良好的职业道德素质是社会化大生产顺利进行的客观要求。

第三，**科学文化素质。**必需的科学文化知识，过硬的技术、技能，是实现人生价值极为重要的内在条件。

在社会主义市场经济条件下，市场竞争就是人才的竞争。一方面，这种竞争使社会由权力本位向能力本位转化，标志着社会的进步；另一方面，这种竞争为人的创造能力的发挥提供了更为公平的机制和环境。所以青年人只有努力学习，提高自己的科学文化素质和劳动技能，才能适应激烈的人才竞争，在市场经济中展现自己的风采。

第四，**心理素质。**健康的心理素质是适应市场竞争、实现人生价值的心理条件。

人们在认识世界和改造世界的实践活动过程中，总会有艰苦的劳作，有失败的痛苦和成功的喜悦，还要面对人与人之间的矛盾和冲突，这些都会在人的心理上引起各种反应。尤其是科学技术飞速发展的今天，社会生产节奏加快，人才竞争压力增大，要求人必须有极强的适应能力。所以青年人要努力培养自己良好的心理素质，任何情况下都能保持良好的心态，经得起挫折的考验，勇敢地面对竞争，正确认识自我，保持和谐的人际关系。否则，人生价值就难以正常实现。

本章小结

人是社会的人，每一个人都是处在一定社会关系中的现实的人。人的本质在于社会性。

人和社会的关系问题是人生的基本问题。个人与社会相互依存，个人离不开社会，社会也离不开个人。在个人与社会的相互关系中，社会对个人更具有决定意义。个人与社会相互作用、相互制约，个人利用社会条件使自己得到发展，又通过自己的活动为社会发展作出贡献。

要真正实现人生价值，必须正确处理义与利、苦与乐、生与死的关系，要树立无产阶级的义利观、苦乐观和生死观。

人生价值不同于一般物的价值，它源于人自身的创造，并通过人与人之间、个人与社会之间的关系表现出来。人生价值包括两个方面：一是个人对社会的责任和贡献，即个人的社会价值；二是社会对个人的尊重和满足，即个人的自我价值。个人的社会价值和自我价值是统一的。人生价值的大小在于对社会贡献的大小，而不在于索取的多少。人生价值不能用金钱来衡量。游戏人生是实现人生价值的陷阱。实现人生价值不能以自我为中心。

在社会主义条件下，实现人生价值必须坚持社会主义集体主义原则，处理好个人利益同国家、集体、他人利益的关系。在保障集体、国家利益的前提下，充分发挥个人的积极主动精神，保障个人正当利益，并把集体利益同个人利益有机结合起来。反对极端个人主义，同一切危害国家、集体利益的行为作斗争。

实现人生价值必须正确处理物质贡献与精神贡献的关系。衡量人生价值不能单纯以物质贡献为标准，在努力为社会创造物质财富的同时，还要注重精神方面的贡献。

人生价值通过社会实践活动才能实现。社会要给个人提供必要的环境条件，个人要努力提高自身的素质，适应现代社会对人的要求。

思考与练习

1. 为什么说人的本质在于社会性?
2. 怎样理解人生的基本问题是个人与社会的关系问题?
3. 如何理解人生价值是社会价值和自我价值的统一?
4. 写一篇短文，结合实际议一议游戏人生对实现人生价值的危害。
5. 怎样处理个人利益与国家利益、集体利益的关系?
6. 讨论物质贡献与精神贡献的关系。
7. 议一议良好的职业道德素质对实现人生价值的作用。

第六章

在社会实践中实现人生理想

人生的旅程漫长而艰辛，有的人始终方向明确，勇往直前，在社会的广阔天地里大有作为；而有的人却方向不明，缺乏前进的动力，成为时代的落伍者，甚至被时代所淘汰。这种差异是怎么造成的？我们应当树立什么样的理想？怎样才能实现人生理想？这是人生哲学所要研究的问题。现代社会充满了机遇和挑战，树立正确的理想，寻求实现理想的合理途径，对人生价值的实现就显得尤为重要。本章将对同学们正确看待人生理想、实现人生理想提供帮助和引导。

第一节　正确看待人生理想

理想是人生的奋斗目标

同学们可能已经有了这样的体验，从事各种活动，都要先确定方向和目标，并且朝着既定的目标努力，才有可能达到目的。同样，当你用自己的眼睛和头脑去观察社会、思考人生、绘制未来美好生活的蓝图时，树立人生的目标——理想，是非常重要的。

名人名言

每个人眼前都有一个目标，这个目标至少他本人看来是伟大的……

——马克思

“理想”一词在我国古代被称为“志”，或“志向”，意即**人们追求奋斗的目标**。古人说，“三军可夺帅也，匹夫不可夺志也”，“有志者，事竟成”，“水激石则鸣，人激志则宏”，都是说人应该有崇高、伟大的理想。理想能激发人们的聪明才智，唤起人们向上的信心和勇气。古往今来，凡是取得成就的人，必先树立了远大的理想，并且都是能够坚定地将理想付诸实践的人。

同样，在现代社会的发展过程中，凡是有所作为的社会组织，也都有其发展的方向和目标。

微软公司成立以来，一直有一个目标，就是让个人电脑进入世界上每一间办公室、每一个家庭，而“微软”则要设计出最优秀的计算机软件提供给这些企业和个人。随着网络经济的到来，“微软”希望用户能够在任何时候、任何地方，利用任何工具都可以获得网络上的信息，享受通信带来的快乐。为了实现这样的目标，“微软”设立了 .net 计划。

理想作为人们追求奋斗的目标，**有科学与非科学之分，又有崇高与平庸、卑劣之别。**凡是符合事物发展客观规律的理想，是科学的理想；凡是不符合或违背事物发展客观规律的理想，是非科学的理想。我们倡导树立科学的、崇高的理想。因为科学的理想符合事物的发展规律，又有实现的可能性；崇高的理想符合祖国、人民乃至全人类的根本利益，又能最大限度地实现个人的价值。

理想有**社会理想、道德理想、职业理想、生活理想**等。社会理想是指人们对未来社会生活的预见和期望。道德理想是人们对做人的标准和道德境界的向往与追求。职业理想是人们对未来工作的向往与追求。生活理想是指人们对未来的吃、穿、住、行、爱情、婚姻、家庭等具体目标的追求。这些理想中，社会理想是核心，影响着其他理想的发展方向和实现程度，而其他理想的实现又为社会理想的实现提供了保证。

从时间上来看，理想分为**远期理想和近期的具体理想。**

“我要响应党的号召，将来做个好农民，驾驶拖拉机耕耘祖国的大地；将来做个好工人，建设祖国；将来做个好战士，拿起枪，用生命和鲜血保卫祖国，做人类的英雄”，这是十几岁的雷锋在小学毕业典礼上的一段发言。

想一想

请具体谈一谈，你的社会理想、道德理想、职业理想、生活理想是什么？

通过当时老师对雷锋的操行评语可以看出，学生时代的雷锋是尊敬老师的好学生、爱护同伴的好同学；而通过这段发言稿，更说明雷锋是一位心怀壮志的好少年。当农民、当工人、当解放军战士，是雷锋生平的三个愿望。而雷锋纪念馆内的“走上工作岗位”“参军以后”两部分陈列内容表明雷锋仅用了6年的时间就分别实现了自己的三个理想，并在不同的岗位上都取得了出色的成绩：1956年雷锋在某乡人民政府当过通讯员，在调到中共望城县委当公务员后，曾被评为工作模范；1957年雷锋加入了中国共产主义青年团，参加过沩水工程、团山湖农场和鞍钢的建设，多次被评为劳动模范和先进生产者；1960年雷锋参加了中国人民解放军，在不到3年的时间里，分别荣立二等功一次、三等功两次。

正如雷锋纪念馆的孙馆长所说，从雷锋的生平来看，雷锋是平凡的，但他又是极不平凡的，在22年的生命历程中，他以艰苦的努力实现了自己的理想。

理想作为人类所特有的一种精神现象，它有三个特征：

第一，**时代性。**由于各个历史时代生产力发展水平不同，社会实践的广度和深度不同，人们追求的理想也就不一样。

第二，**阶级性。**即不同阶级有不同的理想。

古希腊思想家柏拉图提出的“理想国”，实际上是奴隶主阶级的理想。在封建社会，地主阶级把保住封建制度作为他们的理想；而以农民为代表的小生产者则向往着自给自足、太平盛世的理想社会。在资本主义社会，资产阶级的生活目标是为了取得更多利润，在他们看来，维护私有制的资本主义社会，才是他们的理想。

第三，**超前性和客观性。**

超前性是指理想是对现实超前的反映，它高于现实，是现实的升华，又是人的自觉能动性的表现，但超前性不能脱离客观现实。

议一议

结合实际生活，谈谈怎样正确处理理想和现实的关系。

客观性是指理想不是随意所想，不是同客观现实没有关系。科学的理想应当是以客观现实为基础，是对客观现实的超前反映，它同一定的社会现实相联系，是在实践中产生，并在实践中努力奋斗才能实现的。因此，我们职业学校的学生应当正确处理理想与现实的关系，把自己的工作、学习和实现远大理想结合起来。

理想对人生具有重要意义

世界需要阳光，人类需要理想。理想是人生的精神支柱，决定着人生的前进方向，为人生价值的实现提供动力和保证。

我的理想是在月球上建立“地球村”。

第一，**理想是人生的精神支柱。**人们的生活是丰富多彩的，有物质生活也有精神生活。物质生活的需要是人们的基本生活需要，精神生活的需要是人们的更高层次的需要。理想是人们精神生活的重要内容，它可以成为人们强大的精神支柱。有了这个强大的精神支柱，人们便获得了一种坚不可摧的精神力量，从而就会以坚定的信心去战胜艰难险阻，取得成功。

名人名言

人，只要有一种信念，有所追求，什么艰苦都能忍受，什么环境也都能适应。

——丁玲

中国工农红军在二万五千里长征中，穿着单衣爬雪山，饿着肚子过草地，前有敌人堵截，后有敌人尾追，处境之艰苦，形势之险恶，是历史上罕见的。但是，由于红军在中国共产党的领导下，有着坚定的信念和崇高的理想，其精神支柱是任何力量也摧不垮的。他们战胜了各种艰难险阻，终于到达陕北，创造了人间的奇迹，震惊了全世界，并留下了“红军不怕远征难，万水千山只等闲”的豪迈诗篇。

相反，一个人如果缺乏科学、崇高的理想，受到一点挫折就会失去生活的信心，萎靡不振；或者经不住现实生活中邪恶、腐败的侵蚀而迷失方向。所以，理想不是可有可无的点缀品，而是一个人生命的动力。有了理想就等于有了灵魂。一个民族需要有共同的理想，才能形成民族的凝聚力，否则就会变成一盘散沙；一个人也需要有理想，才能向既定的目标奋勇前进，否则就会失去精神支柱，失去方向和动力。

名人名言

人有了物质才能生存，人有了理想才谈得上生活。

——雨果

第二，**理想是人生前进的方向。**人生的理想是生活海洋中的航灯，它指引着人前进的方向，对一个人的成长和成才起着决定作用。没有理想，生活不仅要失去方向，而且会黯淡无光。法国大文豪雨果曾说过，生活中的人如果没有理想，就像没有眼睛一样茫然无知。

中国古代教育家孔子曾积极倡导人们要立志。他在 15 岁时便以圣人为志，认为志之于人，如饥似渴，而“谗悠悠便是志不立”。为了传播儒家学说，他立私塾，培养弟子，游说列国，高远的志向使儒家思想精神流芳百世。

在当今改革开放、社会主义市场经济的大潮中，人民的物质生活水平提高了，但同时也出现了诸多腐朽的思想。一些人把灯红酒绿、个人享乐作为自己的人生理想，把权势和金钱作为个人的追求，把正确的理想放到了脑后，以致误入歧途。

名人名言

一个人追求的目标越高，他的才力就发展得越快，对社会就越有益。

——高尔基

因此，在建立市场经济的今天，理想不是可有可无的点缀品，它既关系到个人的健康成长，同时，也关系到民族的兴旺、国家的富强。

第三，**理想是事业成功的动力。**滔滔黄河，如果没有巴颜喀拉山的源头，就不可能奔啸流泻，哺育大地。成就事业，如果没有理想作精神源泉，就会夭折、失败。理想作为一种信念，一经确立，就可以转化为无坚不摧的精神力量，激励着人们自觉地追求既定的目标，从而取得事业的成功。

名人名言

为什么我们过去能在非常困难的情况下奋斗出来，战胜千难万险使革命胜利呢？就是因为我们有理想，有马克思主义信念，有共产主义信念。

——邓小平

第四，**社会理想是人们团结奋斗的精神支柱。**社会理想像一根无形的纽带，将人们凝聚在一起，团结在一起，支撑着人们万众一心，众志成城，去夺取胜利。

议一议

有人说“有理想不如有房子”。你对这种说法怎样看？

个人理想和社会理想

同学们正处在世界观、人生观形成的关键时期，同时也因为青年人缺乏成熟的思考和丰富的阅历而良莠难辨，容易受到不良思想的侵蚀。所以，只有树立正确的理想，才会有清醒的头脑、坚定的意志和前进的动力。

没有坚定的信念和远大的理想，一个人将失去灵魂。作为职业学校的学生，我们应该树立怎样的理想呢？我们应当选择的是科学的社会理想和高尚的个人理想。

从时序上看，社会理想也是分阶段的，有最高理想和社会某一阶段的共同理想。

最高理想，即共产主义理想。它是马克思、恩格斯这两位无产阶级革命导师在集中人类先进思想的优秀成果，总结工人运动的经验，揭示人类社会发展客观规律的基础上，创立的科学的社会理想。它指明了人类历史上最进步、最合理、最美好的社会是共产主义社会。

为什么共产主义社会是人类历史上最进步、最合理、最美好的社会呢？

共产主义社会之所以是最进步的，是因为它建立在生产力高度发达，人们思想觉悟极大提高的基础上；之所以是最合理的，是因为它消灭了阶级，消灭了剥削制度，人人平等；之所以是最美好的，是因为它实行“各尽所能，按需分配”的原则。

根据马克思、恩格斯提出的一些设想，共产主义大致有以下几个特征：一是阶级和阶级剥削被彻底消灭，国家完全消亡；二是社会生产力高度发展，社会财富极大丰富；三是生产资料和产品归全社会公共所有；四是实行“各尽所能，按需分配”的原则；五是彻底消灭三大差别和旧的社会分工；六是全体社会成员普遍具有高度的共产主义觉悟和道德。刘少奇同志在《论共产党员的修养》中对共产主义社会是这样描述的：在那种世界里，没有剥削者、压迫者，没有地主、资本家，没有帝国主义和法西斯等，也没有受剥削、受压迫的人，没有剥削制度造成的黑暗、愚昧和落后等；在那种社会里，物质生产和精神生产都有高度的蓬蓬勃勃的发展，能够满足所有成员的各方面需要。那时，人类成为有高度文化程度和技术水平的、大公无私的、聪明的共产主义者，人类中彼此充满了互相帮助、互相亲爱，没有尔虞我诈、互相损害、互相残杀和战争等等不合理的事情。

现阶段我国的共同理想，是指社会主义初级阶段的社会理想。十一届三中全会以后，党根据我国的国情提出，要建设中国特色的社会主义，把我国建设成为富强、民主、文明的社会主义现代化国家；到20世纪末，使我国人民生活基本达到小康水平，到21世纪中叶，基本上实现社会主义现代化，实现中华民族的伟大复兴。这就是现阶段我国人民的共同理想。

建设中国特色社会主义共同理想的确立，为社会主义现代化建设提供了强大的精神动力。共同理想鼓舞、激励人们对美好未来的向往和追求，是我国社会的精神支柱，是全体人民团结一致、克服困难、争取胜利的强大精神武器。

> **名人名言**
>
> 我们全国人民有共同的根本利益和崇高理想，即建设和发展社会主义，并在最后实现共产主义，所以我们能够在共产党的领导下团结一致。
>
> ——邓小平

最高理想和现阶段的共同理想虽有区别，但又有着内在的联系。一方面，我们实现现阶段的共同理想，必须坚持以最高理想为根本方向；另一方面，现阶段的共同理想又是实现最高理想的必经阶段和必要基础。

实现现阶段共同理想的任务历史地落在当代青年的身上，作为职业学校的学生，应该在实现我国各族人民的共同理想中施展自己的智慧和才华。只有把个人理想和社会共同的理想紧密地结合起来，个人理想才可能变为现实。当个人理想和社会、国家的利益发生矛盾的时候，我们应当根据国家、社会的需要调整自己的志趣和爱好，在需要的岗位上发挥自己的光和热。

第二节 努力实现人生理想

投身社会实践是实现人生理想的根本途径

曾有不少同学认为，职业学校的学生将来大都到生产一线做应用性的工作，平凡普通，做不出伟大事业。因此，对理想的憧憬不如普通高中的学生那么强烈。那么，在平凡的工作岗位上理想就被埋没了吗？实现理想就没有可能了吗？

18岁，包起帆进上海港当了一名装卸工，当他经历了装卸工繁重的体力劳动后，就下决心进行革新创造，改变装卸工脏而累的状况和传统的工作模式，从此踏上了坎坷的发明创造之路。为了实现用抓斗装卸木材的梦想，包起帆如饥似渴地自学物理、数学等基础知识，刻苦钻研业务，生活被浓缩在起重、力学、机械的理论和计算之中，脑海浮沉着各种数据、原理和构想。经过无数个日夜的努力，尝遍失败、艰辛和磨难，包起帆和他的同事终于创造出木材抓斗。这项革新填补了国际港口装卸工具的一项空白。

之后，包起帆把目光投向更广阔的领域……30多年间，他虽居平凡岗位，但刻苦学习科技知识，先后完成了80多项革新发明，其中8项获国家专利，9项获国际发明金奖。他还把自己和同事发明创造的新型抓斗、工索具技术等推广到全国数百个港口和冶金、矿山、建筑、林场等单位，大大提高了这些单位的经济效益。包起帆研制的木材抓斗及工艺系统较原人力作业提高劳动生产率2.16倍，卸船时间缩短了46%，每年为港口创造效益526万元。他把传统的共撑杆抓斗和剪式抓斗各自的优点结合在一起，加以发展和创新，发明了半剪式散货抓斗，从而使散货抓斗的抓取比有了显著的提高，其抓斗性能在国际上处于前列，使港口散货装卸效率提高了20%左右。

艰辛的劳动和突出的贡献，使包起帆获得了“全国五一劳动奖章”和“全国劳动模范”等荣誉称号。

由此可见，一个人是否能够有所作为，他所从事何种职业并不是决定性的因素，决定性的因素是他是否积极投身社会实践。

实现人生理想需要知识、能力、优良的品质和对社会深刻的理解，而对知识的消化理解，能力的形成，优良品质的培养，以及对社会的正确认识，归根到底还要通过参与社会实践才能完成。

能力从实践中来。实践是人们改造客观世界的一切活动，认识的检验、发展，认识目的的实现，知识向能力的转化都离不开实践。作为中等职业学校的学生，经过多年的学习，我们虽已经掌握了一定的知识，如文化基础知识、专业技术知识，但这些都是从书本上学到的间接经验，是不是真正学会了，能不能用，会不会用，还需要在实践中检验。

战国时代著名军事家赵奢的儿子赵括从小喜欢军事，起早贪黑地读兵书，为了背兵书，翻来覆去把一些串竹简的皮条都磨断了。有时他和父亲谈起用兵，说得头头是道，连父亲都难不倒他。很多人都说赵括将来一定是个领兵打仗的将才，但赵奢却摇摇头说：“你们只知其一，不知其二。括儿没有实际带兵打仗的经验，却目空一切，夸夸其谈，自以为熟读兵书就能够天下无敌。要是真叫他带兵打仗，必败无疑。他根本不是大将的材料，赵国不用括儿为将，那才是大幸呢！”

后来，事实证明赵奢的预料是对的。赵奢死后，公元前262年，秦国和赵国在长平发生战争，赵王轻信赵括，拜其为大将，统兵40万，抗击秦军。因为赵括惯于纸上谈兵，缺乏实战经验，不久便兵陷秦军的埋伏，赵括被乱箭射死，40万赵军投降后全部被杀。从此，赵国元气大伤，后来便被秦国灭亡了。

赵括自幼饱读兵书，谈起用兵，父亲都难不倒他，不能不算有知识、有学问，但这些知识能不能在实践中用得上，却是另外一回事。要增长知识，提高能力，需要投身实践；实现人生理想，更离不开实践。事实证明，“实践——认识——再实践”是人类掌握知识、增强能力、有所发明、有所创新的根本途径。

在公共汽车售票员的岗位上，李素丽工作了整整18个年头。

李素丽干一行，爱一行，钻一行。在被人认为“脸上无光，工作无彩”的三尺票台上，李素丽通过长期实践，从中悟出了人生的哲理和生活的真谛。《李素丽服务法》，可以说是李素丽爱岗敬业，集十几年服务工作经验创造性的总结。该书共分六部分内容，其中“四心”服务工作法，即：礼貌待客体现一个“热”心，照顾乘客体现一个“细”心，帮助乘客体现一个“诚”心，热情服务体现一个“恒”心，作为第一部分编入书中，成为李素丽一整套服务工作方法的核心内容。

当今世界，国力竞争日趋激烈，科学技术突飞猛进，21世纪对人才提出了更新、更高的要求，不仅需要广博的知识，更需要有实践的能力。特别是中等职业学校的学生将来大多在一线工作，主要从事生产、经营、管理、服务等实际工作，因此，要重视实践，加深对实践出真知的理解，积极投身到实践中去，通过实践检验所学的知识，加深对所学基础知识和基本技能的理解，并通过学到的知识指导自己的实践，使认识得到升华，把知识真正转化为能力，为实现人生理想奠定坚实的基础。

优秀的品质需要在实践中培养。改造客观世界和改造主观世界是相辅相成、相互促进的辩证统一关系。具体地说，人们在改造客观世界时，逐步在认识和改造着自己的主观世界。离开了对客观世界的改造就不可能有人本身的发展和认识能力的提高；而主观世界的改造又提高了改造客观世界的能力，促进了对客观世界的改造。一个人要有所作为，就应该在改造客观世界的实践中，不断改造自己的主观世界，提高自己的修养。实践不仅能使人获得实践能力，更能使人的情操在实践中得到陶冶，意志在实践中得到磨炼，提高个性修养，培养高尚的品质。

30多年前，大庆油田出了个铁人王进喜；30年后大庆又出了一位科学铁人，他就是王启民。

当年，还没有从北京石油学院毕业的王启民自愿来到大庆油田实习。作为一个学石油的大学生，他深知国家石油紧缺的现状，一到油田，他就和工人一道参加了试油实践。白天，他趟着没膝深的水提取数据资料，晚上就睡在阴暗潮湿的锅炉房。凭着苦干实干的精神，王启民终于完成了任务。王启民研究的是石油，他知道，只有投身油田，投入实践工作中，才能有所作为。因此，毕业后他毅然来到大庆。

几十年来，王启民一直在生产第一线。他提出的“三分一优”的结构调整方法和“控液稳油”的新模式，在全油田推广后，5年多创造经济效益150多亿元。通过向老铁人学习、向工人们学习，不断实践，王启民不仅在专业理论上获得了突破，成了国内外著名的石油专家，而且磨炼了思想意志品质，坚定了报效国家的信念，被誉为第二代铁人。

议一议

作为中职学生可以通过哪些形式参加社会实践活动？

我们职业学校的学生在参加实践、改造客观世界的过程中，还应虚心向人民群众学习，注意主观世界的改造，提高个人的修养，为实现人生理想奠定思想品质基础。

在职业岗位上实现人生理想

职业无高低贵贱之分，不论什么岗位，都是实现人生理想的大舞台。社会要存在和发展，各种职业岗位都是必不可少的，从实质上看只有分工不同，没有高低贵贱之分。一个人能不能有所作为，并不在于他从事何种职业，而在于他是否能将个人的条件、理想与职业统一起来。事实证明，每一种职业都能造就出精英，三百六十行，行行都能出状元。

学计算机的人，大都知道谭浩强这个名字。自从20世纪70年代末以来，谭浩强教授致力于我国的计算机普及事业，是我国计算机基础教育和计算机普及事业的开拓者之一。专家们认为，他的最大贡献是把计算机书籍从枯燥难懂的“天书”变成了通俗易懂的大众电脑书籍。其编著的多种书的发行量居于全国同类书之首。最近，由他一个人参与编著和主编的书竟然发行了4 400多万册，创下了“世界纪录”。换句话说，目前全国平均每30个人就拥有一本谭浩强编著或者主编的书。此外，谭浩强在编著科技书籍方面还创造了另外两项“世界纪录”：与人合著的《BASIC语言》发行1 200万册，创科技书籍发行量的世界纪录；自1980年以来，他编著计算机著作130种、主编250种，共计380种，是编著科技著作最多的人。

徐虎作为上海普陀区中山北路房管所的水电修理工，发现居民下班以后正是用水用电高峰，也是故障高发时间，而水电修理工却已下班休息这一问题，于是他在自己管辖的地区率先挂出三只醒目的“水电急修特约报修箱”，每天晚上19时准时开箱，并立即投入修理。

从此，晚上19时，成了徐虎生活中最重要的一个时间概念。十多年来，不管刮风下雨、酷暑严寒，还是节假日，徐虎总会准时背上工具包，骑上他的那辆旧自行车，直奔这三个报修箱，然后按着报修单上的地址，走了一家又一家。

十多年中，他从未失信过他的用户。十年辛苦不寻常，徐虎累计开箱服务3 700多天，共花费7 400多个小时，为居民解决夜间水电急修项目2 100多个，被群众誉为“晚上19点钟的太阳”。

徐虎爱岗敬业，十年如一日义务为居民服务，在平凡的工作中作出不平凡的成绩。他两次被授予“全国劳动模范”称号，被上海市委、市政府评为“上海市十大先进标兵”。

议一议

你读了谭浩强教授和徐虎师傅的事迹以后有何感想？谈谈你熟悉的行业中有成绩的人及其事迹。

同时，我们还应看到，平凡是伟大的基础，伟大来自平凡；是无数的平凡才铸就了伟大和辉煌。

随着社会经济的发展，职业分工越来越多样化、科学化，由此带来对有专业知识、专业技能的职业人才的需求增加。据统计，许多发达国家的职业教育已经达到了整个国民教育的一半以上，即便在高新产业园区，也仍然需要大量的应用型人才。因此，随着社会经济的发展，职业教育的前景将更加广阔，职业学校的学生将有越来越大的空间施展自身的才能。

客观、全面地认识自我，最大限度地发挥自身的潜力。古语说得好，“知己知彼，百战不殆”。要想实现人生理想，首先就要了解自己，客观、全面地认识自己。特别是要善于发现自己的长处，最大限度地发挥自身的潜力。

想一想

你的长处是什么？

少年比尔·盖茨极富数学天分，同时还特别喜欢电脑。在美国西雅图湖滨中学读书时，无论学习怎么紧张，他只要一有空闲就往机房跑，汲取着所有有关计算机方面的知识。在中学时他就创立了自己的电脑公司。后来他虽然走进了哈佛大学，但是由于对电脑的酷爱及看好电脑行业发展的前景，还是离开了大学。在电脑软件制作天地里，比尔·盖茨的聪明智慧得到了淋漓尽致的发挥，经过多年的奋斗，在他的亲人、朋友的帮助下，终于创造了“微软”这个世界奇迹。

弄清职业岗位需求，努力培养良好的职业素质。每一种职业都有自己所要求的职业道德、职业知识和职业技能，要在职业岗位上实现理想，就必须了解和掌握这些专业知识和技能，同时，还必须努力学习现代科学知识，用新知识、新技术、新工艺、新材料对传统行业的生产技术、管理模式进行改革，这样才能像包起帆同志那样在职业岗位上有所开拓、有所创新。

想一想

在你将从事的职业中，需要哪些职业知识和职业技能？请用图表表示出来。

把个人理想和社会理想有机结合起来。事物在发展过程中总是相互联系的，因此，只有把个人条件和职业要求结合起来，把个人理想和社会理想统一起来，最大限度地发挥个人的聪明才智，才有可能将理想变为现实，逐渐地走向成功。

从我做起，从现在做起，从点滴做起。远大的目标，美好的理想，宏伟的蓝图，总要从开端起步。这就要求我们从我做起，从现在做起，从点滴做起。

把远大的理想同脚踏实地的工作作风和持之以恒的精神结合起来，热爱自己所学的专业，热爱平凡的劳动，在自己的工作岗位上，积极努力

名人名言

不积跬步，无以至千里；不积小流，无以成江海。

——荀子

做好每一件事，这样，远大的理想才有实现的基础。

本章小结

理想是人生奋斗的目标，有社会理想、道德理想、职业理想、生活理想等，它内容丰富、层次分明，科学的、崇高的理想对人生有着重要的导向作用。

理想是人生前进的方向、事业成功的动力，社会理想是人们团结奋斗的精神支柱。社会的最高理想是共产主义理想，建设中国特色的社会主义是现阶段我国人民的共同理想。

作为职业学校的学生，我们应当选择科学的社会理想，树立高尚的个人理想，把个人条件和职业需求、个人理想和社会理想有机结合起来，立足职业岗位，努力在实践中实现人生理想。

思考与练习

1. 以理想为主题召开一次座谈会。
2. 制作一个“我喜爱的本专业的模范或专家”的专栏。

附　录

学习指导

导 言

一、复习提示

（一）基本结构

教材中的“前言”部分从我们每天的学习、工作和生活引出了什么是哲学、哲学的功用和什么是马克思主义哲学等一系列重要问题，为后边哲学基础知识的学习做了知识和思想认识上的准备。

日常生活中存在着许多哲学问题，哲学就是把人们日常生活中对具体事物的认识联系起来，加以抽象和概括，总结出哲学道理，用以指导人们的思维和行动。所以哲学离不开各种具体知识。哲学以各门科学所提供的具体知识为基础，对这些知识进行概括和总结，进而对具体知识产生指导作用。

哲学探索的是有关自然、社会及人生的智慧和大道理，所以哲学是世界观、人生观和价值观相统一的学说。哲学不但给人们提供了世界观、人生观和价值观，还给人们提供了认识世界和改造世界，处理人和自然、人和社会、人和人自身相互关系的根本原则、根本方法，所以说哲学既是世界观，又是方法论。

说哲学是智慧和大道理，并不是说所有的哲学都能使人产生智慧，唯心主义哲学和形而上学的方法只能使人们离真理更远。我们所学习的马克思主义哲学，把唯物主义和辩证法统一起来，把唯物主义自然观和唯物主义历史观统一起来，所以是科学的世界观和方法论。

马克思主义哲学是不断发展的，它开辟了人们认识真理、探索真理的道路。马克思主义哲学必须与具体实际相结合，与时俱进，才能具有强大的生命力。列宁、斯大林、毛泽东、邓小平、江泽民等都对马克思主义哲学的发展作出了重要的贡献。

青年学生要努力学习马克思主义哲学，树立科学的世界观、人生观和价值观，学会用马克思主义哲学的基本立场、观点、方法去认识问题，解决问题，提高判断社会复杂现象是非曲直的能力，增强贯彻执行党的路线、方针、政策的自觉性，确立正确的人生目标。

马克思主义哲学的本质是实践的，是人民群众的思想武器和工具。联系实际，学以致用，是学习马克思主义哲学的基本方法。

（二）重点概念

1. 哲学：哲学是世界观、人生观、价值观统一的学说，是理论化、系统化的世界观，既是世界观，又是方法论。

2. 马克思主义哲学：是唯物论和辩证法相结合，唯物主义自然观和唯物主义历史观相统一的世界观，又称为辩证唯物主义和历史唯物主义，是科学的世界观和方法论。

3. 世界观：是人们对整个世界的根本看法和观点。

4. 方法论：是人们认识世界和改造世界，处理人和自然、人和社会、人和人自身相互关系的根本原则、根本方法。

5. 形而上学：用孤立的、静止的、片面的观点看问题的思想方法，是一种错误的方法论。

6. 辩证法：用联系的、发展的、全面的观点看问题的思想方法，是一种科学的方法论。

（三）学习难点

1. 哲学和各门具体科学的关系是什么？

哲学和各门具体科学的关系可以从以下两方面去理解：

（1）哲学以各门具体科学提供的具体知识为基础，是对各门具体科学的具体知识的概括和总结，是一般与个别的关系。

（2）哲学不能代替具体科学，但对具体科学、具体知识具有很重要的指导作用。

2. 为什么说马克思主义哲学是科学的世界观和方法论？

马克思主义哲学是科学的世界观和方法论，是因为：

（1）马克思主义哲学是在人类各门具体科学取得成果的基础上产生的，它概括了自然、社会及人类思维的一般规律，继承了人类以往哲学发展的优秀成果，形成了科学的理论体系。

（2）马克思主义哲学将唯物论和辩证法结合起来，反对唯心主义的世界观和形而上学的方法论，因而是科学的世界观和方法论。

（3）马克思主义哲学认为人类社会发展也同自然界一样，是一个客观的有规律的过程，创立了历史唯物主义，所以是彻底的唯物主义哲学。

（4）马克思主义哲学是人民群众认识世界、改造世界的思想武器和工具。它是一个不断发展的理论体系，它没有穷尽真理，但它开辟了人们认识真理、探索真理的正确道路，所以它具有强大的生命力。

3. 青年学生为什么要学习马克思主义哲学？

（1）青年学生通过学习马克思主义哲学，能够树立科学的世界观、人生观和价值观，在社会生活中能正确进行价值判断和行为选择，确立正确的人生道路和人生目标，学会做人。

（2）青年学生通过学习马克思主义哲学，能够学会用马克思主义哲学的基本立场、观点、方法去看问题，提高青年学生的理性思维能力和理解、解决问题的能力，学会做事。

（3）青年学生通过学习马克思主义哲学能增强对党的路线、方针、政策的理解能力和执行的自觉性，提高自己的思想政治觉悟。

4. 如何理解“马克思主义哲学本质上是实践的”？

马克思主义哲学从本质上说具有实践性的特点。

对这一特点应从以下两方面去理解：

（1）马克思主义哲学不是仅供少数人享受的书斋里的哲学，而是无产阶级和广大劳动人民认识世界和改造世界的思想武器。它一方面为无产阶级和劳动人民的实践活动提供了科学的世界观，另一方面还为无产阶级和劳动人民认识和改造世界的活动提供了科学的方法论。

(2) 马克思主义哲学不是一劳永逸的教条，而是一个开放的、发展的科学体系，它没有穷尽真理，而是开辟了认识真理、探索真理的道路，为人民群众提供了认识世界、改造世界的根本方法和原则。马克思主义哲学具有与时俱进的品质，只有把马克思主义哲学同具体实际相结合，开拓创新，才能使其不断得到丰富和发展，保持强大的生命活力。

(3) 毛泽东、邓小平、江泽民等把马克思主义哲学同中国具体实际相结合，创造了毛泽东思想、邓小平理论、“三个代表”重要思想和科学发展观等理论成果，为马克思主义哲学的丰富和发展作出了重要贡献，证明了马克思主义哲学的实践性和与时俱进的品质。

(4) 理论联系实际，学以致用，是学习马克思主义哲学的基本方法。

二、练习题

(一) 单项选择题（结合所学知识，在下列选项中选出一个正确答案）

1. 黑格尔说过一句名言：“熟知非真知”，这句话的意思是说（　　）。
A. 人们最熟悉的事情并不是真的了解的事情
B. 人们日常生活中遇到的具体问题需要通过抽象和概括才能上升到哲学的高度
C. 熟视无睹
D. 最熟悉的事情是不真实的

2. 哲学和具体科学的关系是（　　）。
A. 哲学是科学的科学　　B. 哲学和具体科学无关
C. 哲学可以代替具体科学　　D. 是一般与个别的关系

3. 古希腊语中哲学意思是追求智慧，因为（　　）。
A. 哲学的功用在于它给人们一种思想启迪，把知识升华为智慧
B. 哲学反映了世界一般规律，使人料事如神
C. 哲学是科学的科学，一通百通
D. 哲学是方法论，提供了解决一切问题的最简单方法

4. 唯心主义哲学、形而上学的方法是错误的世界观和方法论。这说明（　　）。
A. 哲学也会使人离真理更远
B. 哲学家在追求智慧的过程中也会犯错误
C. 哲学不是真理
D. 唯心主义、形而上学方法是毫无价值的哲学

5. 哲学既是世界观，又是方法论。意思是说（　　）。
A. 哲学既研究世界观，又研究方法论
B. 哲学分为世界观和方法论两部分
C. 哲学是世界观和方法论的统一
D. 哲学首先研究世界观，其次研究方法论

6. 古代寓言“刻舟求剑”的故事从哲学上体现了（　　）。

A. 一种用静止观点看问题的方法，是辩证法观点
B. 一种用静止观点看问题的方法，是形而上学的观点
C. 一种用运动观点看问题的方法，是形而上学的观点
D. 一种用运动观点看问题的方法，是辩证法的观点
7. 下面不属于辩证法观点的是（　　）。
A. 好事可以变成坏事，坏事可以变成好事
B. 天有不测之风云，人有旦夕之祸福
C. 塞翁失马，焉知非福
D. 好人是永远不会干坏事的
8. 马克思主义哲学最重要的理论品质是（　　）。
A. 与时俱进，在实践中不断发展
B. 永恒的真理
C. 放之四海而皆准的真理
D. 彻底的唯物主义
9. 学习马克思主义哲学最重要的原则和方法是（　　）。
A. 全面深刻地理解理论
B. 学会科学的思维方法
C. 理论联系实际，学以致用
D. 树立正确的世界观、人生观、价值观

（二）多项选择题（结合所学知识，在下列选项中选出2～4个正确答案）

1. 哲学应该理解为（　　）。
A. 对具体科学的概括和总结
B. 是世界观、人生观、价值观的统一
C. 代替一切科学的科学
D. 既是世界观，又是方法论
2. 马克思主义哲学是科学的世界观和方法论，因为（　　）。
A. 它是唯物论和辩证法的统一
B. 它是唯物主义自然观和唯物主义历史观的统一
C. 它是关于整个世界最一般规律的科学
D. 它具有与时俱进、不断发展的理论品质
3. 下面属于唯物主义世界观的哲学家是（　　）。
A. 德国近代哲学家费尔巴哈　　B. 中国汉代哲学家王充
C. 中国宋代哲学家朱熹　　D. 德国近代哲学家黑格尔
4. 下面属于唯心主义世界观的哲学家是（　　）。
A. 德国近代哲学家黑格尔
B. 17世纪英国哲学家培根
C. 古希腊哲学家柏拉图
D. 德国唯意志论哲学家尼采

5. 下面属于马克思主义哲学发展的理论成果是（　　）。

A. 列宁主义　　B. 毛泽东思想

C. 邓小平理论　　D. “三个代表”重要思想

6. 下面体现了辩证法的观点是（　　）。

A. 事物的发展是有前因和后果的

B. 真理和谬误是没有区别的

C. 资本主义的产生是和罪恶连在一起的

D. 人不能两次踏入同一条河流

7. 下面体现了形而上学观点的有（　　）。

A. 不遵守交通规则是会出事故的

B. 人的本质都是自私的

C. 守株待兔

D. 爱和恨是根本对立的两种情感

8. 马克思主义哲学在本质上是实践的，意思是说（　　）。

A. 马克思主义哲学对人民群众的实践活动有指导意义

B. 马克思主义哲学是人民群众的思想武器和思想工具

C. 马克思主义哲学具有与时俱进、不断发展和创新的理论品质

D. 学习马克思主义哲学的根本方法是理论联系实际，学以致用

（三）辨析题（判断正误，并简要说明理由）

1. 哲学是对具体科学的概括和总结，反映自然、社会和人类思维的最一般规律，所以可以代替具体科学。

2. 在现实的社会生活中，每个人都在自觉不自觉地运用哲学的观点思考问题，所以哲学是无师自通的。

3. 哲学是空洞的大道理，学习哲学解决不了任何具体问题，所以哲学是无用的。

4. 有人说，马克思主义哲学诞生于19世纪40年代，至今已有一百七十多年的历史，而世界已发生了翻天覆地的变化，所以马克思主义哲学已经过时了，必须用新的哲学取代它。

（四）简答题（结合所给资料，简要回答问题）

伟大的物理学家爱因斯坦突破了牛顿的绝对时空观，建立了以相对时空观为基础的相对论。有人说爱因斯坦比牛顿伟大，爱因斯坦谦虚地说，我伟大是因为我站在巨人的肩膀上，牛顿属于牛顿的时代。请你简要说明爱因斯坦为什么比牛顿更智慧？

（五）论述题

毛泽东说过：如果能用马克思列宁主义的观点，说明一两个实际问题，那就要受到称赞，就算有了几分成绩。被你说明的东西越多，越普遍，越深刻，你的成绩就越大。

请你根据这句话谈谈学习马克思主义哲学的方法。

三、参考答案

（一）单项选择题

1. B　2. D　3. A　4. B　5. C　6. B　7. D　8. A　9. C

（二）多项选择题

1. ABD　2. ABCD　3. AB　4. ACD　5. ABCD　6. ACD　7. BCD　8. ABCD

（三）辨析题

1. 错误。

具体科学是关于世界某一方面、某一领域的规律的科学，而哲学是对具体科学、具体知识的概括和总结，反映了自然、社会和人类思维的最一般规律，是个别和一般的关系，哲学为具体科学提供世界观和方法论的指导，但不能代替具体科学。

2. 错误。

在日常生活中，每个人自觉不自觉地运用哲学的观点思考问题，所以带有自发性、零散性和矛盾性。只有通过对马克思主义哲学的系统学习，才能树立科学的世界观和方法论，增强用哲学观点思考问题的自觉性。

3. 错误。

固然，哲学作为一般科学是对具体科学、具体知识的抽象概括，是关于世界、社会、人生的大道理，我们不可能运用哲学去解决某个具体问题，但哲学教给人们的是一般抽象思维的方法，使人们能很快地理解所接触的对象和事物，更好地解决现实世界中的具体问题，为解决具体问题提供世界观和方法论的指导。

4. 错误。

马克思主义哲学不是一劳永逸的教条，它作为科学的世界观和方法论，为人们认识、改造世界提供了一些根本原则和方法。马克思主义哲学具有与时俱进、不断发展的理论品质，所以只能根据已变化的客观实际去丰富它、发展它，而不可能取代它，它提供的世界观和方法论是最普遍的真理。

（四）简答题

牛顿由于世界观和方法论上的缺陷，在科学上失去了许多有更大发现的机会，他甚至还提出了不少违反科学规律的观点。而爱因斯坦没有受到牛顿观点的局限，发现和创立了相对论，使他成为牛顿之后更为伟大的物理学家。爱因斯坦比牛顿更智慧，是因为爱因斯坦的世界观和方法论是科学的。有人说相对论在哲学上的意义比在物理学上的意义还要大，就是这个意思。

（五）论述题（答题要点）

（1）马克思主义哲学是科学的世界观和方法论，具有实践性的本质和特点，是人民群众认识和改造世界的思想武器。

（2）马克思主义哲学不是教条，学习马克思主义哲学就是要学习其基本的立场、观点和方法，而不能只满足于背诵马克思主义哲学的理论和词句。

（3）学习马克思主义哲学的最重要方法是理论联系实际和学以致用。

（4）毛泽东、邓小平等老一辈无产阶级革命家学习马克思主义坚持理论联系实际、学以致用，为我们树立了光辉的榜样。

第一章　坚持从客观实际出发

一、复习提示

（一）基本结构

本章从当代实践的高度提出了坚持从客观实际出发所必须解决的重要问题。为什么要坚持从客观实际出发呢？因为人们面对的世界是由自然界、人类社会及人类自身所构成的客观物质世界，人们在长期的实践中逐步认识到这个世界虽然包含着千差万别、无限多样的事物，但它们都具有共同的本质，即世界的本质是物质的，物质具有不依赖于人们的意识，并能为人们的意识所反映的客观实在性。上升到哲学的高度就是唯物主义的世界观，是同唯心主义相对立的世界观。在这个物质世界中，人是一种特殊的、高级的物质形式，不同于一般物质，具有能动性。但人的能动性始终要受到物质运动规律和自身条件的制约。人的能力的发挥，取决于对客观事物运动规律的认识。人做任何事情都必须既从外部世界的客观实际出发，也从自身条件的客观实际出发。

人的能动性表现为人的认识思维能力和改造世界的实践能力，就是人们常说的“想”和“做”。想和做使人的活动具有了明确的目的性和意识性。要想做好，必须具有正确的认识。只有用正确的认识指导实践才能取得成功，用错误的认识指导实践必然失败。正确的认识就是符合客观事物发展变化规律的认识，它反映了事物或现象的本质和必然联系。人们在实践中，要发挥能动性，但能动性的发挥要以尊重客观规律为基础和前提，不按规律办事，主观蛮干是会失败的。

本章第三节还重点讨论了一个当今人类社会共同关注的重大问题：人类与外部世界的关系问题，即环境问题。人类只有一个地球，人类必须爱护地球，关注环境，追求人与自然的和谐，用可持续发展战略眼光去推动人类社会的文明和进步。

总之，唯物主义世界观要求我们干事情必须正确认识物质世界的客观规律，坚持从客观实际出发，使主观符合客观，这就是人们常说的“实事求是”。

（二）重点概念

1. 物质：是不依赖于人的意识、并能为人的意识所反映的客观实在。客观实在性是一切物质形态的共同本质。

2. 意识：是人脑对客观对象的反映。

3. 客观规律：是不以人的意志为转移的物质运动本身所固有的规律，它是事物或现象的本质的、必然的、稳定的联系。

4．主观能动性：又叫自觉能动性，是人区别于动物的根本特点，指人有意识、有目的、自觉地认识和改造世界的能力，表现为“想”和“做”两个方面。

5．实事求是：“实事”就是指客观存在着的一切事物，“求”就是去研究，“是”就是客观事物内部的、本质的联系，即规律性。实事求是就是要一切从实际情况出发，从现实事物本身引出固有的而不是主观臆造的规律，作为改造客观世界的行动指南。

（三）学习难点

1．什么叫唯物主义？什么叫唯心主义？

（1）唯物主义、唯心主义是人类在对世界本质和统一性探索过程中产生的两种根本对立的哲学思想，是两种世界观。人类社会迄今为止，有各种各样的哲学派别，但从根本上只能划分为两大派别，这也叫哲学上的党性原则。

（2）唯物主义、唯心主义对物质和意识关系问题的回答是不同的。唯物主义认为，物质是世界的本原，是第一性的，物质决定意识；唯心主义认为，意识是世界的本原，是第一性的，意识决定物质。

（3）唯物主义按发展过程可以分为古代朴素唯物主义、近代机械唯物主义和马克思主义的辩证唯物主义。唯心主义可以分为客观唯心主义和主观唯心主义。客观唯心主义认为世界本原是一种客观精神，主观唯心主义认为世界本原是人的主观精神、主观意识。

2．如何正确理解物质的概念？

正确理解物质概念，必须把握以下三个方面：

（1）物质是不依赖于人的意识而存在的客观实在。客观实在性是物质的唯一特性。无论是自然界还是人类社会，无论是人类社会产生以前，还是以后，物质都以自己的存在方式客观地存在着。

（2）物质是能被人们所认识的。世界上一切事物的特性、规律都是可以认识的，今天不认识的事物，将来迟早是会被人们认识的。

（3）哲学上讲的物质同现实中存在的各种具体物质形态既有联系，又有区别。哲学上讲的物质不能脱离各种具体物质形态而存在，它是对一切物质形态具有的共同属性的抽象和概括，与具体物质形态是共性与个性的关系。

3．尊重客观规律和发挥主观能动性的关系。

尊重客观规律和发挥主观能动性是对立统一关系。

（1）尊重客观规律是发挥主观能动性的基础和前提。客观规律是不以人的意志为转移的物质运动本身所固有的规律，它是事物和现象的本质的、必然的、稳定的联系。规律的客观性、必然性制约着人们能动性发挥的方向和程度。违背客观规律，夸大主观能动性的做法都是要失败的，会受到规律惩罚的。

（2）只有正确发挥主观能动性，才能认识和利用客观规律。只有主观能动地去探索和研究，才能形成对客观规律的正确认识，对事物发展趋势和方向作出科学预见，从而指导自己的实践。只有发挥主观能动性，才能运用规律去改造世界，为人类造福；只有发挥主观能动性，才能改变对人类不利的因素和条件，创造对人类有利的因素和条件，变不利为有利。

（3）否认主观能动性，消极被动、无所作为是不对的。否认客观规律，不顾客观条件、客观事实，主观蛮干也是不对的。

4. 怎样理解人类只有一个地球，只有同自然界和睦相处，才能使现代文明得以存在和发展？

本章第三节强调：人类既要改造自然又要爱护自然。人类只有一个地球，只有同自然界和谐相处，才能使现代文明得以存在和发展。要正确理解这一观点，就要注意把握以下四个方面：

(1) 自然界既是人类社会得以产生的物质前提，又是人类生存和发展的条件和基础。但是人类的生存和发展，人类文明的发展又离不开对自然界的改造。

(2) 现代人类对自然界的规律性有了更自觉的认识，又具备了更加强大的改造自然的能力和手段，从而创造了一个越来越远离天然的人化自然。但是，人类向自然界无节制地盲目索取的行为，也带来了当今威胁人类自身生存的全球性危机。

(3) 人和自然界之间应建立起相互协调、和谐共处的关系。实现人和自然和谐共处、协调发展，首先要正确处理人在自然界中的受动性与能动性的辩证关系。其次，发挥科学技术的重要作用。最后，走可持续发展的道路。

(4) 青年学生要自觉地提高自身的素质，树立人与自然和谐共处的意识，爱护环境，保护自然，为实现经济和社会的可持续发展贡献力量。

二、练习题

(一) 单项选择题（结合所学知识，在下列选项中选出一个正确答案）

1. “我们人类对整个物质世界的认识，是一个不断打破自我中心论，不断扩大自己生活半径、认识半径的过程。”这表明哲学对现实世界的思考是(　　)。

A. 以哲学家对整个世界的总的看法为基础的

B. 以自己对世界的认识和理解为基础的

C. 以人类不断发展的实践和全部知识为基础的

D. 以人们对世界的某一领域的认识为基础的

2. 哲学上讲的物质世界是指(　　)。

A. 自然界　　B. 人类社会

C. 人自身　　D. 自然界、人类社会和人自身

3. 列宁认为：唯物主义的基本前提是承认外部世界，承认物质在我们的意识之外并且不依赖于我们的意识而存在。对这句名言的正确理解是(　　)。

A. 世界统一于物质　　B. 世界统一于精神

C. 世界统一于物质和精神　　D. 世界统一于物质或精神

4. 马克思主义哲学认为“世界的本质是物质的”，对这个“物质”的正确理解是(　　)。

A. 世界上存在着的一切事物和现象

B. 一切具体的物质形态的总和

C. 就是那些看得见、摸得着的东西

D. 不依赖于人的意识，并能为人的意识所反映的客观实在

5. 马克思主义哲学的物质概念，揭示了包括自然、人类社会和人自身在内的各种各样的物质形态的共同本质，这个共同本质是(　　)。

A. 复杂多样性　　B. 发展变化性

C. 客观实在性　　D. 社会历史性

6. 认为水、火、气等某种“原始物质”是世界的本原，这些具体的物质形态构成了世界上的万事万物，这种观点是(　　)。

A. 唯心主义观点　　B. 古代朴素唯物主义观点

C. 近代形而上学唯物主义观点　　D. 辩证唯物主义观点

7. 社会的存在和发展是客观的，因为(　　)。

A. 社会的发展遵循着不以人的意志为转移的客观规律性

B. 社会的发展取决于人类的历史活动

C. 社会的发展取决于杰出人物的思想动机

D. 社会的发展取决于人的主观能动性

8. 人之所以高于地球上一切其他动物，在于(　　)。

A. 人是外在于自然界和人类社会的

B. 人与动物完全不同，没有共性

C. 世界上的一切都是在人的感觉中发生的

D. 人是一种特殊的和高级的物质形式，具有其他动物所不具有的特殊的能动性

9. 厄尔尼诺是太平洋赤道地区因海洋和大气相互作用失去平衡出现的一种全球气候异常现象。由于人类活动对地球环境的破坏使它发生的频率越来越快，引起了海啸、暴雨、干旱等自然灾害，对人类的危害也越来越大。这表明(　　)。

A. 人类改造自然的活动完全是被动的

B. 人不能利用和改造自然

C. 人在自然规律面前无能为力

D. 人的活动要受到自然规律的制约

10. 人们的社会活动虽然是有意识有目的的，但人们不能自由地选择生产方式，每一代人都必须把前人的生产方式作为自己生产和生活的出发点。这个观点表明(　　)。

A. 人只能在前人的生产方式下不变地生活下去

B. 人们不能自己创造自己的历史

C. 人的活动不能创造社会和改造社会

D. 人的活动要受到社会条件的制约

11. 我们做任何事情，只能从自己的基础和条件出发，而不可能不顾自己的条件而实现发展。这个观点表明(　　)。

A. 人的自身条件是先天形成的，不可能得到改变

B. 人的活动要受到自身条件的制约

C. 只要外部条件具备，人就可以实现自己的发展

D. 人不能改善人自身在整个世界中的地位

12. 人区别于动物的根本特点是(　　)。

A. 能够改变环境　　B. 有心理活动

C. 具有自觉的能动性　　　　　　　　D. 能反映外部事物

13. “先思后行”是人的行为的基本特点。这个观点表明(　　)。

A.“想”和“做”是人类特殊的能动性，是人的能动性的表现

B. 人做任何事情都要谨小慎微

C. 人具有能动性，只要想得到就一定能做得到

D. 人的思想动机是社会发展的最终根源

14. 从意识的内容来看，意识是(　　)。

A. 人脑分泌的特殊物质

B. 客观存在在人脑中的反映

C. 人脑遗传下来的固有的东西

D. 人脑主观自生的东西

15. “观念的东西不外是移入人的头脑并在人的头脑中改造过的物质的东西而已。”这个观点表明(　　)。

A. 意识是客观世界在人脑中的主观映象

B. 人脑是意识产生的源泉

C. 意识和物质没有本质的区别

D. 意识是人脑处理过的特殊的东西

16. 没有革命的理论，就没有革命的运动。这个观点说明(　　)。

A. 错误的意识对实践没有能动作用

B. 意识是客观事物在人脑中的正确反映

C. 只要有革命的理论，就有革命运动的成功

D. 用正确的意识指导实践，革命才能取得成功

17. 规律是客观的，但是人们在规律面前不是消极被动的，而是能够(　　)。

A. 能动地改造规律　　　　　　　　B. 能动地创造规律

C. 能动地认识和利用规律　　　　　D. 能动地消灭规律

18. “揠苗助长”这个寓言告诉我们的哲学道理是(　　)。

A. 人的主观能动性是十分巨大的

B. 人们在规律面前是无能为力的

C. 只要发挥主观能动性，就没有做不成的事情

D. 发挥主观能动性必须以尊重客观规律为基础和前提

19. 在关于人和自然的问题上，正确的观点是(　　)。

A. 人类在对自然进行改造和利用时，没有必要对自身的行为进行调节和控制

B. 人类利用和改造自然的活动可以超越自然所能接受的程度

C. 没有自然界，人类同样可以生存

D. 人类既要改造自然，又要爱护自然。人类只有一个地球，同自然界和谐相处，才能使现代文明得以存在和发展

20. 根据唯物主义要求，我们想问题、办事情的基本出发点是(　　)。

A. 一切从人民群众的愿望出发

B. 一切从领导的决策出发

C. 一切从实际出发，使主观符合客观

D. 一切从书本出发

21. 马列主义、毛泽东思想、邓小平理论和“三个代表”重要思想和科学发展观的理论精髓是(　　)。

A. 解放思想、实事求是、与时俱进

B. 理论联系实际

C. 具体问题具体分析

D. 一切以时间、地点、条件为转移

(二) 多项选择题(结合所学知识，在下列选项中选出2～4个正确答案)

1. 下列说法中，对自然界、人类社会、人和物质世界表述正确的有(　　)。

A. 自然界是指与人类社会相区别的物质世界，通常分为非生命系统和生命系统两大类

B. 人类社会是人们在特定的物质资料生产方式基础上相互交往、共同活动形成的各种关系的有机系统

C. 人本身是物质与精神、生命与社会、体能与智能的统一

D. 物质世界就是指在空间和时间上具有无限性的自然物质

2. 下列说法属于唯物主义观点的有(　　)。

A. 万物皆备于我

B. 巧妇难为无米之炊

C. 人有多大胆，地有多大产

D. “天行有常，不为尧存，不为桀亡”

3. 下列说法属于唯心主义观点的有(　　)。

A. 宇宙便是吾心，吾心便是宇宙

B. 天地、人类、万物都是理的产物

C. 意识是人脑分泌的特殊物质

D. 世界是上帝意志的创造物

4. 下列选项中属于物质现象的有(　　)。

A. 山脉、河流　　　　B. 电磁场、引力场

C. 阶级和阶级斗争　　　　D. 文学艺术

5. 下列选项中能正确体现自然界的存在和发展是客观的的观点有(　　)。

A. 一切自然现象都有物质原因作基础

B. 自然界在人和人的意识产生之前就已存在

C. 人类社会产生以后，自然界的存在与发展仍然是客观的，是不以人的意识为转移的

D. 人是自然界长期发展的产物

6. 下列选项中能说明社会的存在和发展是客观的的观点有(　　)。

A. 人类社会的发展是以物质生产为基础的

B. 人类社会是统一的物质世界的一部分，是自然界发展到一定阶段才出现的

C. 人类社会的发展是由物质力量即生产力发展水平所决定的
D. 社会的发展遵循着不以人的意志为转移的客观规律
7. 下列选项中能正确体现人在客观世界中的地位的观点是（　　）。
A. 人既不能脱离自然界，又不会满足于自然界的状况
B. 人是从自然界中产生出来的，人只能顺应自然
C. 人既要依赖自然，又要改造自然
D. 人只是沧海一粟，无法改变自然
8. 人的活动始终受到客观世界、客观条件的制约，是因为（　　）。
A. 人们利用自然、改造自然的活动，要以承认自然界的客观性为前提
B. 客观存在的物质资料生产方式是每一代人生产和生活的出发点
C. 人的活动要受到自身条件的制约
D. 人的活动要受到思想动机的制约
9. 下列选项中关于意识的正确说法有（　　）。
A. 不管是正确的思想意识还是错误的思想意识都是人脑对客观世界的反映
B. 我们不能因为人们在认识事物时会出现谬误而否认科学知识的可靠性
C. 我们不能因为意识能够正确反映客观事物就认为每个人的认识随时随地都是正确的
D. 世界上没有不可认识的事物，只有尚未被认识的事物
10. 人的活动是有目的、有意识的活动，是一个能动的过程、实践的过程。人的能动性具体表现为（　　）。
A. 人的活动具有目的性和计划性
B. 人的活动具有主动创造性
C. 人的活动决定社会的发展变化
D. 人的活动与个人所具有的精神状态紧密相关
11. “南辕北辙”这个寓言表明（　　）。
A. 只有用正确的意识指导实践，才能在改造世界的活动中取得成功
B. 有了好的精神状态，一切事情都能办好
C. 不按照客观规律办事，主观能动性越大，破坏性的后果就越严重
D. 用不同的意识指导实践，结果不同
12. 关于主观能动性和客观规律的关系，正确的表述有（　　）。
A. 尊重客观规律是发挥主观能动性的基础和前提
B. 只有正确发挥主观能动性，才能认识和利用客观规律
C. 尊重客观规律就不能发挥主观能动性
D. 发挥主观能动性就不能尊重客观规律
13. 规律的客观性是指（　　）。
A. 规律是事物本身所固有的
B. 规律是不以人的意志为转移的
C. 规律是事物或现象本质的、必然的、稳定的联系
D. 规律既不能创造也不能消灭

14. 邓小平同志指出：我们的现代化建设，必须从中国的实际出发，无论是革命和建设都要注意学习和借鉴外国的经验。但是，照抄照搬别国的经验、别国的模式，从来不能得到成功。这是因为（　　）。

A. 物质世界具有客观性，意识依赖于物质

B. 想问题、办事情必须坚持从实际出发，使主观思想符合客观实际

C. 主观和客观的统一是具体的历史的统一

D. 别国的经验不一定是从实际出发的

15. 一切从实际出发，实事求是，是唯物主义的根本要求，因此（　　）。

A. 凡是认为物质第一性、意识第二性者就必然能做到从实际出发、实事求是

B. 要做到从实际出发、实事求是必须坚持唯物主义，反对唯心主义

C. 要正确地反映物质世界的本来面目及其规律，就必须一切从实际出发，实事求是

D. 建设中国特色社会主义只能一切从我国正处于并将长期处于社会主义初级阶段的实际出发

16. 毛泽东同志说，马克思主义的"本本"是要学习的，但必须同我国的实际情况相结合。我们需要"本本"，但一定要纠正脱离实际情况的本本主义。这表明(　　)。

A. "本本"的东西，都是脱离实际的东西

B. 物质决定意识，意识对物质具有反作用

C. 既要学习马克思主义的"本本"，又要反对"本本主义"，才能做到从实际出发，实事求是

D. 马克思主义的"本本"要学习，但只能把它作为行动的指南，而不能把它当成可以生搬硬套的教条

17. 列宁说，马克思主义必须考虑生动实际的生活，必须考虑现实的确切事实，而不是抱住昨天的理论不放。这表明(　　)。

A. 在任何条件下，从事任何工作，都必须坚持从实际出发，实事求是

B. 想问题、办事情必须从客观存在的实际出发，使主观思想符合客观实际

C. 坚持实事求是必须解放思想

D. 必须坚持物质第一性，意识第二性

（三）辨析题（判断正误，并简要说明理由）

1. 自从人类社会产生之后，便有了人类的意识活动，世界上纷繁复杂的现象可以分为两大类：一类是物质现象，一类是精神现象，它们互相联系，互相作用，密不可分。

辨析：世界既是物质的，又是精神的，物质和精神都是世界的本质。

2. “物质是不依赖于人的意识，并能为人的意识所反映的客观实在。”这句话意思是说，物质是看得见、摸得着的东西。

3. 英国科学家采用细胞移植这种无性繁殖技术，培育出世界上第一只克隆羊。我国科学家首次培育出具有生物医药产业价值的转基因羊。世界首批体细胞克隆山羊“羊羊”在我国西北农林科技大学种羊场顺利产下一对“龙凤”胎，证明了体细胞克隆山羊同样具备生育繁殖能力。

辨析：自然界虽然先于人类社会产生，但是人类社会产生之后，能够创造出自然界原先没有的东西，所以，人类社会产生之后自然界就以人的意志为转移了。

4. 宋朝画家文与可住宅的周围有很多竹子，他一年四季注意竹子的变化，对竹子的形状、姿态有透彻的了解，因而画出的竹子生动逼真。有诗云：“与可画竹时，胸中有成竹。”

辨析：这一事实表明，意识是人脑对客观物质世界的反映，但人脑对客观物质世界的反映就像拍照片、照镜子一样，是被动的。

5. 人们对燃烧现象有两种相反的解释。“燃素说”认为，燃素是构成火的元素，是化学变化的根本，一切化学反应都是燃素的表现，燃烧是可燃物质释放燃素的过程；化学家拉瓦锡发现了“燃素说”的矛盾，经过反复实验，推翻了“燃素说”，提出了“氧化说”，认为燃烧是可燃物质与氧结合的剧烈的氧化过程。

辨析：“燃素说”是不正确的理论，不是对客观事物的反映。“氧化说”是经过实验反复证明了的，是正确的，所以是对客观事物的反映。

6. 甲说：物质决定意识，意识对物质有反作用。这一原理要求我们在想问题办事情的过程中要做到一切从实际出发，主观必须符合客观。乙说：想问题、办事情要坚持从实际出发，就不能坚持正确的原则。否则，就是从原则出发，就会犯主观主义的错误。

辨析：甲的观点是正确的，乙的观点是错误的。

7. 意识是对客观对象的反映，鬼神是客观实际中不存在的，因而有关这类意识不是对客观对象的反映。

(四) 简答题（结合所给资料，简要回答问题）

1. 前几年，我国北方连续出现多次大范围的沙尘暴天气，次数之多、强度之大、范围之广，历史罕见。受沙尘暴侵袭的城市，天空黄沙飞扬，能见度很低，不仅影响当地交通，带来生活不便，部分地区甚至出现人员伤亡的事件。沙尘暴的出现，虽说有气候因素，但生态环境遭受严重破坏，土地沙化的迅速扩展，应是主要原因。结合本章的哲学观点，简要说明上述材料给你的启示。

2. 某地是我国中西部一处集中连片的贫困地区，农民人均年收入只有 1 580 元。国家虽有扶贫救济，但未解决根本问题，人们一直苦熬着。后来，这一地区开展了一场脱贫大讨论。他们认识到，等、要、靠实现不了温饱；苦熬，则无出头之日。唯一的出路是苦干实干，自己解救自己。经过 10 年努力，该地区群众发扬苦干实干精神，加上“科教兴农”战略的实施和政府的大力支持，现在人均年收入超过 15 000 元，基本实现温饱。结合本章的哲学观点，说明该地农民为什么会脱贫致富。

3. 开展工作，要注意因地制宜，因人制宜，因事制宜，因时制宜。不同地区、不同部门、不同领域的人，所处的环境、承担的任务、面临的问题不同，其思想活动的特点和要求也会有所不同。结合本章的哲学观点，说说你对上述材料的理解。

（五）论述题

1. 运用发挥主观能动性与尊重客观规律关系的原理，说明实施可持续发展战略的重要性。

2. 为什么要大力加强中国特色社会主义文化建设?

3. 为什么建设社会主义只能一切从社会主义初级阶段的实际出发，而不能从主观愿望出发?

4. 如何理解解放思想、实事求是、与时俱进的关系。

三、参考答案

（一）单项选择题

1. C　2. D　3. A　4. D　5. C　6. B　7. A　8. D　9. D　10. D　11. B　12. C　13. A　14. B　15. A　16. D　17. C　18. D　19. D　20. C　21. A

（二）多项选择题

1. ABC　2. BD　3. ABD　4. ABC　5. ABCD　6. ABCD　7. AC　8. ABC　9. ABCD　10. ABD　11. ACD　12. AB　13. ABCD　14. ABC　15. BCD　16. BCD　17. ABCD

（三）辨析题

1. 错误。

世界上虽有物质现象和精神现象两类现象，但其本质都是物质的，意识的产生是以客观事物的存在为前提的，先有物质，后有意识，没有物质现象就没有意识现象。

2. 错误。

这句话意思是说，物质具有客观实在性，它不以人们的意志为转移，它是可以被认识的。物质形态具有多样性，有许多物质形态是看不见摸不着的，例如X射线、磁场等，但它仍具有客观实在性和可知性。

3. 错误。

人类改造和利用自然的活动必须按照自然固有的规律来进行，我们不能凭自己的意志改变自然规律，更不能创造自然规律。人类运用基因技术培育的克隆羊和转基因羊是人类根据事物的客观规律，有意识地创造出来的新物种。因此，人类对自然界的改造都是以尊重客观规律为前提的，规律是不以人的意志为转移的。

4. 错误。

意识对客观物质世界的反映是积极的、能动的。宋朝画家文与可画出的竹子生动逼真，是因为他一年四季注意竹子的变化，对竹子的形状、姿态有透彻的了解，这正是意识能动性的体现。因为人脑在接受竹子的各种信息的同时，又对这些信息进行着能动的加工和改造，因而能画出生动逼真的竹子，能做到“胸有成竹”。

5. 错误。

人们的意识能够正确反映客观事物，使人们得到真知；也会虚幻和歪曲地反映客观事物。但是，不管是正确的意识，还是错误、虚幻的意识，它们都是对客观事物的反映。

6. 正确。

（1）辩证唯物主义认为：物质决定意识，意识对物质有反作用。这一原理要求我们在想问题办事情的过程中要做到一切从实际出发，主观必须符合客观。所以，甲的观点是正确的。

（2）正确的原则符合事物的规律。坚持正确的原则，实际上是坚持科学理论的指导，是意识能动作用的体现。但是正确的原则属于意识的范畴，不能成为我们想问题、办事情的出发点，坚持正确的原则仍然要求我们坚持从实际出发，否则会犯主观主义的错误。乙把坚持从实际出发与坚持正确的原则对立起来，故乙的观点是错误的。

7. 错误。

意识是对客观对象的反映，但反映又带有主观性。人形成的主观映象有时可能是虚幻的、歪曲的甚至是完全错误的，如鬼神等。但是鬼神不是凭空产生的，人们头脑中鬼神的“零件”其实是取自客观的，只是在人的意识中进行了“加工”“组合”，才形成了鬼神。因此，鬼神等意识也是对客观对象的反映，是带有人的主观性的，是对客观对象歪曲的反映。

（四）简答题

1. 人类社会产生之后，人类改造自然的活动使自然界发生了巨大的变化。但是，人的活动要受到自然界的制约，人们利用自然、改造自然的活动，要以尊重自然规律为前提，否则，就要受到大自然对人类的惩罚。人类既要改造自然又要保护自然，人类只有一个地球，同自然界和谐相处，才能使现代文明得以发展。

2. 不同的意识对实践的指导作用是不同的。用正确的意识指导实践，就能在改造世界的活动中取得成功，促进事物的发展。该地农民能脱贫致富，是用正确的意识指导实践的结果。苦熬是一种错误的、消极的意识，对脱贫致富起阻碍作用。该地农民在脱贫大讨论中，认识到了这一错误意识的危害，放弃了苦熬这种错误的、消极的意识，在党的方针、政策的指引下，苦干加巧干，积极走“科教兴农”的正确道路，从而得以脱贫致富。

3. 这段材料体现了一切从实际出发的唯物论观点。

一切从实际出发，就是想问题、办事情要以客观存在着的实际为出发点、立足点，从客观的事实中找出解决问题的办法。不同的地区，不同的人，不同的事，不同的时间，面临的客观实际是不同的，只有从客观存在着的实际情况出发，才能使主观符合客观，才能从客观事实中找出解决问题的办法。所以，开展工作要注意因地制宜，因人制宜，因事制宜，因时制宜。

（五）论述题（答题要点）

1. 规律是客观的，是不以人的意志为转移的。尊重客观规律是发挥主观能动性的基础和前提。当前一些地方和部门违背自然规律，片面追求经济增长速度，忽视生态环境的保护和建设，结果使生态环境出现了问题。生态破坏将使人们丧失大量适宜生存的空间，从而产生大量生态灾民，影响了周边的社会稳定和经济发展。因此，在现代化建设中，我们必须尊重客观规律，把生态环境建设和经济发展紧密结合起来，促进生态效益、经济效益与社会效益的协调统一，以确保可持续发展战略的进一步实施。同时，我们要在尊重客观规律的基础和前提下，充分发挥主观能动性，对不同的地区采取不同的保护措施，对重点地区的重点生态问题实行更严格的监控防范措施。在资源开发的生态保护上，对水资源、草资源等不同的资源采取不同的控制措施，正确运用和发挥科学技术在解决人与自然的矛盾中的重要作用，实现“维护国家生态安全”的目标，为实施可持续发展战略提供保障。

2. 辩证唯物主义认为用正确的意识指导实践，就能在改造世界的活动中取得成功，促进事物的发展。中国特色的社会主义文化，是中国特色社会主义的重要组成部分，是凝聚和激励全国各族人民的重要力量，是综合国力的重要标志。它为现代化建设提供强大的精神动力和智力支持，保证现代化建设朝着正确的方向发展，保证物质文明建设的顺利进行，对社会发展起着巨大的推动作用。因而，要大力发展中国特色的社会主义文化。

3. 物质世界的客观性要求我们想问题、办事情必须使主观符合客观，一切从实际出发，实事求是。当前，中国最大的实际是中国正处于并将长期处于社会主义的初级阶段，因此我们想问题、办事情都应本着这个实际来进行。实践证明，我国在几十年的改革开放和现代化建设中取得的举世瞩目的成就，根本原因就在于一切从社会主义初级阶段的实际出发，纠正了那些超越中国历史发展阶段的错误观念和政策。如果从主观愿望出发，社会主义建设的方针政策就会脱离中国实际，社会主义建设就会走弯路，就会遭到挫折和失败。

4.（1）解放思想、实事求是、与时俱进是党的思想路线中不可分割的组成部分，三者是辩证统一的整体。

（2）解放思想，是指在马克思主义指导下打破习惯势力和主观偏见的束缚，研究新情况，解决新问题。实事求是，即从“实事”中找出“是”，即规律性，并按规律办事，达到成功地改造世界的目的。解放思想和实事求是是辩证统一关系，一方面，解放思想是实事求是的前提，如果思想僵化，固守成见，被过时的理论和思想观念束缚，人们的认识就会落后于实践，必然导致主观主义、教条主义，无法达到实事求是。另一方面，实事求是是解放思想的目的和归宿，解放思想的目的就是探索新的情况下、新实践中客观事物的内在联系，使人们的认识更符合客观规律，达到主观与客观，认识与实践的统一。

（3）与时俱进，就是党的全部理论和工作要体现时代性，把握规律性，富于创造性。与时俱进与解放思想和实事求是也是辩证统一关系。一方面与时俱进是解放思想、实事求是的具体体现，另一方面主观对客观的统一是历史的、相对的、暂时的，所以解放思想，实事求是是一个不断坚持的过程，必然要求与时俱进。

（4）解放思想、实事求是、与时俱进辩证统一的基础是不断发展变化的社会实践。

（5）解放思想、实事求是、与时俱进的思想路线是我们党在新的历史条件下，新时期的思想指南。青年人应努力培养自己的创新能力，在社会实践中既要解放思想，又要实事求是、与时俱进。

第二章　用联系、发展和矛盾的观点看问题

一、复习提示

（一）基本结构

本章从唯物辩证法的角度继续深化阐述如何才能真正做到从客观实际出发。

坚持一切从实际出发，实事求是，说起来容易，做起来就不那么容易了。因为“实际”是十分复杂的，“实际”是不同事物相互联系的整体，“实际”是发展变化的，“实际”内部又存在着多种矛盾。因此必须用发展、联系、矛盾的观点看问题。

世界上的事物不是彼此孤立的，而是相互联系的。联系是事物之间和事物内部各要素之间的相互影响、相互制约的关系。联系具有普遍性和客观性，所以必须用联系的观点看问题。如何才能用联系的观点看问题呢？一是要坚持用联系的观点去观察和处理问题，克服形而上学孤立地看问题的倾向。二是世界上各种事物都是各种要素联系的整体，要学会从整体把握事物之间的联系，把握好整体和局部的关系。

世界上的事物既是相互联系的，又是运动、变化、发展的，所以在实际工作中还应坚持用发展的观点看问题。世界上的事物都是运动的，运动是物质的根本属性，而静止是物质运动的特殊状态。一切事物都有其产生、发展、灭亡的历史，这种历史就是过程，在过程中体现事物的发展。发展的实质是新事物的产生，旧事物的灭亡。新事物符合客观规律，具有强大的生命力和远大的前途，符合广大人民的利益和愿望。而旧事物是失去存在合理性、日趋灭亡的事物，所以新事物必然战胜旧事物。发展作为一种质的飞跃，必须以量变作为前提和准备。当量变的积累到达一定程度，就必然会产生质变，所以质变是量变的结果。哲学上将事物保持质的稳定的限度叫“度”，只有坚持适度的原则，才会保持事物某种质的稳定。相反，突破了原有事物质的限度，就会促使事物发生质的改变。事物的发展不是直线的，是呈波浪式前进和螺旋式上升的，是前进性与曲折性的统一。坚持用发展的观点看问题，一是要求顺应事物发展趋势，善于发现并支持新生事物的成长；二是要把握事物发展的不同阶段，把远大目标和现实努力结合起来；三是正确对待前进中的曲折，永葆积极、乐观的人生态度。

事物为什么会运动、发展变化呢？因为事物与事物之间，事物内部各要素之间存在着矛盾，矛盾具有同一性和斗争性，同一性和斗争性共同作用推动了事物的运动和发展。所以分析问题就是分析矛盾，解决问题就是解决矛盾。矛盾是十分复杂的，所以分析问题、解决问题时必须处理好内因和外因的关系、主要矛盾和次要矛盾的关系、矛盾主要方面和次要方面的关系、矛盾普遍性和特殊性的关系，坚持两分法，防止片面性；坚持重点论和两点论的统一，既反对不分主次，又反对顾此失彼；坚持在普遍原理指导下，具体分析矛

盾的特殊性，把马克思主义普遍原理同中国革命、建设具体实践结合起来，既反对教条主义，又反对经验主义。

总之，联系与发展是唯物辩证法的总特征，矛盾分析法是分析、解决问题的最根本方法。

（二）重点概念

1. 联系：联系是事物之间和事物内部各要素之间的相互影响、相互制约的关系。事物的联系是普遍的、客观的、具体的。

2. 运动：运动是物质的根本属性，物质和运动不可分。哲学上讲的运动是指宇宙中一切事物的变化和过程，它是普遍的、永恒的、无条件的，因而是绝对的。

3. 静止：静止是运动的特殊状态。哲学上讲的静止包含两种情形：一是指事物之间的空间位置保持不变；二是指事物某一方面的性质在一定时期内基本不变，处于相对稳定和平衡状态，它是特殊的、暂时的、有条件的，因而是相对的。

4. 发展：发展是事物的前进和上升的变化，是新事物代替旧事物，其实质是新事物的产生和旧事物的灭亡。

5. 新事物：新事物是指符合客观规律，具有强大生命力和远大前途的事物，它具有强大的生命力，必然战胜旧事物。

6. 矛盾：事物自身包含的既对立又统一的关系叫作矛盾。同一性和斗争性是矛盾的两种基本属性，矛盾双方既对立又统一，既同一又斗争，推动着事物的发展。

7. 主要矛盾和次要矛盾：在事物发展中处于支配地位，对事物发展起着决定作用的矛盾，叫作主要矛盾；在事物发展中处于从属地位，对事物发展不起决定作用的矛盾，叫作次要矛盾。

8. 矛盾的主要方面和矛盾的次要方面：在矛盾的两个方面中，居于支配地位，起着主导作用的方面，叫作矛盾的主要方面；在矛盾的两个方面中，处于被支配地位，不起主导作用的方面，叫作矛盾的次要方面。

9. 具体问题具体分析：这是马克思主义的活的灵魂，即在矛盾普遍性原理的指导下，具体分析矛盾的特殊性。

10. 量变和质变：量变是事物在数量、程度、规模等方面的逐渐变化。质变是事物性质上的根本变化。量变和质变是事物发展的两种基本状态，量变是质变的必要准备，质变是量变的必然结果。

11. 内因和外因：哲学上把事物的内部矛盾叫作内因，把事物的外部矛盾叫作外因。事物的发展是内因和外因共同起作用的结果，内因是事物发展的根本原因，外因是事物发展的条件，外因通过内因而起作用。

（三）学习难点

1. 正确理解“用联系的观点看问题”。

所谓联系，是指事物与事物之间、事物内部各要素之间相互影响、相互作用、相互制约的关系。事物与事物之间的具体联系形成了各种事物存在、发展的环境条件；事物内部各要素之间的具体联系形成了事物的特定属性和功能。

世界上不存在完全孤立的事物和要素，所以联系具有普遍性。事物的外部联系、内部联系都是事物本身所固有的，而不是主观想象的，所以是客观的；不同事物的存在条件、内在规定都不相同，所以联系是多种多样的，具体事物的联系是特定的、具体的。

用联系的观点看问题是由事物联系的普遍性、客观性与具体性决定的，也是辩证法与形而上学的根本区别之一。怎样才能用联系的观点看问题呢？

（1）坚持用唯物主义辩证法普遍联系的观点去观察问题、思考问题和解决问题，克服形而上学孤立地看问题的倾向。

（2）坚持联系的客观性，从实际出发，实事求是，反对主观臆造、牵强附会地去联系。

（3）坚持联系的具体性，具体问题具体分析。正确区分不同事物联系的特殊性，正确区分内部联系和外部联系、直接联系和间接联系、纵向联系（历史联系）和横向联系。

（4）学会用系统的观点从整体上把握事物的联系，处理好整体和局部、系统和要素的关系，寻求最优联系方式，追求系统功能最大化。反对绝对化和片面性。

2. 正确理解“新事物是不可战胜的”。

新事物是指符合客观规律，代表事物发展方向，具有强大生命力和广阔发展前途的事物。新事物是不可战胜的，是因为：

（1）新事物符合客观规律，有存在的合理性，代表事物发展方向和趋势，因而具有强大的生命力和广阔的发展空间。

（2）新事物从旧事物中孕育产生，否定了旧事物的消极因素，继承了旧事物的积极因素，因而具有无可比拟的优越性。

（3）新事物从根本上符合绝大多数人的愿望、要求和利益，必然会得到广大人民群众的拥护和支持。

但新事物的发展不是一帆风顺的，它的发展道路是曲折的，这是因为：

（1）新事物成长要经历一个由小到大，由弱到强，由不完善到完善的过程。

（2）旧事物不会自甘灭亡，为了维护其自身地位，它总是竭力扼杀和摧残新事物，阻止新事物的成长壮大。

（3）在社会领域之中，人民群众对新事物的认识、理解和接受，需要一个过程。

所以，新事物的发展表现为前进性与曲折性的统一。

3. 如何正确理解矛盾的概念？

矛盾的概念既是重点，又是难点，可以从以下几个方面去理解：

（1）任何矛盾，都是由既相互对立又相互统一的双方构成的。所谓统一是指矛盾双方相互依存、共处于一个统一体中，并具有相互渗透、相互贯通性，在一定的条件下双方可以相互转化。所谓对立，是指矛盾双方相互区别、相互制约、相互排斥、相互斗争。

（2）矛盾具有同一性和斗争性两种基本属性。同一是包含斗争的同一，斗争是同一基础上的斗争。否认同一性和斗争性，就否认了矛盾。

（3）哲学上讲的矛盾是对事物与事物之间、事物内部各要素之间对立统一关系的抽象和概括，同形式逻辑中讲的矛盾不是同一个概念。逻辑中讲的矛盾是指讲话、写文章前后的相互冲突和否定，是一种思维的混乱。

4. 怎样正确理解矛盾的普遍性和矛盾的特殊性？

矛盾的普遍性有两方面的含义：一是矛盾存在于一切事物的发展过程中。二是事物的发展过程自始至终都存在着矛盾。换言之，矛盾普遍性是指矛盾无处不在，无时不有。矛盾的普遍性要求我们在任何时候，都要用矛盾的观点去分析问题和解决问题。

矛盾的特殊性是指具体事物所包含的矛盾和矛盾的不同方面各有不同。可以归纳为三种情况：一是不同事物包含着不同的矛盾，这些不同的矛盾构成了一事物区别于他事物的特殊本质。二是每一种事物在其发展的不同过程、同一过程的不同阶段上包含着不同的矛盾。有的矛盾贯穿于事物发展过程的始终，并规定着事物及其过程的本质，这叫基本矛盾。有的矛盾不一定贯穿过程的始终，也不决定事物及过程的性质，这叫非基本矛盾。三是矛盾发展不平衡性使不同的矛盾、矛盾的不同方面在事物发展过程中的作用、地位各有其特点。根据作用地位不同可以分为主要矛盾和次要矛盾，矛盾主要方面和次要方面。矛盾特殊性要求我们具体问题具体分析，反对简单化、一刀切。在复杂的矛盾体系中，要求抓主要矛盾和矛盾主要方面，同时兼顾次要矛盾和矛盾次要方面，这叫重点论和两点论的统一，既反对轻重不分、主次不分的倾向，又反对片面性和顾此失彼的倾向。

矛盾的普遍性表现着矛盾的共性，矛盾的特殊性表现着矛盾的个性，二者的关系是共性与个性的关系。个性是共性的基础，没有个性就谈不上共性；共性寓于个性之中，个性包含着共性；共性与个性在一定条件下可以相互转化。这一关系原理要求我们必须处理好一般与个别的关系。在实践中，必须把反映普遍规律的理论同具体实践相结合，既反对教条主义，又反对经验主义。在中国革命和建设实践中，毛泽东等老一辈无产阶级革命家把马克思主义普遍原理同中国革命具体实际相结合，创立了毛泽东思想和邓小平理论，成为指导中国革命和建设的正确理论和原则，为灵活运用马克思主义哲学原理树立了光辉典范。

二、练习题

（一）单项选择题（结合所学知识，在下列选项中选出一个正确答案）

1. 改革开放促进了生产力的发展，不但引起了经济生活的变化，而且也引起了社会生活、工作方式和精神状态的一系列深刻变化。这体现了（　　）。

A. 普遍联系的原理　　B. 矛盾主次方面关系的原理

C. 主次矛盾关系的原理　　D. 事物是变化发展的原理

2. 欧美一些国家把“13”视为不祥数字，高层建筑不设 13 层，一些城市的门牌号码不设 13 号，加之人们把与“13”有关的灾难统统归罪于这“不吉利”的数字，更使人们谈“13”色变。这种联系是（　　）。

A. 已经被实践证实了的联系　　B. 主观臆造的虚假联系

C. 主观符合客观的联系　　D. 客观事物本身所固有的联系

3. 有研究表明，人类生产和生活中产生的大量二氧化碳、甲烷和一氧化碳等气体会造成全球气温上升，海平面上升，气流与洋流变化，经常出现暴风雨。这种情况证明了（　　）。

A. 物质世界是永恒发展的　　B. 物质世界是普遍联系的

C. 物质世界的发展是曲折的　　D. 物质世界的运动是绝对的

4. “一只手，如果从身上割下来，名虽可叫手，实已不是手了。”这在哲学上属于下列哪一种观点？（　　）

A. 孤立、静止的观点　　B. 量变到质变的观点

C. 联系的观点　　D. 形而上学的观点

5. 唯物辩证法认为，发展的实质是（　　）。

A. 宇宙中的一切变化和过程

B. 前进性和曲折性的统一

C. 新事物的产生和旧事物的灭亡

D. 数量的增减，位置的变更，上升的、进步的变化

6. 哲学上讲的运动是指（　　）。

A. 宇宙中一切事物的变化和过程

B. 一切事物都在无条件地变化着

C. 事物由一种存在状态转化为另一种存在状态

D. 事物位置的移动和场所的变更

7. “士别三日，当刮目相看”的含义是（　　）。

A. 要用全面的观点看待一个人

B. 要用发展的观点看待一个人

C. 要用联系的观点看待一个人

D. 要用矛盾的观点看待一个人

8. 从整个物质世界来看，一切都处于运动中，没有不运动的物质，这说明运动是（　　）。

A. 普遍的、永恒的、无条件的、绝对的

B. 普遍的、永恒的、有条件的、相对的

C. 普遍的、暂时的、有条件的、相对的

D. 普遍的、暂时的、无条件的、绝对的

9. 下列对静止的看法正确的是（　　）。

A. 静止是绝对的不动，是完全的静止，是运动的特殊状态

B. 静止不是绝对的不动，是有条件的、相对的，是运动的特殊状态

C. 静止是运动的特殊状态，是无条件的、相对的运动

D. 静止是在一定条件下，暂时的不动，是相对的静止

10. 恩格斯指出：所谓社会主义社会，不是一种一成不变的东西，而应当和任何其他社会制度一样，把它看成是经常变化和改革的社会。这句话包含的哲学道理是（　　）。

A. 事物是普遍联系的，孤立的事物是没有的

B. 世界上的任何事物都是不断发展变化的

C. 新事物是不可战胜的，必然代替旧事物

D. 量变和质变是事物发展的两种状态

11. 辩证法认为事物运动的两种状态是（　　）。

A. 运动和静止　　B. 前进和倒退

C. 联系和发展　　　　D. 质变和量变

12. “善不积，不足以成名；恶不积，不足以灭身。”这句话包含的哲理是(　　)。

A. 善与恶是对立统一的，不能只看到某一方面

B. 善与恶是可以变化的，不能一成不变地看待

C. 善与恶是可以互相转化的

D. 善与恶的量的积累达到一定程度会引起质变

13. 前进性与曲折性相统一的原理要求我们在我国社会主义事业中遇到困难时(　　)。

A. 既要坚持自力更生，又要坚持改革开放

B. 既要大胆开拓进取，又要注意联系实际

C. 既要充满信心，又要正确对待前进中的困难

D. 既要坚持一个中心，又要坚持两个基本点

14. “退一步是为了进两步”“为了更好地一跃而后退”这两句话包含的哲理是(　　)。

A. 事物发展的总趋势是倒退性趋势

B. 事物的发展是前进性和曲折性的统一

C. 前进和倒退都是事物发展的趋势

D. 前进性就是曲折性，曲折性就是前进性

15. 事物发展的前进性和曲折性的统一，揭示了事物发展过程中的(　　)。

A. 普遍性和特殊性的问题　　　　B. 绝对性和相对性的关系

C. 平衡性和不平衡性的关系　　　　D. 基本趋势和具体道路的关系

16. 唯物辩证法认为，事物内部对立着的两个方面既对立又统一，这里所说的“对立”是指(　　)。

A. 矛盾双方互相排斥，互相斗争

B. 矛盾双方互相斗争，不能共处

C. 矛盾双方只有不同点，没有共同点

D. 矛盾双方只有区别，没有联系

17. 事物发展的根本原因是(　　)。

A. 事物内部的矛盾性

B. 内因和外因缺一不可

C. 事物主要矛盾和矛盾的主要方面

D. 矛盾的普遍性

18. “种瓜得瓜，种豆得豆”这一谚语说明(　　)。

A. 内因是事物变化的唯一原因

B. 内因决定事物发展的性质和方向

C. 内因是事物变化发展的重要条件

D. 外因是变化的条件，外因通过内因起作用

19. “有志者，事竟成，破釜沉舟，百二秦关终属楚；苦心人，天不负，卧薪尝胆，三千越甲可吞吴。”请指出这副对联所蕴含的哲学道理。(　　)

A. 事物的发展是内因和外因共同作用的结果

B. 内因和外因在事物发展中的地位和作用是不相同的

C. 外因是通过内因起作用的

D. 内因是事物发展变化的根本原因

20. 主要矛盾和次要矛盾相比较，主要矛盾居于支配地位，次要矛盾居于从属地位。主要是因为（　　）。

A. 主要矛盾重要，次要矛盾不重要

B. 主要矛盾的存在和发展，规定和影响着次要矛盾的存在和发展

C. 主要矛盾决定事物的性质，次要矛盾不决定事物的性质

D. 在工作中不分主次矛盾、不着重抓好主要矛盾是错误的

21. 世界上的事物之所以千差万别，纷繁复杂，丰富多彩，其根本原因是（　　）。

A. 矛盾的普遍性　　B. 矛盾的特殊性

C. 矛盾的同一性　　D. 矛盾的斗争性

22. “对症下药”“量体裁衣”“因材施教”“因地制宜”等成语，都告诉我们一个道理，这就是（　　）。

A. 按规律办事，实事求是　　B. 坚持两分法，防止片面性

C. 对具体问题进行具体分析　　D. 用一种方法解决不同的矛盾

（二）多项选择题（结合所学知识，在下列选项中选出 2～4 个正确答案）

1. “一切事物都处在相互联系之中”，这就是说（　　）。

A. 事物之间的联系是无条件的

B. 整个世界是一个普遍联系的有机整体

C. 事物之间的相互联系已完全浮现在我们面前

D. 世界上没有和周围事物毫无联系的事物

2. 下列观点和做法中正确反映事物普遍联系观点的有（　　）。

A. 雨露滋润禾苗壮，万物生长靠太阳

B. 地震预示着国家兴衰，闰八月将有灾难

C. 农、轻、重比例协调，才能保证国民经济持续、健康、快速地发展

D. 地球由地核、地幔和地壳三部分组成

3. 我们过去片面强调以粮为纲，开山毁林造田，破坏了植被，造成水土流失，破坏了生态平衡，反过来又妨碍了农业的发展，这一结果给我们的启示是（　　）。

A. 事物之间存在着普遍联系

B. “种粮”“植树”齐抓，才能搞好农业

C. 无视联系的客观性必然受到惩罚

D. 要具体问题具体分析，不要搞一刀切

4. “如果人体的某一部分出了毛病，那么只有很好地了解整个复杂肌体的人才能医治它。”这句话指出了（　　）。

A. 整体与部分不可分割

B. 整体与部分相互影响，部分的变化影响到整体的变化

C. 在同一事物中，整体是部分，部分也是整体

D. 整体和部分的关系中，整体处于统帅的决定地位

5. 恩格斯说：一个伟大的基本思想，即认为世界不是既成事物的集合体，而是过程的集合体。这种观点认为(　　)。

A. 无论是自然界、人类社会和人类认识都是变化发展的

B. 任何事物都有其产生和发展的过程

C. 事物是普遍联系的，孤立的事物是没有的

D. 任何事物的变化都是由小到大、由弱到强、由不完善到比较完善的过程

6. “刻舟求剑”故事中，那个楚国人的做法是(　　)。

A. 承认了事物之间的联系

B. 否认了事物是运动的

C. 用静止的观点看问题

D. 承认了船、水、剑是客观存在的

7. 对运动和静止的关系，认识正确的有(　　)。

A. 动中有静，静中有动

B. 运动是无条件的、绝对的，静止是有条件的、相对的

C. 静止是一种不显著的运动

D. 静止是绝对的，运动是相对的

8. 唯物辩证法认为，应该这样来认识事物的发展(　　)。

A. 发展是一种运动和变化，任何运动和变化都是发展

B. 那些向上的、向前的、进步的变化都是发展

C. 发展的实质是新事物的产生和旧事物的灭亡

D. 运动中所发生的状态乃至性质的变化都是发展

9. 当第一台铁路蒸汽机车问世时，有人驾着马车与火车赛跑，讥笑火车没有马车快。今天，那些讥笑火车的人受到了历史的讥笑。这个事实表明(　　)。

A. 新事物开始是弱小的，不如旧事物强大

B. 新事物比旧事物有强大的生命力和广阔的前途

C. 新事物必定会战胜旧事物

D. 新事物的发展要经历艰难曲折，但最终会取得胜利

10. 下列说法能够体现量变、质变原理的有(　　)。

A. 立竿见影　　B. 千里之行，始于足下

C. 城门失火，殃及池鱼　　D. 不积跬步，无以至千里

11. 对量变和质变关系的正确理解有(　　)。

A. 它们是事物发展的两种状态

B. 量变是质变的必要准备，质变是量变的必然结果

C. 质变引起新的量变，为新的量变开辟道路

D. 量变是基础，量变决定质变

12. 学习量变和质变原理要求我们看问题、办事情时要(　　)。

A. 坚持适度原则　　B. 不失时机地促成飞跃

C. 瞻前顾后，犹豫不决　　D. 重视量的积累

13. 从井冈山的“星星之火”到1949年的新中国成立，伟大的历程告诉我们，新事物必然战胜旧事物，事物发展的总趋势是前进的。其主要原因在于(　　)。

A. 新事物符合客观规律，代表了事物发展的方向

B. 新事物具有旧事物不可比拟的优越性

C. 社会领域的新事物从根本上符合绝大多数人民的利益

D. 事物发展的方向是前进的

14. 矛盾是对立统一，这里所说的“统一”是指(　　)。

A. 矛盾双方相互依存，一方以另一方的存在为前提

B. 矛盾双方依据一定的条件相互转化

C. 矛盾双方的依存和转化是无条件的

D. 矛盾双方只有区别没有联系

15. 下列现象，属于既对立又统一的有(　　)。

A. 教学过程中教与学的关系

B. 生物体摄取营养物质加以同化

C. 生产力和生产关系之间的关系

D. 物质现象中的作用力与反作用力

16. 下列选项中，符合两点论的说法有(　　)。

A. “坚持一个中心，两个基本点”的基本路线不动摇

B. 对人对事要一分为二，不要肯定一切或否定一切

C. 前进中遇到的困难和挫折既是坏事又是好事

D. 我国的对外开放，引进了先进的科学技术，同时腐朽的东西也相伴而来，得失相当

17. 下列属于外因的是(　　)。

A. 家庭和社会的环境

B. 教学过程中教师用的教具

C. 我国在现代化建设中引进的外资和先进设备

D. 植物生长过程中的水、土壤和阳光

18. 中国有句老话：“近朱者赤，近墨者黑。”但实际上，近朱者未必赤，近墨者未必黑，这说明(　　)。

A. 事物变化发展的根本原因是内因

B. 外因是事物变化发展的条件，外因通过内因起作用

C. 外因和内因在事物发展中是同时存在的，是同样重要的

D. 外因和内因在一定条件下是可以转化的

19. 坚持重点论，反对均衡论，是强调(　　)。

A. 矛盾双方的对立

B. 许多矛盾中的主要矛盾

C. 矛盾双方的统一

D. 在矛盾中强调矛盾的主要方面

20. 下列表述，能够体现矛盾特殊性原理的有（　　）。

A. 对症下药，量体裁衣　　B. 欲擒故纵，声东击西

C. 因时制宜，因地制宜　　D. 物极必反，相辅相成

（三）辨析题（判断正误，并简要说明理由）

1. 电子计算机“科学算命”是以前没有的，是新出现的东西，所以它是新事物。

2. 事物发展的道路是曲折的，世界上没有直路可走，艰难曲折总是难免的。所以，不要怕走弯路，不要怕失败。一切弯路和失败都是正常的、难以避免的。

3. 矛盾无处不在，无时不有，因此矛盾是永远不能解决的。

4. 主要矛盾对事物的发展过程起着决定作用。所以，要先抓主要矛盾，后抓次要矛盾。

5. 两点论就是全面地看问题，重点论就是片面地看问题。

（四）简答题（结合所给资料，简要回答问题）

1. 我国现行个人收入分配制度的“效率优先，兼顾公平”原则体现了什么哲学道理?

2. 在社会主义现代化建设中，必须把实现可持续发展作为一个重大战略，要把控制人口、节约资源、保护环境放到重要位置，使人口增长与社会生产力的发展相适应，使经济建设与资源、环境相协调，实现良性循环。这段论述体现了唯物辩证法的什么观点？请运用这一观点谈谈你对这段论述的理解。

3. 一些企业下岗职工较多，有的人牢骚满腹，怨天尤人，甚至坐等救济；有的人则积极寻找再就业机会，重新找到自己的位置，涌现出一大批“再就业明星”。结合材料，根据所学知识，谈谈你对上述现象的看法。

4. 牛顿是世界著名的物理学家，他建立了以宏观机械运动力学为基础的经典物理学体系，对人类科学发展作出了伟大贡献。但牛顿竟然不知道地球为什么会转动。有人问他时，他说是上帝的推动。请运用运动的观点和矛盾的观点说明牛顿错在什么地方？

（五）论述题

1. 有人认为，我国在科技、经济、军事等方面同发达资本主义国家相比，存在着较大差距，所以社会主义不如资本主义。请运用唯物主义辩证法发展的观点去分析这一错误观点。

2. 邓小平提出，把马克思主义的普遍原理同我国的具体实际结合起来，走自己的路，建设有中国特色的社会主义。请运用唯物辩证法矛盾普遍性与矛盾特殊性关系原理论述这一思想。

三、参考答案

（一）单项选择题

1. A　2. B　3. B　4. C　5. C　6. A　7. B　8. A　9. B　10. B　11. D　12. D　13. C
14. B　15. D　16. A　17. A　18. B　19. D　20. B　21. B　22. C

（二）多项选择题

1. BD　2. ACD　3. ABCD　4. ABD　5. ABD　6. BC　7. ABC　8. BC　9. ABCD
10. BD　11. ABC　12. ABD　13. ABC　14. AB　15. ACD　16. ABC　17. ABCD
18. AB　19. BD　20. AC

（三）辨析题

1. 错误。

我们判断一个事物是否是新事物，关键是看其是否符合客观规律，有没有强大的生命力和远大发展前途，而不能以出现的时间先后和形式的新旧作为判断新旧事物的标准。尽管新事物都是后来出现的，但是不等于说凡是新出现的事物都是新事物。某些人利用计算机搞所谓的“科学算命”，尽管打着“科学”旗号，利用电子计算机这样的先进工具，但实质是搞封建迷信，而封建迷信是腐朽的、日趋灭亡的旧事物。

2. 前一句话正确。因为新事物的成长要经历一个由小到大、由不完善到完善的过程；旧事物为了维护其自身的地位，总会竭力扼杀和摧残新事物；人民群众对新事物的认识、理解和接受，需要有一个过程，所以新事物的发展道路是曲折的，我们不要怕走弯路，不要怕失败。

后一句话则应具体分析。有些弯路和失败是正常的、难以避免的。但有些弯路和失败则是由于我们认识上的错误和主观努力不够造成的，这些弯路和失败是可以避免的。我们应力争少走弯路，争取少犯错误。

3. 矛盾无处不在，无时不有是正确的，因为矛盾具有普遍性。但认为矛盾是永远不能解决的则是错误的。只要实事求是地承认矛盾，揭露矛盾，运用一分为二的观点和矛盾分析法，就能够解决矛盾。当然，旧矛盾解决了，新的矛盾还会出现。人们就是在不断解决矛盾的过程中前进的。

4. 错误。

主要矛盾对事物发展过程起着决定作用，这是由主要矛盾的地位决定的。所以，次要矛盾的解决应服从主要矛盾的解决，要把重点放在主要矛盾上。但不能由此得出“先抓主要矛盾，后抓次要矛盾”的结论。因为次要矛盾也不可忽视，次要矛盾的解决有助于主要矛盾的解决。至于先抓哪一个，或同时抓，应具体问题具体分析。

5. “两点论就是全面地看问题”是正确的。两点论就是我们在认识复杂事物的诸多矛盾时，要看到主要矛盾和次要矛盾；在认识某一个矛盾时，要看到矛盾的主要方面和次要方面。总之，两点论就是要看到问题的两个方面，全面地看问题。

“重点论就是片面地看问题”是错误的。重点论就是我们在认识复杂事物中的各种矛盾时，既要把握次要矛盾，更要集中主要力量解决主要矛盾；在认识某一个矛盾时，要看到矛盾的次要方面，更要看到矛盾的主要方面。因此，重点论是两点论中的重点，而不是一点论，不是片面地看问题。

（四）简答题

1. 效率优先，兼顾公平的哲学依据是两点论和重点论的统一。贯彻按劳分配要注意效率，又要注意公平，这是两点论。要把效率放在优先的地位，这是重点论。

2. 这段论述体现了唯物辩证法关于事物是普遍联系的观点。唯物辩证法认为事物内部的各个部分、要素、环节是相互联系的，任何事物与周围其他事物也是相互联系的，整个世界就是一个相互联系的统一整体。事物的联系是普遍的，同时又是客观的，不以人们的意志为转移。

上述论断揭示了经济建设与人口的内在联系，必须严格控制人口数量的增长，大力提高人口质量；还揭示了经济建设与资源、环境的内在联系，必须切实保护资源和环境，不仅安排好当前的发展，还要为子孙后代着想。

3. 唯物辩证法认为，事物的发展变化是由内部的矛盾性即内因决定的，内因是根据，事物的外部矛盾即外因是事物发展变化的重要条件，外因通过内因起作用。

目前有些企业下岗职工较多，是我国经济发展多年积累的深层次矛盾的综合反映，也是改革和发展进程中不可逾越的阶段，这给一些职工的生活带来了困难。但政府非常重视做好下岗职工基本生活保障和再就业工作。在保障企业下岗职工基本生活的基础上，多渠道、多途径为下岗职工提供就业机会。在相同的环境下，每个人的主观努力程度不同，所取得的成绩和作出的贡献会有很大的差别。有的人悲观、消沉，有的人却能以坚强的毅力去迎接困难，变不利为有利，重新做出成绩，这就是内因决定的。下岗职工应改变旧的择业观念，自主择业，重新找到自己的位置，再为社会作贡献。

4. 牛顿是世界著名的物理学家，在宏观经典力学方面为物理学发展作出了巨大贡献。但由于他在世界观上，尤其是他在晚年陷入了唯心主义世界观，方法论上陷入了形而上学，所以无法正确回答地球为什么会转动。唯物主义辩证法认为，运动是物质的根本属性，是物质的存在方式，而事物内部的矛盾是事物运动的原因。地球作为一种物质形态，它本身就是运动的，而地球同周围其他星球（月亮、太阳等）之间的相互作用是它运动的原因。

（五）论述题（答题要点）

1.（1）唯物主义辩证法认为，世界上的事物都是普遍联系和永恒发展的，任何事物都有其产生、发展、灭亡的历史，都有存在的历史环境和条件。我们必须用联系、发展的观点看问题，孤立、静止地看问题的方法是错误的。

（2）资本主义和社会主义是两种不同的社会制度，其产生和发展的社会历史条件各不相同，脱离两种社会制度产生的社会历史条件及发展过程去进行比较，不能反映两种制度的本质和优劣。

（3）从17世纪40年代英国资产阶级革命，18世纪的美国独立战争、法国资产阶级革命以后，新生资产阶级建立的资本主义制度作为封建社会制度的批判者，是一种新生事物，使社会生产力获得了广阔的发展空间。加之第一次产业革命，机器化大生产为资本主义生产力的发展注入了强大的动力，获得了高速度发展的社会历史条件和科学技术条件。19世纪末、20世纪初，第二次产业革命又一次推动了西方资本主义国家生产力的长足发展。至今，西方资本主义国家有的已有三百多年的发展历史，最晚的也已有二百多年的发展历史。

（4）西方发达资本主义国家在发展过程中，对外用武力和战争及殖民主义政策大肆掠夺包括中国在内的贫穷落后国家的财富，对内压榨和剥削本国人民，为资本主义发展获得了雄厚的物质基础。

（5）包括中国在内的社会主义国家大多是第二次世界大战以后，在封建的或半殖民地、半封建的社会条件下，在十分落后的生产力水平上建立起来的新生政权。尤其是中国，在鸦片战争以后的近百年屈辱历史过程中，饱受西方列强的侵略和掠夺，战争连绵，逐步沦为半殖民地，生产力水平十分低下。在这样的基础上建立的年轻的社会主义制度，仅仅经过半个多世纪的发展，就已经获得了举世瞩目的成就，完成了西方资本主义国家几百年才完成的历史任务，这充分体现了社会主义制度的优越性。

（6）新生事物发展有一个由小到大、由弱到强、由不完善到完善的过程。在这个过程中，还会出现坎坷和曲折，是前进性曲折性的统一。社会主义制度是新生事物，也会经历一个不断完善的曲折发展过程。中国的社会主义改革和中国特色社会主义建设便是在曲折中探索出来的正确发展道路。近几十年中国经济发展，综合国力增强，人民生活水平提高及社会的进步和发展，都有力地证明社会主义制度具有强大的生命力、广阔远大的发展前途和无比的优越性。

（7）西方资本主义国家由于社会基本矛盾的运动，使其已逐步失去了存在的合理性，是日趋灭亡的旧事物。但旧事物的否定是事物合乎客观规律的自我否定，其彻底退出历史舞台有一个较长的历史过程。

2.（1）唯物主义辩证法关于矛盾的普遍性和特殊性关系原理要求我们必须在矛盾普遍性原理指导下，具体分析矛盾的特殊性，将普遍性理论同具体实践相结合。

（2）中国的无产阶级革命和社会主义建设同世界各国的无产阶级革命和社会主义建设一样，都具有共同性，而马克思主义是指导无产阶级革命和社会主义建设的普遍原则和真理，所以中国无产阶级革命和社会主义建设必须以马克思主义为指导。

（3）中国有中国的国情和具体的社会历史条件，有矛盾的特殊性，所以必须把马克思主义理论同中国革命和社会主义建设的具体实际相结合，从中国国情出发，走中国特色的革命和建设道路。

（4）毛泽东等老一辈无产阶级革命家成功地将马克思主义普遍原理同中国革命和建设的具体实际相结合，创立了毛泽东思想。毛泽东思想是实践证明了的关于中国革命和建设的正确的原则和理论，是马列主义的中国化。它为我们将普遍性原理同具体实践相结合树立了光辉的典范。

（5）在新的社会历史条件下，社会主义建设和发展遇到了新的问题，邓小平根据时代要求，从中国国情出发，将马克思主义同中国社会主义建设实践相结合，找到了一条符合中国国情的中国特色社会主义道路，发展了马列主义和毛泽东思想，形成了邓小平理论。邓小平理论也是被实践证明了的关于中国特色社会主义建设的正确的原则和理论。

第三章　提高认识事物的能力

一、复习提示

（一）基本结构

本章把分析的对象由客观世界转向了认识者即主体自己。人们能否正确认识和解决现实世界的问题，其实是主体自身的认识能力问题。如何提高人的认识能力和解决问题的能力，是马克思主义哲学十分重要的问题。

本章首先引入了实践的概念，因为实践是主体认识的来源和基础。人们只有在实践中才能获得对认识对象的感性认识，并通过大脑思维对感性认识思考、加工、制作，去粗取精，去伪存真，由表及里，由此及彼，将感性认识上升为理性认识。人们常说，实践出真知，所以青年学生要注重实践。同时，也要向书本学习，因为书本知识是前人实践经验的总结。人的认识由在实践中获得的直接经验和从书本上获得的间接经验两部分构成。

如何才能提高青年学生的认识能力呢？本章讨论了如何从现象入手，学会透过现象看本质；如何正确分析偶然性和必然性的关系，从偶然性中发现事物的必然性；如何正确分析现象之间的因果联系，提高对事物因果联系的把握能力，把追溯原因与预见结果结合起来，科学地预见和驾驭事物的发展。

人之所以能够认识事物，是因为人有会思维的大脑，而科学的思维方法则是提高人的思维能力的关键。本章在讨论了逻辑思维的基本形式的基础上，还进一步向同学们介绍了归纳与演绎、比较与归类、分析与综合等科学的思维方法。

（二）重点概念

1. 实践：是人们改造客观世界的一切活动。实践具有能动性、社会性、客观物质性特征。

2. 感性认识和理性认识：感性认识是对事物现象的认识，是认识的低级阶段。理性认识是对事物本质的认识，是认识的高级阶段。

3. 现象与本质：现象是表面的、外露的，一般来说能被感官直接感知，是看得见摸得着的。现象是大量的、个别的，是事物本质多方面的具体表现，是多变的和易逝的，有较大的流动性。本质是现象之间的内在联系，是事物的根本性质，它是看不见摸不着的，只能凭抽象的思维来把握。本质是同类现象中一般的、共性的东西，是相对稳定的。

4. 必然性与偶然性：必然性是指事物发展的确定性和不可避免性。偶然性是指事物发展中可以出现，也可以不出现，可以这样出现，也可以那样出现的某种不确定性。

5. 因果联系：是在事物的普遍联系当中的引起和被引起的关系。引起某种现象的现象叫原因，被某种现象引起的现象叫结果。

6. 概念：是反映对象本质属性的思维形式，概念是抽象的，是大脑进行思维的基本单位。

7. 判断：是对事物性质、状况、关系等有所断定的思维形式，是利用概念对事物、现象之间关系的一种断定。

8. 推理：由若干个已知判断推论出新的判断的思维过程，它是一种获得新知识的方法。

9. 归纳与演绎：归纳是从个别事实上升到一般结论的思维方法；演绎是从一般性原则推断出个别性结论的方法。

10. 分析与综合：分析是把事物的整体分解为各个部分、方面、要素，分别加以研究的思维方法。综合是把分解开来的各个要素结合起来，再组合为一个整体的思维方法。

11. 比较与归类：比较是用来确定事物现象之间的共同点和差异点的方法。归类是根据事物对象的共同点和差异点，把事物对象按类区分开来的方法。

（三）学习难点

1. 如何正确理解实践的概念？

实践的概念是马克思主义哲学中一个十分重要的概念，也是马克思主义哲学区别于旧唯物主义的一个重要特征。实践概念应从以下几个方面去理解：

（1）实践是人们改造客观世界的一切活动，其形式是多样的。它包括人类改造自然、获取物质财富的生产实践活动，如工人做工、农民种田、渔民捕鱼等；人类改造和调整社会关系的实践活动，如社会革命、社会管理、司法活动等；科学实验，如科学家的研究、科学考察、科技攻关等。

（2）实践是人类特有的活动。人类的实践活动不同于动物的本能活动，动物本能活动是被动、消极的适应活动，而人类的实践活动是有意识、有目的、能动性的活动。

（3）实践活动是客观的物质活动。其实践手段、实践过程、实践结果都具有客观现实性，要受到客观规律的制约。

（4）实践活动是社会历史性活动。人类实践活动不是单个人的活动，而是在一定社会关系中的人们的共同活动，其实践的规模、范围、程度、水平受社会历史条件的制约。

（5）实践活动是认识产生的前提和基础。实践是认识的来源，实践是认识发展的动力，实践是认识的目的和检验认识真理性的标准。

2. 如何正确理解感性认识和理性认识的关系？

感性认识是人们通过感官对事物表面现象和外部联系的认识，是认识的低级阶段，具有直接性、形象性的特征。理性认识是人们通过大脑对事物内在本质、内部联系的认识，是认识的高级阶段，具有间接性、抽象性特征。

感性认识和理性认识是认识发展的不同阶段，其关系应从以下几个方面去理解：

（1）感性认识是认识的必经阶段，它是理性认识的基础，有待于发展为理性认识，二者不存在正误、优劣的问题。

（2）感性认识和理性认识相互渗透。感性认识往往以理性认识作为指导，即感性认识的产生以经验、理论为先导，使人们对事物的观察、了解更准确、敏锐。理性认识又以感性材料为基础，理性认识的表述也需要借助于感性的形式。

（3）感性认识向理性认识的飞跃是有条件的，一是要占有十分丰富、翔实的感性材料，这是飞跃的前提和基础；二是要运用科学的思维方法对感性材料进行加工和改造，这是产生飞跃的关键。

（4）感性认识和理性认识都以实践为基础，感性认识上升为理性认识不是认识的终结，而是在实践中不断发展、深化的过程。

3. 如何正确理解实践是认识的来源？

人类对客观世界的正确认识只能从实践中来，而且必须在实践中反复检验、发展、扩展、深化。但人也不能忽视从书本中学习知识和理论，它是人们获取正确认识的重要途径，否则学校教育就成为多余的了。

从书本中学习同实践出真知并不矛盾：

（1）书本知识是前人实践经验的总结，所以书本知识是“流”而不是“源”。

（2）每个人参加实践的机会和范围十分有限，不可能对所有的事物、对象都通过实践去认识，人们也不需要重复前人已经在实践中完成了的认识过程，每一代人都必须借鉴前人的实践经验，才能使人类的认识水平、实践水平不断提高，认识和实践范围不断扩展。

（3）即使是从书本中学习，也要注重同实践相结合，才能使书本知识变为人的实践能力，并在实践中去发展书本中的知识和理论。

4. 如何理解“透过现象看本质”？

现象是关于事物表面的、外部的联系，本质是事物的根本性质、内部联系。人们把握事物必须把握事物的本质，但不是说现象不重要，也不是说现象与本质无关。

（1）现象是本质的表现，它必然地反映着本质，现象的变化是以本质为依据的。本质深藏在事物内部，看不见，摸不着，只有通过现象才能表现出来，不表现为现象的本质是不存在的。

（2）认识事物就是认识事物的本质，而不是现象。所以认识事物不能浅尝辄止，必须深入研究事物的现象，把现象作为认识事物本质的向导，这叫透过现象看本质。

（3）现象是丰富的，多变的，易逝的，所以认识事物本质必须全面地观察事物各种现象，切忌看到个别现象便轻率地下结论。

（4）现象中有真象和假象的区别，假象是对事物本质的歪曲反映，并具有极大的误导性，所以必须注意区别真象和假象，不为假象所迷惑，才能真正认识事物的本质。

5. 如何正确理解“机遇”？

所谓“机遇”，是指在事物发展过程中偶然获得的有利于事物发展的条件，它是一种偶然性的表现。

其实，事物运动发展的过程都是有条件的。所谓条件，是指事物运动发展过程中各种要素的某种联系。条件的变化会改变事物运动发展的方向和趋势。当条件确定了，事物运动发展的方向、速度就成为一种必然性趋势，当失去了条件，事物发展运动的方向、速度就成为不确定性。

而事物运动发展的条件因素是复杂的、多方面的，有内部的、外部的。对于人的发展而言，内部条件为主观条件，外部条件为客观环境。只有主观条件，没有客观环境，其发展就会受到限制；只有客观环境，没有主观条件，发展也是不可能的。所以人们常说，机遇总是留给那些有准备的人。人只有通过主观努力，提高自己的素质，一旦有了机遇，便获得了发展的条件和空间。如果不想努力，坐等“机遇”，碰到机遇也会失之交臂。现代社会是一个迅速发展、并具有多样化发展趋势的社会，每个人的机遇都是很多的，所以人必须正确认识机遇，发挥主观能动性，提高自己的素质和主动把握机遇的能力，才会获得成功和发展。守株待兔，怨天尤人，是永远不会得到机遇的，即使有了机遇也会失去。

二、练习题

（一）单项选择题（结合所学知识，在下列选项中选出一个正确答案）

1. 实践是（　　）。
A. 人们认识和改造客观世界的一切活动
B. 人们的物质资料生产活动
C. 人们处理、调整各种社会关系的活动
D. 人们的认识活动

2. 认识的来源是（　　）。
A. 书本知识　　B. 前人的知识和经验
C. 实践　　D. 人的头脑

3. 辩证唯物主义认识论的首要和基本观点是（　　）。
A. 联系的观点　　B. 实践的观点
C. 发展的观点　　D. 矛盾的观点

4. 感性认识是（　　）。
A. 对事物本质的认识　　B. 最正确、可靠的认识
C. 对事物现象的认识　　D. 错误的认识

5. 理性认识是（　　）。
A. 对事物现象的认识　　B. 对事物本质的认识
C. 正确的认识　　D. 对事物外部联系的认识

6. 感性认识向理性认识的上升是（　　）。
A. 认识过程的飞跃　　B. 自发进行的
C. 对认识谬误的修正　　D. 对认识正确与否的检验

7. 人类最基本的实践活动是（　　）。
A. 处理社会关系的实践活动　　B. 科学实验
C. 学习与认识活动　　D. 改造自然的生产实践活动

8. 人的知识由（　　）构成。
A. 直接经验　　B. 间接经验
C. 直接经验和间接经验两部分　　D. 基础知识和专业知识

9. 现象和本质的关系是（　　）。
A. 现象和本质无关　　B. 现象表现事物本质
C. 现象歪曲事物本质　　D. 现象掩盖事物本质

10. 认识事物的基本方法是（ ）。

A. 必须认识现象
B. 抛开事物的现象
C. 透过现象看本质
D. 注重认识假象

11. 必然性是（ ）。

A. 事物发展某种条件下的不可避免性和确定性
B. 事物发展某种条件下的不确定性
C. 事物发展的可能性
D. 事物发展的必要性

12. 机遇是（ ）。

A. 人生发展的必然性条件
B. 人生发展的决定性条件
C. 人生发展的偶然性条件
D. 人生发展的可能性条件

13. 反馈原理体现了（ ）。

A. 现象、本质之间的相互作用
B. 必然性与偶然性之间的联系
C. 因果之间的相互区别
D. 因果之间的相互作用

14. 概念是（ ）。

A. 反映对象的本质属性的思维形式
B. 反映对象的本质属性的思维方法
C. 反映对象的感性形式
D. 反映对象的非本质属性的思维形式

15. 判断是（ ）。

A. 一种思维方法
B. 对事物的性质、状况、关系等有所断定的思维形式
C. 对概念的断定与否定的思维形式
D. 对客观对象的断定与否定的思维形式

16. 推理是（ ）。

A. 对事物发展结果的预测
B. 对原因引起结果的判断
C. 对引起结果原因的主观推测
D. 由若干个已知判断推论出新的判断的思维过程

（二）多项选择题（结合所学知识，在下列选项中选出 2～4 个正确答案）

1. 实践是（ ）。

A. 人的有意识、有目的的能动性活动
B. 社会历史性活动
C. 孤立的个人活动
D. 客观物质性活动

2. 感性认识（ ）。

A. 是对事物不正确的认识
B. 是认识的初级阶段
C. 是对事物现象的认识
D. 为理性认识提供基础

3. 感性认识上升为理性认识以后（ ）。

A. 认识的过程已经完成
B. 还需要在实践中接受检验

C. 还要在实践中得到深化和发展
D. 还需要通过逻辑进行论证

4. 现象（　　）。
A. 对认识活动来说是多余的
B. 是脱离本质的
C. 是表现本质的
D. 是以本质为依据的

5. 本质是（　　）。
A. 千变万化的
B. 易逝流动的
C. 同类现象中一般的、共性的东西
D. 相对稳定的

6. 透过现象看本质要注意（　　）。
A. 全面地把握事物的各种现象
B. 现象是无关紧要的
C. 学会正确区分真象和假象
D. 对现象进行科学分析和研究

7. “钟不敲不响”意思是说（　　）。
A. 敲钟和钟响是因果关系
B. 凡前后相继的现象都是因果关系
C. 敲和响是没有区别的
D. 钟先敲而后响，因果前后相继

8. 必然性和偶然性的关系是（　　）。
A. 偶然性表现必然性
B. 偶然性受必然性支配
C. 二者在一定条件下相互转化
D. 偶然性同必然性是完全对立的

9. 概念是（　　）。
A. 思维的基本单位
B. 对词语的注解
C. 人们获得认识的起点
D. 人们对客观事物认识的总结

10. 推理必须符合两个条件（　　）。
A. 前提是真实的
B. 推理结论是正确的
C. 推理根据是充分的
D. 推理形式是正确的

11. 归纳和演绎两种思维方法（　　）。
A. 思维方向是相反的
B. 是根本对立的
C. 互为前提，互相补充
D. 是求同存异的

（三）辨析题（判断正误，并简要说明理由）

1. 人的知识大部分是从书本上学到的，这说明书本是认识的主要来源。

2. 感性认识是对事物表面现象的认识，所以感性认识是不可靠的。

3. 理性认识是认识的高级阶段，是对客观事物认识的终点。

4. 假象也是对事物本质的一种反映。

5. 机遇带有极大的偶然性，所以它属于幸运的人。

6. 因果是先行后续的，所以电闪和雷鸣、白天和黑夜是因果关系。

7. 世界上许多事情是没有结果的，所以因果联系不是必然的。

8. 前提是真实的，推理得出的结论一定是正确的。

9. 推理是一种获得新知识的方法。

10. 分析是把事物整体分解为各个部分进行研究，综合是把事物的各个部分合为整体进行研究，所以两种方法是完全对立的。

（四）简答题（结合所给资料，简要回答问题）

1. 中国古人有句话："读万卷书，行万里路。"请从认识论角度谈谈这句话的哲学含义。

2. 古代人看到早上太阳从东方升起，傍晚太阳从西方落下，就以为太阳绕着地球旋转，认为地球是宇宙的中心。这一事实是否说明现象是认识本质的障碍？为什么？

3. 有人说"违反交通规则不一定会发生交通事故"，这种说法为什么是错误的？

4. 有的年轻人总认为别人成功是"机遇"，而抱怨自己不够幸运，这种想法为什么是错误的？

5. 请回答下列三句话分别属于什么思维形式：

A. 人是会劳动、会思维的动物。

B. 社会主义的本质是解放和发展生产力。

C. 因为我们是为人民服务的，所以我们有缺点，就不怕别人批评指出。

6. 请回答下面两段话分别采用了什么样的思维方法：

A. 陈胜、吴广起义失败了，黄巾军起义失败了，黄巢起义失败了，李自成起义也失败了。农民起义受农民阶级的局限，其结果必然是失败的。

B. 中国近代历史上的太平天国运动，虽然具有反帝反封建的民主革命性质，但它毕竟是农民起义，所以也不可能成功。

7. 西医以生理解剖为基础，用药必须弄清楚什么成分对人的疾病起什么作用。而中医将人体作为一个有机的生命整体，主张辨证施治，主张虚实、寒热、阴阳、表里的平衡协调。中药也是许多种草药一锅煎，讲究君臣相济。请你说明中西医在思维方法上有什么区别。

（五）论述题

1. 瞎子摸象的故事大家都十分熟悉，请用本章所学的知识说明如何使瞎子对大象的感性认识上升成为理性认识。

2. 中等职业学校学生如何才能提高自身的认识能力，成为对社会有用的人才？

三、参考答案

（一）单项选择题

1. A　2. C　3. B　4. C　5. B　6. A　7. D　8. C　9. B　10. C　11. A　12. C　13. D
14. A　15. B　16. D

（二）多项选择题

1. ABD　2. BCD　3. BC　4. CD　5. CD　6. ACD　7. AD　8. ABC　9. AD　10. AD　11. AC

（三）辨析题

1. 错误。

书本知识属于间接经验，是前人实践经验的总结，所以它是流，而不是源。人的大量知识是从书本上获得的，它是对前人实践经验的学习和继承，但这不能否定实践是认识的来源。

2. 错误。

感性认识虽然是对事物表面现象、外部联系的认识，但它是认识的初级阶段。理性认识是建立在大量可靠感性材料基础上的，所以感性认识是理性认识的基础。

3. 错误。

理性认识虽然是认识的高级阶段，但它不是认识活动的终点。理性认识还必须回到实践中去，通过实践去证明它是否正确，并需在实践中得到完善和深化。理性认识要反复在实践中检验，不断地再认识，是一个无限发展的过程。

4. 正确。

假象是对事物本质的一种歪曲的反映。假象对认识本质也有十分重要的作用。

5. 错误。

机遇是人生中带有一定偶然性的机会，但机遇绝不是消极等待、碰运气能得到的，机遇往往是给那些勤奋学习，努力完善自我，提高自身素质，有充分准备的人的。如果没有洞察机遇、把握机遇的能力，有了机遇也会失去的。

6. 错误。

因果关系是先行后续的，但并不是所有先行后续的现象都是因果关系。电闪和雷鸣、白天和黑夜都不是因果关系，电闪、雷鸣是带电云层放电引起的结果；白天、黑夜交替是地球自转引起的结果。

7. 错误。

因果联系是必然的，有因必有果，有果必有因。一件事情没有结果，本身就是一种结果，它也是有原因的。

8. 错误。

推理的结论是正确的必须有两个条件：一是前提是正确的，二是推理过程必须是符合逻辑规则的。

9. 正确。

推理既是理性认识阶段的一种思维形式，又是获得新知识的一种方法。因为它可以通过已有判断而得到新的判断。

10. 错误。

分析和综合虽然是两种不同的思维方法，但二者是密不可分的。一方面，分析是综合的基础，综合不能离开分析，没有系统、周密的分析，不可能有正确的综合。另一方面，分析又离不开综合，没有综合指导，就不可能有正确的分析。

（四）简答题

1.“读万卷书，行万里路”这句话的含义是：第一，人的知识由两部分构成，即书本知识（间接知识）和直接从实践中得到的知识。第二，读书是学习，实践也是学习，这两个方面都是十分重要的。

2. 这一事实不能说明现象是认识本质的障碍。因为现象对本质的反映是十分复杂的，人们要认识本质，必须从现象入手，并正确全面地考察现象同本质的内在联系，而不能将现象和本质的关系简单化。因此，现象只是认识入门的向导，不能误把现象当成本质。

3. 这种说法之所以是错误的，是因为它将偶然性和必然性的关系完全对立起来。偶然性反映着必然性，必然性通过偶然性表现出来。一次违反交通规则固然不一定会发生交通事故，但这只是一种侥幸。经常违反交通规则，迟早会发生交通事故，这是必然的。大家都违反交通规则，发生交通事故的可能性就会增大，这也是必然的。

4. 机遇是人生成功的一种偶然性因素。将别人成功看作是一种幸运，而看不到别人的努力和优势，是一种片面的思想方法。放弃自己的主观努力，而只想等待幸运出现，幸运是永远不会降临的。只有做好充分准备，努力提高自己的素质和能力，才会认识机遇、把握机遇，将偶然变成必然，获得成功。

5. A. 概念；B. 判断；C. 推理。

6. A. 归纳；B. 演绎。

7. 中医是将人作为一个整体去研究发生疾病的原因的，中药治病也是追求一种总体上的效果，其思维方法以综合为主要特征。而西医以生理解剖为基础，西药治病是必须找到能抑制疾病的有效成分，所以思维方法以分析为主要特征。

（五）论述题（答题要点）

1.（1）瞎子摸象的故事说明，感觉是对事物某一方面现象、属性的认识。

（2）要形成对大象的比较全面的认识，需对感觉得到的材料进行加工，即去粗取精，去伪存真，由此及彼，由表及里，并经过分析与综合，才能形成对大象比较全面的认识。

2.（1）青年学生要提高自己的认识能力，一定要树立实践的观点，多接触实际，在实践中学习提高。

（2）青年学生要积极投身社会实践，在实践中同劳动群众相结合，向人民群众学习，才能克服“眼高手低、动手能力差”，思想方法片面性、理想化的缺点。

（3）青年学生在重视从实践中学习直接经验的同时，也要重视间接经验的学习，即书本知识的学习，努力把前人在实践中总结出来的理性认识变为自己掌握的知识。

（4）青年学生要学会学习，从某种意义上说学习也是实践。必须在青年时期培养良好的学习能力，掌握正确的学习方法，掌握学习的基本功。

第四章　从生产活动出发认识社会历史

一、复习提示

（一）基本结构

本章把论述的中心转向以生产活动为中心的社会历史。这既是论述历史唯物主义历史观的几个重要问题，也是为第五章、第六章论述人生观、价值观、人生理想做准备。

为了使青年学生能够正确认识人类社会历史，本章从人类最基本的实践活动——生产活动出发去讨论人类社会历史，这既是人类社会历史存在和发展的本质，又是马克思主义认识社会历史的基本方法。

物质生产活动是人类最基本、最基础性的活动，它是人类社会存在和发展的物质基础。而人们在物质生产活动中会形成两方面的关系，一是人同自然的关系——生产力，二是人与人的社会关系——生产关系。生产力，作为人类征服、改造和利用自然，使其适应人类社会需要的客观物质力量，是社会存在中最活跃最革命的因素，其连续不断地发展，推动着社会的发展，成为社会发展的决定性力量。而生产力中的软件因素——科学技术的发展，是生产力发展的最首要的要素，所以说，科学技术是第一生产力。

本章第二节展开论述了生产力与生产关系的矛盾关系，突出了生产关系必须适应生产力发展的规律，并根据这一规律，论述了社会主义改革和解放发展生产力的历史必然性。

本章第三节从社会意识和社会存在的关系出发，重点讨论了社会主义精神文明建设的内涵和意义。

（二）重点概念

1. 生产力：是指人类征服、改造和利用自然，使其适应人类社会需要的客观物质力量。生产力体现了生产过程中人与自然的关系，是社会发展的决定性力量。

2. 生产关系：是指在生产活动中形成的人与人之间的关系。生产资料所有制是生产关系的基础。人类社会历史上生产关系有两种基本类型，一是以生产资料公有制为基础的生产关系，二是以生产资料私有制为基础的生产关系。

3. 社会存在和社会意识：社会存在是社会生活的物质方面，包括自然地理环境、人口因素和物质资料生产方式，这里主要指物质资料生产方式。社会意识是指社会生活的精神方面，包括政治、法律、思想、艺术、道德、宗教、科学技术、哲学以及风俗、习惯、传统等。社会意识是对社会存在的反映，并对社会存在发生能动的反作用。

4. 物质文明和精神文明：文明是指人类开化和社会进步的状态。社会文明包括物质文明和精神文明。物质文明是人类改造自然所取得的物质成果，它表现为物质生产的进步和改善。精神文明是人们在精神生产和精神生活中获得的成果，侧重于在社会生活中有积极意义的成果，包括文化和思想两个方面。

5. 先进的生产力：现实社会中，有各种各样的生产力，那些能够推动社会进步，促进社会发展，创造更多的社会财富，满足人们日益增长的物质文化需要，为人的全面发展奠定坚实物质基础的生产力是先进的生产力。

6. 中国特色的社会主义文化：是以马列主义、毛泽东思想、邓小平理论、“三个代表”重要思想和科学发展观为指导，以培育有理想、有道德、有文化、有纪律的公民为目标，发展面向现代化、面向世界、面向未来的，民族的、科学的、大众的社会主义文化。

（三）学习难点

1. 怎样理解科学技术是第一生产力？

科学技术是第一生产力应从以下几个方面去理解：

（1）科学技术是生产力系统中的智力性要素，渗透于生产力三大独立要素中，推动生产力的发展。科学技术的发展使人类实践的广度和深度不断扩展，越来越多的自然物质成为人类可以利用的劳动对象；劳动资料中最为首要的生产工具是衡量生产力水平的客观尺度。科技进步带来了生产工具的改进。现代化社会生产中，生产劳动的智力因素增长对劳动者素质提出了更高的要求，使劳动者必须懂得更多的科学技术知识。

（2）科学技术在现代社会生产和经济增长中占有首要地位。据统计，20 世纪初，发达国家工业生产的增长，只有 5%～20%是靠科技进步取得的；到了 70 年代，生产的增长已有 60%～80%依靠科学技术进步；90 年代以来，许多知识密集型行业生产的增长几乎完全靠科学技术。

（3）科学、技术、生产的内在结构发生了根本变化。科技革命以前，三者的排列为生产—技术—科学，而在当代，科学技术决定了生产发展的方向、规模和速度，三者的结构变化为科学—技术—生产。

（4）在现代社会中，科学向技术和生产转化的周期大大缩短，以至于可以把科学技术当作直接的生产力。科学技术向生产转化的周期已经由 18 世纪的平均 50 年缩短到现代的 1 年左右。当今世界兴起的新技术革命，已形成以网络技术、生物技术、纳米技术等为代表的新技术群，必将使社会生产力发生新的飞跃。

（5）科学技术的发展推动了全社会精神文明的发展，以至于使人类的精神面貌发生着深刻变化。

2. 如何正确理解生产关系对生产力的反作用？

生产力决定生产关系，但生产关系不是消极被动的，它对生产力有能动的反作用。生产关系对生产力的反作用应从以下几个方面去理解：

（1）当生产关系适合生产力状况时，对生产力的发展起促进作用。因为适合生产力的生产关系能调动劳动者的积极性，并使生产工具、劳动对象的作用得到充分发挥，为生产力发展创造有利的环境和条件。

（2）当生产关系不适合生产力状况时，对生产力发展起阻碍甚至破坏作用。因为不适合生产力发展的生产关系压抑劳动者的积极性，生产工具、劳动对象的作用得不到充分发挥。

（3）生产关系必须适合生产力的发展，这是人类社会发展的基本规律，是无产阶级政党和社会主义国家制定路线、方针、政策的主要客观依据，也是社会主义条件下进行生产关系改革，完善生产关系，推动生产力发展的理论依据。

3. 如何正确理解社会意识的相对独立性？

社会存在决定社会意识，社会意识依赖于社会存在。同时，社会意识具有相对独立性，对社会存在有能动的反作用。社会意识的相对独立性应从以下几个方面去理解：

（1）社会意识与社会存在的发展存在不平衡。社会存在决定社会意识。社会存在发生变化，社会意识迟早会发生变化，但某种社会思想和理论，在它赖以存在的物质条件发生根本改变之后，还会存在相当长的时期，并对社会发展起一定的阻碍作用，是谓旧思想残余和流毒。

（2）社会意识具有历史继承性。每个时代的社会意识不会发生完全的隔绝与断裂，都同过去时代的文化思想成果有着这样那样、或多或少的联系，每个时代的思想家、科学家、艺术家都会批判地吸收和继承前人创造的有价值的文化成果和思想材料，把社会的科学文化向前推进一步，并为后人留下文化遗产。

（3）社会意识对社会存在具有很强的能动的反作用，是社会意识相对独立性最重要、最突出的表现。先进的社会意识、先进的思想文化能正确反映社会发展规律和趋势，对社会存在的发展起促进作用。落后的社会意识、思想文化同社会历史发展趋势相悖，是为腐朽没落的阶级服务的，因而对社会存在发展起阻碍和破坏作用。

（4）社会意识的相对独立性和对社会存在的能动的反作用原理是我们进行中国特色社会主义文化建设和社会主义精神文明建设的理论根据。

二、练习题

（一）单项选择题（结合所学知识，在下列选项中选出一个正确答案）

1. 人类最基本的活动是（　　）。

A. 艺术欣赏活动　　B. 社会交往活动

C. 社会管理活动　　D. 物质资料生产活动

2. 生产关系中具有决定意义的关系是（　　）。

A. 产品的分配关系　　B. 产品的消费关系

C. 生产资料所有制关系　　D. 产品的交换关系

3. 社会意识的相对独立性的最突出表现是（　　）。

A. 社会意识和社会发展的不同步性

B. 社会意识与经济发展水平的不平衡性

C. 社会意识发展具有历史继承性

D. 社会意识对社会存在具有反作用

4. 生产力本质上体现了（　　）。

A. 人与自然的关系　　B. 人与物的关系

C. 人与人的关系　　D. 物与物的关系

5. 社会生产力发展水平主要的物质标志是（　　）。

A. 劳动者的技术水平　　B. 劳动对象
C. 生产工具　　D. 科学技术

6. 科学技术在生产力系统中是（　　）。
A. 非实体性要素　　B. 独立要素
C. 必要要素　　D. 首要要素

7. “有了问题找市长”，“有了问题不找市长找市场”，“有了问题找市场也找市长”。在市场经济体制的建立过程中，企业经营者观念的变化说明的哲学道理是（　　）。
A. 社会意识的变化促进社会存在的变化
B. 正确的价值观有重要的指导作用
C. 社会存在的变化决定社会意识的变化
D. 我国的市场经济体制不断完善

8. 社会意识对社会存在具有反作用，其反作用越大社会存在就（　　）。
A. 不断向前发展　　B. 不断向后倒退
C. 不能确定是发展或倒退　　D. 无任何变化

9. 人类社会发展的决定性因素是（　　）。
A. 英雄和天才人物　　B. 地理环境和人口条件
C. 阶级斗争　　D. 生产力

10. 生产关系是人们在生产过程中形成的（　　）。
A. 人与自然的关系　　B. 人与人的物质利益关系
C. 管理与被管理的关系　　D. 分工协作的关系

11. 生产关系变革的根源是（　　）。
A. 新的生产关系的出现　　B. 上层建筑的改革
C. 生产力发展的客观要求　　D. 社会革命

12. 社会主义经济体制改革的性质是（　　）。
A. 社会主义根本制度的改革
B. 社会主义制度的自我完善和发展
C. 所有制的改革
D. 经济运行方式、管理方式的改革

13. 马克思说过，忧心忡忡的穷人甚至对美丽的景色都无动于衷；贩卖矿物的商人只看到矿物的商业价值，而看不到矿物的美和特性，他没有矿物学的感觉。这从一个角度说明了（　　）。
A. 人们所处的社会经济关系不同，形成的思想和感情就不同
B. 不同的价值观对个人与社会有着不同的导向作用
C. 认识总是要发展的
D. 价值观人皆有之

14. 社会主义的根本任务是（　　）。
A. 提高人民生活水平　　B. 提高人民的政治地位
C. 实现社会主义民主　　D. 发展生产力

（二）多项选择题（结合所学知识，在下列选项中选出 2～4 个正确答案）

1. 生产力实体性要素包括（　　）。

A. 劳动者　　B. 劳动资料

C. 劳动对象　　D. 科学技术

2. 科学技术是第一生产力，因为（　　）。

A. 科学技术是生产力系统中的智力因素

B. 科学技术在现代社会生产和经济增长中占首要地位

C. 科学技术迅速转化成为直接生产力

D. 科学技术是生产力要素中的首要因素

3. 生产关系包括的内容是（　　）。

A. 产品流通方式

B. 生产资料所有制形式

C. 人们在生产中的地位和相互关系

D. 产品分配方式

4. 根据生产资料所有制性质，人类社会历史上迄今为止的生产关系的基本类型是（　　）。

A. 封建生产关系　　B. 私有制生产关系

C. 资本主义生产关系　　D. 公有制生产关系

5. 社会主义生产关系意味着（　　）。

A. 社会成员之间不存在利益矛盾

B. 社会成员的根本利益是一致的

C. 社会成员之间利益矛盾是非对抗性矛盾

D. 社会成员之间的利益存在差别

6. 生产力对生产关系的决定作用表现在（　　）。

A. 生产力的性质决定着生产关系的性质

B. 有什么样的生产力，就会有什么样的生产关系

C. 生产力的变化发展决定生产关系的变化发展

D. 生产关系随生产力变化而连续变化

7. 生产关系对生产力的反作用表现在（　　）。

A. 生产关系适合生产力状况时，对生产力发展起促进作用

B. 生产关系的性质影响生产力的性质

C. 生产关系不适合生产力状况时，对生产力发展起阻碍作用

D. 生产关系的性质影响生产力的发展速度

8. 资本主义生产关系是（　　）。

A. 一种私有制生产关系

B. 罪恶的生产关系

C. 曾经适合生产力状况的生产关系

D. 曾对生产力发展起过巨大推动作用的生产关系

9. 社会主义改革说明（　　）。
A. 社会主义生产关系是阻碍生产力发展的
B. 社会主义生产关系中存在着不适合生产力发展的环节和方面
C. 社会主义生产关系同生产力发展的矛盾是非对抗性矛盾
D. 社会主义生产关系是基本适合生产力发展的
10. 以下哪些说明了社会存在决定社会意识？（　　）
A. 社会意识随着社会存在的产生而产生
B. 社会意识随着社会存在的发展而发展
C. 随着社会存在的变化发展，社会意识或迟或早必然要相应变化
D. 有什么样的社会存在，就有什么样的社会意识
11. 社会存在包括（　　）。
A. 社会生活的各种物质条件　　B. 主要是物质资料生产方式
C. 上层建筑　　D. 生产关系
12. 社会意识包括（　　）。
A. 社会生活中的精神方面
B. 政治、法律、思想、道德、哲学、宗教
C. 艺术、科学
D. 风俗、传统、习惯
13. 毛泽东说，人们的社会存在，决定人们的思想。而代表先进阶级的正确思想，一旦被群众掌握，就会变成改造社会、改造世界的物质力量。这其中包含的哲理有（　　）。
A. 社会存在与社会意识是辩证统一的关系
B. 科学的社会意识对社会存在具有巨大的促进作用
C. 科学的社会意识本身就是一种物质力量
D. 科学的社会意识只有被群众掌握才会促进社会存在的发展
14. 下列选项中体现社会存在决定社会意识的是（　　）。
A. 人们的私有观念是人类社会发展到一定阶段的产物，它将随人类社会的发展而最终消亡
B. 在阶级社会中，人们的思想感情都打上阶级的烙印
C. 社会的变化发展是由人们的主观意志决定的
D. 张家港所弘扬的“团结拼搏、负重奋进、自加压力、敢干争先”的精神，对于张家港市的腾飞起着重大的促进作用

（三）辨析题（判断正误，并简要说明理由）

1. 手推磨产生的是封建社会，蒸汽机产生的是资本主义社会。

2. 唯心史观之所以是错误的，就是因为它承认社会意识对社会历史发展的作用。

3. 产品分配关系是生产关系的基础。

4. 生产力的连续发展要求生产关系必须不停地变革。

5. 社会主义社会，生产关系公有化程度越高，越能促进生产力的发展。

6. 社会存在决定社会意识，所以旧的社会意识形态会随旧的社会制度灭亡而立即消失。

7. 社会意识对社会发展有能动的反作用，但不是任何社会意识都能促进社会的发展。

（四）简答题（结合所给资料，简要回答问题）

1. 有人说，“以石器为工具的刀耕火种代表着原始社会，以青铜器为工具的社会生产代表着奴隶社会，以铁器和牛耕为工具的社会生产代表着封建社会，以机器为工具的社会化生产代表着资本主义社会”。你认为这段话有道理吗？它说明了什么道理？为什么说生产力是社会存在中最活跃、最革命的因素？

2. 在社会主义初级阶段，我国的基本国情是：从历史角度讲，我国原来是一个半封建、半殖民地的国家，经过民主革命，走上了社会主义道路，建立了社会主义制度。从现实状况看，我国是从半封建、半殖民地社会脱胎而来，人口多、底子薄，生产力状况十分落后，即表现为生产力水平低，发展不平衡，高低落差大的的多层次性和城乡经济二元化结构。请根据上述资料，谈谈在社会主义初级阶段为什么要实行以公有制为主体、多种所有制共同发展的基本经济制度。

3. 新生事物一开始是十分弱小的，而旧事物往往是强大的，但新事物代表着事物发展的趋势和未来，有着强大和顽强的生命力，所以新事物是一定要战胜旧事物的。社会主义制度是新生事物，是一定能够战胜资本主义制度的。请根据第二题的资料和本题资料回答社会主义为什么要大力发展产力。

4. 在社会化大生产中，科学技术发挥着越来越重要的作用。据统计，在 20 世纪，发达国家工业生产的增长，只有 3%～5%是靠科学技术取得的，到了 70 年代，生产的增长已有 60%～70%靠的是科学技术，90 年代以来，许多知识密集型行业生产的增长几乎完全靠科学技术，科学转化为生产力的周期越来越短。当今世界范围内兴起的新技术革命，已形成以网络技术、生物工程和纳米技术等代表的新技术群，它们的广泛应用，必将使社会生产力发生新的飞跃。根据上述资料，回答为什么说科学技术是第一生产力？

5. 我国社会主义精神文明建设的总的指导思想和总的要求是什么？

6. 社会主义物质文明和社会主义精神文明之间的关系是什么？

7. 世界上有许多民族，不同民族有不同的文化，世界文化是民族文化多元化的存在，这是文化发展的必然规律。改革开放促进了中华民族文化的现代化，使其逐步走向世界，成为世界文化宝库中一颗璀璨的明珠。凡是世界的都是民族的；离开民族的，就没有世界的。所以在文化建设上决不能搞民族虚无主义，我们必须继承和发扬中华民族优良的思想文化传统，吸收人类文明发展一切优秀成果，在社会主义现代化建设实践中，努力建设中国特色社会主义文化。结合课本内容，谈谈你对中国特色社会主义文化的理解。

（五）论述题

1. “我们要继承和发扬中华民族优良的思想文化传统，吸收人类文明发展的一切优秀成果，在丰富生动的社会主义实践中，创造出人类先进的精神文明。”试用社会意识反作用原理分析以上这段话。

2. 试用社会意识相对独立性原理，分析下面这句话："社会丑恶现象的滋生蔓延，毒害人们特别是青少年的身心健康，妨碍现代化建设和改革开放，损害社会主义形象，对其切不可手软，必须坚持长期抓，抓出成效。"

三、参考答案

（一）单项选择题

1. D　2. C　3. D　4. C　5. C　6. A　7. C　8. C　9. D　10. B　11. C　12. B　13. A　14. D

（二）多项选择题

1. ABC　2. ABC　3. BCD　4. BD　5. BCD　6. ABC　7. AC　8. ACD　9. BCD　10. ABCD　11. ABD　12. ABCD　13. ABD　14. AB

（三）辨析题

1. 正确。

生产力决定生产关系，有什么样的生产力就有什么样的生产关系，生产力的发展决定生产关系的变革，从而归根结底决定社会的性质。

生产力要素中生产工具是衡量社会生产力状况的客观尺度，是人类改造自然的物质标志，生产工具的重大发展必然引起生产关系的变革和社会形态的变化。

以手工操作为标志的生产力状况决定了封建生产关系，归根到底，决定了封建社会的性质；以蒸汽机的应用为标志的生产力状况决定了资本主义生产关系，归根到底，决定了资本主义社会的性质。生产力从手工操作发展到使用蒸汽机，必然引起生产关系从封建生产关系发展到资本主义生产关系，决定了人类由封建社会发展到资本主义社会，这是一个历史进步。

2. 错误。

唯心史观和唯物史观都承认社会意识对社会历史发展的作用。唯心史观之所以是唯心的，是因为唯心史观把社会意识看作是第一性的，看作是社会存在的本原，并不是由于它承认了社会意识的作用。

3. 错误。

生产关系的基础是生产资料所有制形式。因为，不同的生产资料所有制形式，决定着人们在社会生产中的不同地位和相互关系，二者又决定着产品在人们之间的分配方式。所以，在生产关系的三个方面中，生产资料所有制是最基本的、决定的方面，它决定生产关系的本质。

4. 错误。

虽然生产力是不断发展的，但并不要求每时每刻不停地变革生产关系。生产关系一旦建立，就具有相对的稳定性。生产力只是要求变革与它不适合的生产关系，对于适合它的生产关系，不仅不要求变革，而且还要求巩固。因此，当生产关系还是适合生产力，还能容纳生产力发展时，就不能变革生产关系，只有当生产关系已不能容纳生产力发展时才应变革。

5. 错误。

因为看一种生产关系是否能促进生产力的发展，不是看其公有化程度的高低，而是看其是否适合生产力的发展状况。适合生产力状况的生产关系，即使公有化程度低，也能促进生产力发展；反之，会阻碍生产力的发展。

把生产关系的公有化程度看成是生产关系能否促进生产力的发展标准，这从根本上否定了生产关系一定要适应生产力状况的规律，陷入了唯心史观。

6. 错误。

因为社会意识具有相对独立性。它虽然随着社会存在的变化而变化，但旧的经济基础消失后，旧的社会意识形态不可能立即消失。在旧的经济基础消失后，反映该经济基础的社会意识形态的某些部分还会存在一个时期。

7. 正确。

历史唯物主义肯定社会意识依赖于社会存在，同时又承认社会意识对社会存在有能动的反作用。

不同的社会意识对社会存在的反作用是不一样的。先进的社会意识是革命阶级的精神武器，对社会发展起促进作用。落后的、反动的社会意识同历史发展规律相违背，是为腐朽制度和没落阶级服务的，因而对社会发展起阻碍作用。

(四) 简答题

1. (1) 这段话是有道理的，它说明了人类社会是在生产力与生产关系的矛盾运动中发展的，生产力决定生产关系，生产关系必须适应生产力的发展水平，生产关系对生产力有能动的反作用。

(2) 以石器为工具的刀耕火种标志着原始社会的生产力水平，它同原始社会公有制的生产关系构成了原始社会的生产方式；以青铜器为工具的社会生产标志着奴隶社会的生产力水平，它同生产资料奴隶主所有制的生产关系构成了奴隶社会的生产方式；以铁器和牛耕为工具的社会生产标志着封建社会的生产力水平，它同生产资料封建地主所有制的生产关系构成了封建社会的生产方式；以机器为工具的社会化生产标志着资本主义社会的生产力水平，它同生产资料资本家所有制的生产关系构成了资本主义社会的生产方式。

(3) 生产力和生产关系的相互作用构成生产方式的矛盾运动，在这种矛盾运动中，生产关系、社会形态的变更，是以生产力，特别是生产工具的变化发展开始的。社会历史的发展，首先是生产力发展引起生产关系的变革，随着生产关系的变革，又引起上层建筑的变革，整个社会就从一种形态转变为另一种形态。所以，生产力是社会存在中最活跃、最革命的因素，是社会发展的最终决定力量。

2.（1）从历史的角度讲，我国的社会主义制度是从半封建、半殖民地社会脱胎出来的，没有经过资本主义高度发展的历史阶段，生产力水平十分落后，这就决定了我国必须经历一个很长的社会主义初级阶段。

（2）从现实状况看，我国生产力水平低，发展不平衡（如东西部、城乡发展不平衡），高低落差大，城乡经济表现为二元化结构，生产力呈多层次性。

（3）历史证明，我国在计划经济时代搞“一大二公”的单一经济所有制阻碍了生产力的发展。

（4）我国的基本社会制度是社会主义，就必须坚持以公有制为主体。生产力的多层次性，就决定了在公有制为主体的同时，必须实行多种所有制共同发展的经济制度，以适应我国现实生产力状况。

3.（1）社会主义制度是人类社会历史上崭新的社会制度，是新生事物，它必须经历一个由小到大、由弱到强的发展过程和完善过程。

（2）在社会主义初级阶段，我们只有大力发展生产力，才能创造更多的社会财富，不断满足人们的物质文化需要。

（3）高度发达的生产力是社会主义战胜资本主义的根本保证。只有大力发展生产力，创造出比资本主义更高的劳动生产率，才能建立和发展社会主义强大的物质基础，才能充分显示社会主义制度的优越性，从而最终战胜资本主义。

（4）我国实行改革开放就是为了解放生产力和发展生产力。

4.（1）在生产力系统中，劳动对象、劳动资料和劳动者是生产力的实体要素，是生产力的“硬件”，而科学技术则渗透在三大实体要素中，是生产力的“软件”。

（2）说科学技术是第一生产力，是指科学技术进步对生产力的发展具有强大的推动作用。在不同时代，生产力具有不同的生长点。在当代，科学技术决定社会生产的发展方向、规模和速度，社会活动结构从生产—技术—科学转化为科学—技术—生产，科学技术由此成为第一生产力。邓小平同志提出“科学技术是第一生产力”的论断，是对科学技术在现代生产力中的重要地位和作用的科学概括，是对马克思主义的“科学技术是一种生产力”思想的深化。

（3）题中所给的资料表明，随着科学技术的发展和进步，在当代社会生产中，科学技术对生产的增长起着决定性的作用，科学技术含量高低，是否具有科技创新，成为当代先进生产力最为重要的标志，科学转化为现实生产力的周期越来越短，以网络技术、生物工程、纳米技术等为代表的新技术群的广泛应用，必将使社会生产力发生新的飞跃。

5. 我国社会主义精神文明建设的总的指导思想和总的要求是：必须以马列主义、毛泽东思想、邓小平理论、“三个代表”重要思想和科学发展观为指导，坚持党的基本路线、基本纲领；加强思想道德建设，发展教育科学文化，以科学的理论武装人，以正确的舆论引导人，以高尚的精神塑造人，以优秀的作品鼓舞人；培养有理想、有道德、有文化、有纪律的社会主义公民，提高全民族的思想道德素质和科学文化素质；团结和动员各族人民，把我国建设成为富强、民主、文明的社会主义现代化国家。

6. 社会主义物质文明和社会主义精神文明是互相联系、互相影响、互相作用、互为条件、互为目的的。一方面，物质文明的发展为精神文明建设提供物质基础和实践经验。

另一方面，精神文明对于社会改造、社会进步，对于物质文明建设又有巨大的反作用：其一，它为物质文明建设提供理论指导，保证其正确的方向；其二，它为物质文明建设提供精神动力；其三，它为物质文明建设创造良好的安定团结的政治局面和社会环境；其四，它为物质文明建设提供智力支持。

7.（1）中国特色社会主义文化是指：以马列主义为指导，以培育有理想、有道德、有文化、有纪律的公民为目标，发展面向现代化、面向世界、面向未来的、民族的、科学的、大众的社会主义文化。

（2）中国特色社会主义文化首先是中国的文化，中华民族的文化。对一个民族而言，民族的共同文化始终是民族团结、民族精神、民族凝聚力的灵魂和纽带。中华民族历史悠久，文化传统源远流长。所以在文化建设上既不能搞文化复古主义，更不能搞民族虚无主义、搞全盘西化。必须在继承和弘扬优秀民族文化传统的基础上，汲取人类社会创造的全部优秀文化成果，创造出先进的民族新文化，才能实现培育和弘扬民族精神，培育有理想、有道德、有文化、有纪律的公民，提高整个中华民族的思想道德素质和科学文化素质的文化建设根本任务。

（3）中国特色社会主义文化是社会主义文化，是先进的文化。中国特色社会主义文化的先进性，必然要求文化建设必须以马克思主义为指导，体现民主与科学的时代精神，坚持为人民服务、为社会主义服务的方向，坚持以人为本，不断满足人民群众日益增长的、多层次的精神文化需要，为社会主义现代化建设提供精神动力、思想保证和智力支持。

（4）中国特色社会主义文化是开放的文化。中国特色社会主义文化建设在立足我国四个现代化建设的实践的同时，要加强同世界各国的文化交流和融合，吸取世界各国文化的优秀成果，使我们的民族文化走向世界，面向未来。中国特色社会主义文化建设必须坚持“百花齐放，百家争鸣”的方针，把弘扬主旋律和提倡多样化统一起来，不断创新、创造出更多的为中国人民乃至世界人民喜闻乐见的民族文化形式，为人类精神文明作出更大贡献。

（五）论述题（答题要点）

1.（1）社会意识反作用原理是：第一，社会意识是由社会存在决定的；社会存在的发展变化决定社会意识的发展变化。第二，社会意识有相对独立性，即社会意识一经产生就具有自己独特的发展规律，同社会存在的发展不总是保持一致或平衡。与本题有关的社会意识的相对独立性有两个表现：一是社会意识具有历史继承性，即每一历史时期的社会意识同以往的社会意识有着继承关系；二是社会意识对社会存在有巨大的反作用，即先进的社会意识对社会发展起积极的促进作用，落后的社会意识对社会发展起消极的阻碍作用。

（2）由于社会意识对社会存在有巨大的反作用，因此，我们在建设社会主义物质文明的同时，必须加强社会主义精神文明的建设，创造出人类先进的精神文明，以推动我国的改革开放和现代化建设。

（3）由于社会意识具有历史继承性，因此，我们在创造人类先进的社会主义精神文明的过程中，要继承和发扬中华民族优良的思想文化传统，吸收人类文明发展的一切优秀成果。

(4) 由于社会存在决定社会意识，社会意识随着社会存在的发展而发展，所以，要在生动丰富的社会主义实践中，创造出人类先进的精神文明。

2. (1) 社会意识相对独立性的一个重要表现是，社会意识的发展变化同社会存在的发展变化具有不完全同步性，社会意识的发展变化有时落后于社会存在。社会意识相对独立性的另一个突出表现是社会意识对社会存在具有反作用：先进的社会意识对社会存在的发展起促进作用，落后的社会意识对社会存在起阻碍作用。

(2) 由于社会意识与社会存在之间发展变化的不同步性，社会意识有时落后于社会存在的发展，因此，在社会主义时期，在一些人的头脑中仍然存在着封建主义、资本主义等腐朽思想，并有一定的市场。

(3) 由于社会意识对社会存在有巨大的反作用，因此，这些腐朽思想会毒害人们的身心，阻碍社会主义建设。

综上所述，我们必须以马列主义、毛泽东思想、邓小平理论、“三个代表”重要思想和科学发展观为指导，用社会主义精神文明去战胜、克服和代替剥削阶级的腐朽意识形态，促进社会主义事业的健康发展。

第五章　树立正确的人生价值观

一、复习提示

（一）基本结构

本章正面论述了人生的基本问题，讲述了正确的人生价值观，讨论了人生价值实现中值得关注的有关问题。

人与社会关系问题是人生的基本问题，也是本章讨论问题的主线和出发点，因为人的问题和社会是分不开的。社会脱离人不成其为社会，人脱离社会不成其为人，社会与人相互依存和制约。人生价值观的实质就是正确处理人与社会的关系。

本章从理论上阐述了人的本质的社会性和人与社会的辩证关系的问题，引入了人生哲学的理论，讨论了义与利、苦与乐、生与死等人生哲学问题，既吸收了中国传统道德的精华，又结合了现实社会生活的实际，要求青年学生树立正确的义利观、苦乐观和生死观。

正确理解人生价值，提高青年学生的社会责任感和主动创造性，是本章讨论的又一重大理论问题。人在价值关系中具有双重角色，即人既是价值的需求者，又是价值的创造者，这决定了人生价值应包括两个方面，一是个人对社会的责任和贡献，这是个人的社会价值，体现了人的社会意义；二是社会对个人的尊重和满足，这是个人的自我价值，体现了个人的自我完善和发展。个人对社会的责任和贡献是实现人生价值的基础和源泉，社会对个人的尊重和满足是实现人生价值的前提和条件。人生价值是社会价值和自我价值的统一。

在实践中，青年学生应走出人生价值的误区，坚持集体主义，正确处理物质贡献和精神贡献的关系，全面提高个人素质，以适应社会发展的需要。

（二）重点概念

1. 人的本质：人的本质这一概念应从以下几个方面去理解：

（1）人的本质指人同动物的根本差别，人的本质在于社会性。

（2）人的本质是由社会关系决定的。脱离现实的社会关系，与世隔绝的人，不是真正意义上的人。人所处的社会关系是复杂的，多方面、多层次的，所以人的本质是具体的，千差万别的。

（3）人的本质最终是由他所处的生产关系中的地位决定的，所以人的本质具有历史性。在阶级社会中，人的本质具有阶级性。人的本质是可以改变的。

2. 人生价值：价值是一种关系，是一种需要与能满足需要的关系。人生价值体现在人与人、人与社会的关系之中。它包括人的社会价值和自我价值两个方面，即人对社会的责任和贡献以及社会对个人的尊重和满足。人生价值源于人自身能动的创造。

3. 社会主义集体主义原则：社会主义集体主义原则是在个人利益与集体利益一致的基础上，对个人利益与集体利益相互依存、相互促进关系的反映。其基本内容和要求是：从人民的根本利益出发，坚持集体利益高于个人利益，把集体利益放在第一位。在充分保障集体利益前提下，充分尊重和保障个人利益。当个人利益同集体利益发生矛盾时，个人利益应当服从集体利益，必要时为维护集体利益和国家利益牺牲个人利益，甚至献出自己的生命。

（三）学习难点

1. 怎样理解“人的本质在其现实性上，是一切社会关系的总和”？

这一命题是马克思在《关于费尔巴哈的提纲》中提出的。他说，人的本质并不是单个人所固有的抽象物，在其现实性上，它是一切社会关系的总和。对这句话应从以下几方面去理解：

（1）人的本质是现实的，具体的。马克思否定把人的本质归结为某种抽象的类本质，即抽象的人性论。

（2）人的本质是由每个人所处的社会关系决定的。社会关系是复杂的，每个人处的社会关系又各有不同，所以人的本质是复杂的，千差万别的。

（3）人的本质形成是人由自然人向社会人转化的过程，即社会化过程。人一出生便在社会中生活，在各种社会关系中、社会活动中和人际交往中形成了人的不同社会角色意识，使人成为具有一定角色意识的社会人，这既是人的自我本质形成过程，又是自然人走向社会人的社会化过程。

（4）在社会关系中，各种社会关系对人的本质形成作用不同，其中生产关系、阶级关系起决定性作用。所以人的本质具有阶级性特征。

（5）因为社会关系，尤其是生产关系是历史的，所以人的本质是历史的、有时代性的，是发展变化的。人的本质是后天形成的，所以具有可塑性。

2. 关于“义利”关系的思考。

义利关系是人生哲学的重要范畴。对这一问题不同的回答体现了不同的人生价值观。中国几千年封建社会中，虽然不同思想家对这一问题有不同看法，但总体上是“重义轻利”，从而成为中国传统文化的主流价值观，代表了中华民族的传统精神。这一思想虽然发挥了积极的历史作用，但也成为中国农业社会中“重农抑商”的思想文化基础，对社会发展有一定的消极作用。这种思想在思想方法上，犯了将义利关系对立起来的错误。

在西方资本主义社会中，资产阶级从人权出发，提出了“个人主义”的道德原则和价值理论，这一理论在反对封建宗法制度、宗教禁锢中起到了积极作用，但从个人主义出发，片面追求个人利益，将个人欲望、金钱等作为驱动社会发展的唯一动力，则对人类社会文明与进步起到了阻碍作用。

无产阶级主张义利相统一的原则，将人民利益作为出发点和最高价值原则，以为人民谋利益作为最高的“义”。在社会主义市场经济条件下，我们更要坚持义利统一的原则。邓小平同志的“三个有利于”原则，实现共同富裕的思想，以及江泽民同志“三个代表”重要思想，都是这一原则在新时代条件下的最科学表述。

3. 怎样理解人在价值关系中的双重角色?

（1）人在价值关系中的双重角色是人生价值同物的价值本质区别的内在原因。物的价值体现在人同物的价值关系中，在这一价值关系中，人是需求的主体，物是满足需求的价值载体，二者不能易位，所以各自的角色是单一的。更重要的是，物对人的需求的满足是被动的，它的价值往往需要人在实践中对其进行加工、改造才能实现，所以物的价值也表现为人的能动的创造性。而人在价值关系中，既是价值需求者，又是价值创造者，具有双重角色，人的需求只能通过人自身的创造才能得到满足，所以人的价值源于人自身的创造。人的能动创造性决定了人的价值大大超过物的价值。

（2）人在价值关系中的双重角色决定了人生价值的内在统一性。人是社会的人，孤立的个人是不存在的，所以人生价值只有通过人与人、人与社会关系才能表现出来。人在价值关系中的双重角色决定了社会中的人不可能分裂为对立的两类角色，即需求主体的人和创造主体的人。尤其是社会化大生产条件下，人的相互依存性也决定了人不可能只为自己需要而创造。所以，人生价值必然地表现为社会价值和自我价值的统一。

（3）人在价值关系中的双重角色决定了人生价值的矛盾性。人在价值关系中的双重角色也必然地将人的需求和人的创造区别开来，使人生价值存在着内在的矛盾，存在着社会价值和自我价值对立的可能。这种矛盾和对立决定了人与他人、人与社会关系问题成为人生最基本的问题，成为人类社会发展中永恒的话题。

4. 怎样理解物质贡献和精神贡献的统一?

物质贡献和精神贡献的统一应从以下几个方面去理解：

（1）物质和精神贡献是人在同一社会实践活动过程中的两种成果。人的实践活动同动物活动有着本质区别。人的实践活动是一种特殊的生命活动。在其活动过程中会产生物质的和精神的两种成果。人在改造自然的活动中，既创造了物质财富，又认识了真理和改造了自身；人在生产活动中，既要知道生产什么，又要知道怎样生产；人在其物质产品中，既有物的尺度，又有人的尺度；人建筑房屋既改善了居住条件，又创造了建筑艺术。

（2）注重经济效益和社会效益的统一。在社会主义市场经济条件下，人们十分关注经济效益，但绝不能忽视社会效益。既要注意发展物质文明，又要发展精神文明，既要提高人民的物质生活水平，又要注重社会的全面发展，提高人的精神文化生活水平。

（3）物质文明和精神文明是相互促进、相互转化的。人类社会发展历史上，许多杰出人物既为社会创造了物质财富，又为社会创造了宝贵的精神文化财富，而这些精神文化财富又可以激励其他人和后代人，转化为巨大的物质财富。

二、练习题

（一）单项选择题（结合所学知识，在下列选项中选出一个正确答案）

1. 人的本质在于（　　）。

A. 同动物的差别　　B. 人所具有的共同性

C. 社会性　　D. 有目的、有计划、有创造性

2. （　　）决定人的本质。

A. 人性　　B. 现实的社会关系

C. 思想道德水平　　D. 科学文化水平

3. 人的本质从根本上说，是由（　　）决定的。

A. 他在生产关系中的地位　　B. 他的经济状况

C. 他的社会阅历　　D. 他的能力大小

4. 孟子认为人的本性是善的，荀子认为人的本性是恶的，他们的观点都是错误的，因为（　　）。

A. 脱离了社会性、阶级性

B. 把人的一般性当作个别性

C. 把人的个别性当作一般性

D. 把人性某些方面夸大了

5. 人的本质在不同社会历史条件下具有（　　）。

A. 不变性　　B. 抽象性

C. 可塑性　　D. 时代性特征

6. 人生的基本问题是（　　）。

A. 社会实践问题　　B. 实现个人价值问题

C. 实现个人理想问题　　D. 人和社会关系问题

7. 个人与社会的关系是（　　）。

A. 二者相互依存，又相互矛盾

B. 相互对立的

C. 相统一的

D. 相融合的

8. 儒家文化重义轻利，主张以义制利，这种思想错误的地方在于（　　）。

A. 肯定了义的至上性　　B. 否定了人的功利性倾向

C. 将义利关系对立起来　　D. 义利概念不明确

9. 无产阶级义利观的价值选择的出发点是（　　）。

A. 反对个人主义

B. 反对个人利益

C. 无私奉献

D. 民族、国家、人民利益是最高利益

10. 人对苦、乐的感受是（　　）。

A. 完全主观的感受，因人而异

B. 完全客观的原因，不同人的感受是相同的

C. 既具有客观因素，又因人的人生观不同而不同

D. 没有标准的

11. 乐于助人的含义是（　　）。

A. 以能帮助别人为快乐　　B. 帮助别人可以得到回报

C. 无法帮助别人是痛苦的　　D. 帮助别人是自己愿意的

12. 无产阶级生死观是（　　）。

A. 人不应该怕死

B. 生死都无所谓
C. 死是高尚的
D. 对生和死都采取严肃认真的态度
13. 价值是（　　）。
A. 需要和满足需要的关系　　B. 客观事物的有用性
C. 人对自己需要的满足　　D. 人对对象的主观感觉
14. “君子爱财，取之有道”的意思是（　　）。
A. 人皆爱钱，十分合理
B. 人皆爱钱，必须有得到钱的方法
C. 有道德的人也喜欢钱，但得到钱的方式是符合道德原则的
D. 人爱钱，是因为他有得到钱的途径
15. 游戏人生是（　　）。
A. 一种不严肃、不负责任的人生态度
B. 指人生像游戏一样
C. 指快乐的人生
D. 指只想玩、不想工作的人
16. 同社会主义集体主义原则对立的是（　　）。
A. 个人利益　　B. 个人主义
C. 个人价值　　D. 个人自由
17. 评价人生价值的尺度是（　　）。
A. 人对社会的物质贡献
B. 人对社会的精神贡献
C. 既要看物质贡献，又要注重精神贡献
D. 社会对个人的尊重和满足
18. 道德的价值在于（　　）。
A. 精神的高尚性　　B. 物质利益的对等性
C. 道德关系双方的平等性　　D. 道德关系双方的差别性
19. 实现个人价值除需要社会历史、环境条件外，还需要（　　）。
A. 个人的经济条件　　B. 个人的社会关系
C. 个人的社会地位　　D. 个人的主观能动性

（二）多项选择题（结合所学知识，在下列选项中选出2～4个正确答案）

1. 人的本质在其现实性上是一切社会关系的总和，这句话的含义是（　　）。
A. 人的本质是各种社会关系对人的作用的相加
B. 人的本质是历史的，具有时代特征
C. 人的本质是具体的，具有复杂多样性
D. 人的本质是由社会关系决定的
2. 个人与社会的关系是（　　）。
A. 辩证统一关系

B. 个人与社会相互依存
C. 个人与社会相互作用，相互制约
D. 个人与社会是完全对立的
3. 义利关系的统一，表现在（　　）。
A. 将个人利益同集体利益统一起来
B. 把义和利统一到国家、民族、人民的利益之中
C. 将义作为利的出发点
D. 将民族命运、人民利益作为价值选择的出发点
4. 社会主义义利原则统一在社会主义道德体系中，（　　）。
A. 以无产阶级利益为道德核心
B. 以国家利益为道德核心
C. 以为人民服务作为社会主义道德核心
D. 以集体主义作为社会主义道德原则
5. 在苦乐观问题上，我们反对（　　）。
A. 自然主义苦乐观　　B. 唯心主义苦乐观
C. 怕苦、怕死的思想　　D. 追求物质享受
6. 在对待生死问题上，青年学生应该（　　）。
A. 一不怕苦，二不怕死
B. 视死如归
C. 珍惜生命，充分利用生命的每一分钟去工作学习
D. 祖国需要时，为人民、国家利益不惜牺牲生命
7. 人生价值不同于物的价值，在于（　　）。
A. 人的价值源于创造
B. 人是需要的主体
C. 人的价值体现在人对他人、对社会需要的满足和贡献上
D. 人需要满足
8. 人在价值关系中的双重角色决定了人生价值的双重性，即（　　）。
A. 个人对社会的责任和贡献
B. 人是有私利的
C. 人是有道德的
D. 社会对个人的尊重和满足
9. 在社会价值和自我价值的统一中（　　）。
A. 个人对社会的责任和贡献是实现人生价值的基础和源泉
B. 社会价值居于首要地位
C. 社会对个人的尊重和满足是实现人生价值的前提和条件
D. 自我价值居于首要地位
10. 金钱对于人来说（　　）。
A. 是万恶之源
B. 使人失去道德

C. 是人生存、发展的物质条件
D. 不能作为衡量人生价值的标准
11. “人人为我，我为人人”这句话（　　）。
A. 体现了人的社会本质
B. 反映了人生价值的真谛
C. 表现了利益关系的相互性
D. 体现了市场经济中的双赢原则
12. 集体主义原则体现了（　　）。
A. 个人利益与集体利益是一致的
B. 充分尊重和保障个人利益
C. 个人利益同集体利益矛盾时，个人利益服从集体利益
D. 集体利益高于个人利益
13. 衡量人生价值的大小（　　）。
A. 不能把对社会的物质贡献作为唯一尺度
B. 不能忽略人对社会的精神贡献
C. 以物质贡献为尺度
D. 应将物质价值与精神价值相结合

（三）辨析题（判断正误，并简要说明理由）

1. 在现实社会生活中，人的本质是千差万别、复杂多样的。

2. 人的本质是发展变化的。

3. 在社会生活中，人的活动受社会条件和客观规律的制约，所以人只能适应社会。

4. 价值规律是市场经济的基本规律，但它同社会主义道德原则是完全背离的。

5. 辩证唯物主义的苦乐观主张艰苦奋斗、助人为乐，所以反对人们对物质生活的追求。

6. 无产阶级价值观要求人们在为社会、为人民奉献中寻找自己的幸福，所以反对人追求自我价值。

7. 金钱是社会的万恶之源。

8. 社会主义集体主义原则主张集体利益高于一切，所以反对任何形式的个人利益。

（四）简答题（结合所给资料，简要回答问题）

1. 阅读下面的资料：

在基督教的《圣经》里，记载了“上帝创世说”。说“上帝”创造了世界，并按自己的形象造出了人，又赐给人不朽的灵魂，使人具有了其他生物不可能具有的高贵的理性和无穷的力量。

中国古代神话中也有关于女娲氏造人的传说。

进化论的先驱者法国生物学家拉马克 1809 年就在《动物哲学》一书中，冲破了宗教神学的束缚，提出了以生物进化解释人类起源的设想。伟大的英国生物学家达尔文对动植物进行了大量的科学考察，汲取了前人进化论的优秀成果，创立了进化论。他论证了动植物，包括人在内都经历了从简单到复杂、从低级到高级的进化过程，都是在“生存斗争”中经过“自然选择”实现进化的。1871 年达尔文在《人类的起源和性的选择》一书中证明了人类是由古猿进化而来的。

1876 年，恩格斯在《劳动在从猿到人转变过程中的作用》一文中，阐述了劳动创造了人和人类社会的观点。古猿变成人，是从古猿使用天然工具渐渐引起自身变化开始的。使用工具使人直立行走，手脚分工。上肢的解放，使手变得自由了，能够不断地获得新的技巧，双手愈来愈多地从事其他活动了。制造使用工具，是人的活动区别于动物的本能活动。在劳动中，单调的呼号逐渐发展为语言，劳动和语言使人用大脑思维，使猿脑逐渐变成结构复杂的人脑。由于原始人类所处自然环境的严酷，原始人不得不联合劳动，从而形成了人类社会。

人类对自我的认识由“神创论”到“进化论”，由“进化论”到“劳动创造了人”，经历了两次飞跃。第一次飞跃将人由“上帝”那儿还原于动物界；第二次飞跃把人从动物界升华出来，显示出人的特质。

从以上这些资料中，你悟出了哪些道理？

2. 鲁迅先生说过，人类的悲欢并不相通，煤油大王哪知道北京捡煤渣老太太的辛酸，贾府里的焦大也不爱林妹妹。这几句话说明了什么道理？

3. 鲁迅先生有一篇小说《阿Q正传》，其中的阿Q是封建社会农民的典型形象。阿Q对革命党麻木不仁，对欺压、剥削农民的地主充满了崇拜和阿谀之态，对毫无社会地位的小尼姑行为轻薄，对自己的可悲境遇总是以“精神胜利法”聊以自慰。而今天，社会主义条件下的农民，尤其是改革开放以后经济上由温饱走向小康的农民同昔日的阿Q已是天壤之别。

随着社会主义市场经济的建立，中国农村的生产方式发生着深刻的变化，广大农民已经不再是完全依赖土地、自给自足的小生产者，农业产品也由单纯的产品经济形式走向市场，实现了由产品生产向商品生产的转变。所以农业生产也必须以市场为导向，产品结构必须适应市场的需求，才能在市场中顺利实现其价值。有些农民已成为有万贯资产的企业家，并以自己的产品参与国际竞争。这一现象说明了什么？

4. 中国古代有一副对联："达则兼顾天下，穷则独善其身。"这副对联从哲学上说明了什么道理?

5. 我国在"文化大革命"时期，一度极左思潮十分猖獗，提出了"宁要社会主义的草，不要资本主义的苗"的口号，给抓经济建设、抓发展生产的人戴上"唯生产力论"的帽子。请分析这两句口号和这种做法为什么是错误的?

6. 中国汉代有个大史学家司马迁被汉武帝处以宫刑，但为了完成《史记》，他忍辱负重，顽强地活着。清末戊戌变法中，戊戌六君子之一谭嗣同为了唤醒民众，慷慨赴死。为什么司马迁和谭嗣同都很伟大，很值得我们学习?

7. 如何纠正"以自我为中心"的思想观念?

8. 社会主义市场经济条件下，我国的经济成分结构已经由过去的单纯强调公有制为主体的经济成分结构转变为多种经济成分并存的结构，个体企业、私营企业、民营企业已成为社会经济成分中有机的组成部分，这是否意味着集体主义原则已经过时了？为什么?

（五）论述题

通过实例论述人生价值中社会价值与自我价值的关系。

三、参考答案

（一）单项选择题

1. C　2. B　3. A　4. A　5. D　6. D　7. A　8. C　9. D　10. C　11. A　12. D　13. A　14. C　15. A　16. B　17. C　18. A　19. D

（二）多项选择题

1. BCD　2. ABC　3. ABD　4. CD　5. AB　6. CD　7. AC　8. AD　9. AC　10. CD　11. AB　12. ABCD　13. ABD

（三）辨析题

1. 正确。

人是处于一定社会关系中并从事社会实践活动的现实人，现实人总是从属于一定社会群体，同周围的人发生着各种各样的社会联系。所以人的本质是由社会关系决定的，不存在抽象的本质，人的本质是具体的、复杂多样的。

在阶级社会中，人的本质主要表现为阶级性，不同阶级的人，在政治态度、思想观点、心理活动、性格情感、生活习惯以及作风等方面各不相同。

2. 正确。

人的本质是历史的，不同社会历史条件下，人的本质具有不同的时代特征。

人的本质是由社会关系决定的，他所处的社会关系的变化必然会改变人的本质。

人的本质通过教育改造和自我自觉的改造，也是可以改变的。

3. 错误。

在社会实践中，个人活动与社会发展是相互作用的。人的活动会受到社会条件、客观规律的制约，所以要求人的活动必须符合社会发展规律。但个人活动会对社会发展起能动性作用。当个人活动符合规律和广大人民的根本利益时，会对社会发展起推动作用，反之则起阻碍甚至破坏作用。在处理个人与社会关系时，要求个人利用社会条件使个人得到发展，通过个人活动为社会发展作出自己积极的贡献。

4. 错误。

价值规律是市场经济的客观规律，无所谓道德不道德。应充分利用价值规律，发展社会主义市场经济，改变我国贫穷落后的面貌，实现国家的现代化，从而使其同社会主义道德原则统一起来。

5. 错误。

辩证唯物主义苦乐观把人们对物质生活的追求和对精神生活的追求高度统一起来，把苦与乐的认识看作是一定社会关系和生产力水平的产物。我们主张为人民的幸福而艰苦奋斗，主张助人为乐的高尚精神，正是将对物质生活的追求和对精神生活的追求高度统一起来的表现。

6. 错误。

无产阶级要求人们为社会、为人民奉献的目的，是推动社会的发展和进步，使个人获得尊重和满足，为每个社会成员提供充分实现个人价值、使人能够全面发展的社会环境和条件。

7. 错误。

金钱作为一般等价物，是社会财富的象征，有了钱，人们的生活会更好一些，所以它是人们生存和发展的物质保证。我们国家和政府努力发展经济，就是为了使人民的生活得到提高和改善。但当人们把金钱当作崇拜物，为了金钱而不惜一切手段时，金钱就失去了原有的意义。万恶之源是人对金钱的贪欲，而不是金钱。

8. 错误。

社会主义集体主义原则是建立在集体利益同个人利益一致的基础上的，集体主义原则保障和尊重个人的合法利益。只是当个人利益同集体利益发生矛盾时，集体主义原则要求人们服从集体利益。集体主义原则反对的是损害集体利益和别人利益去满足自己利益的个人主义。

(四) 简答题

1. 这一资料包含着人类对自己的科学认识的发展过程：

从“神创论”到“进化论”，是人类对自己认识的第一次飞跃，它证明人是物质世界长期发展的产物，是物质世界的组成部分。

从“进化论”到“劳动创造了人”，是人类对自己认识的第二次飞跃，它证明人是社会人，具有同动物不同的社会性本质。

2. 鲁迅先生这番话，十分生动形象地说明，人的本质不是抽象的，人的本质是在现实社会关系中形成的，是由社会关系决定的、具体的。在阶级社会中，人的本质具有阶级性。

3. 这一资料说明了马克思主义关于人的本质的理论是完全正确的。

马克思主义认为人的本质在其现实性上是一切社会关系的总和。从根本上说，人的本质是由他在社会生产关系中的地位决定的。人类社会的社会关系，尤其是生产关系是随历史发展而变化的，所以人的本质是历史的、变化的，不同社会历史条件下的人的本质具有时代特征。

阿Q是鲁迅先生《阿Q正传》中的艺术形象，是半殖民地、半封建社会历史条件下中国农民的典型形象。在帝国主义、封建主义双重压迫下，失去土地的农民无力改变自己的社会地位和命运，历次的社会变革，包括辛亥革命也没有给农民带来任何希望，有钱人依然有钱，贫苦者依然贫苦，贫困、愚昧使他们变得麻木。对有钱人敬畏，对弱者欺侮，以及精神胜利法，都表现了中国农民因无力改变现实而采取的消极自我麻醉。阿Q想革命，但无法革命，最终被杀头，这就是在半殖民地、半封建的社会历史条件下农民的本质。

社会主义条件下，农民从政治上和经济上都取得了国家主人的地位，彻底改变了他们在生产关系中的地位。尤其是改革开放以来，科学技术的进步，市场经济的机制，改变了农民的小生产方式，新世纪的农民已经成为有文化、有思想的农民，他们凭借自己的勤劳和智慧可以改变自己的经济地位，他们积极参与市场竞争，有许多农民成为企业家。随着我国全面进入小康社会，农民已经不是愚昧、狭隘、自私的农民，他们具有了新的历史条件下新型农民的精神风貌和本质。

4. 这副对联的原意是人如果有了一定的社会地位，具有了一定的条件时，应该为社会作点有益的贡献；人如果没有条件时，应该加强自身道德修养，做一个有道德的人。它从哲学上说明人同社会的关系是对立统一的。一方面，人的活动要受到社会环境条件的制约。另一方面，人可以通过能动的实践活动，为社会的发展、进步作出自己积极的贡献。

5. 这两句口号是极左思潮泛滥时人们常说的一句话，它的原意是只要符合社会主义政治原则，哪怕土地荒芜，也不能按资本主义方式发展生产。这种做法是错误的。因为它将社会主义的政治原则同经济发展对立起来，即将义和利对立起来，是一种形而上学的思维方法。

6. 对于有理想、有事业心、有抱负的人来讲，生和死都具有相同的意义，都是对人生价值的追求，是对生命价值的一种判断。司马迁为了写《史记》，忍辱负重，顽强地活着；谭嗣同为了唤醒同胞，慷慨赴死，都显示了一种高尚的伟大的精神。我们应该学习他们对生命的理解，对人生价值的选择。

7. “以自我为中心”就是一事当前，先想自己，自己的愿望和需要必须得到满足。在集体中只要组织照顾，不要顾全大局。在同人相处中，只要别人帮助和关心，缺乏对别人的关爱、理解和宽容。在处事中，主观意志很强，缺乏理性思考。在心理上，意志薄弱，缺乏适应能力，经不起挫折和失败。这些行为、性格、心理上的种种不良习惯和缺陷如果任其发展，就会形成极端的个人主义和偏执型人格。纠正这种思想，必须首先从处理同他人的关系做起：一是培养热爱班集体的思想，增强集体荣誉感，处理好个人与集体的关系，学会顾全大局。二是加强自我品德修养，学会关爱、理解、宽容和帮助别人。三是培养健康的心理和坚强的意志，理性地处理好个人愿望和现实的关系，在挫折和失败中去体验生活和人生，培养自己对环境的适应能力和经受挫折失败的能力。

8. 我国处于社会主义初级阶段，生产力水平还很低，经济还比较落后，所以经济成分结构以公有制为主体，多种经济成分并存。随着社会主义市场经济的发展，各种非公有制经济已成为社会主义经济成分中的有机组成部分，但它并不意味着社会主义集体主义原则的过时。因为发展多种经济成分，目的是为了发展社会主义生产力，使人民走向共同富裕，其中仍然包含着集体主义原则。社会主义市场经济条件下，应更加提倡全体人民——无论你是什么经济地位、代表什么经济成分——共同为国家的富强、民族的振兴、人民的富裕和社会的进步作出应有贡献。

（五）论述题（答题要点）

（1）人的价值不同于物的价值，一方面它源于自身能动的创造，大于物的价值。另一方面，人的价值体现在人与人、人与社会的关系中。

（2）人在价值关系中扮演着双重角色，即既是价值的需求主体，又是价值的创造主体，这决定了人的价值具有双重性。

（3）人的价值包含两方面，一方面是社会价值，即作为价值创造主体，其价值应是对社会的责任和贡献。另一方面是个人价值，即作为价值的需求主体，应该获得社会的尊重和满足。

（4）人对社会的责任和贡献是价值的基础和源泉，没有每个人对社会的责任和贡献，社会就不可能为个人需求的满足提供物质条件。

（5）社会对个人的尊重和满足是个人全面发展的前提条件，也是社会文明、进步的标志。

（6）人生价值是社会价值和个人价值的统一，我们应该树立“我为人人，人人为我”的思想。它体现了人的社会本质，是人生价值的真谛。

第六章　在社会实践中实现人生理想

一、复习提示

（一）基本结构

本章以树立正确的人生理想为主题，使学生了解理想的含义、特征和作用，明确树立正确的人生理想的重要性，引导学生正确处理理想与现实、个人理想与社会理想的关系。

理想是人生的奋斗目标，它属于社会意识，是社会存在的反映。人生理想有科学与非科学之分，科学的理想是指符合事物发展客观规律的理想。人生理想有崇高与平庸、卑劣之别。崇高理想是指符合祖国、人民乃至全人类根本利益的理想。我们倡导树立科学、崇高的理想，科学的理想才有实现的可能，崇高的理想才能最大限度地实现个人的价值。

理想作为一种精神现象，具有时代性、阶级性、超前性和客观性的特征。理想可分为个人理想与社会理想。个人理想是人生的精神支柱，人生前进的方向，事业成功的动力，对人生具有十分重要的作用。而社会理想则是人们团结奋斗的精神支柱。共产主义是人类历史上最进步、最合理、最美好的社会，是人类社会的最高理想。现阶段我国共同理想是建设有中国特色的社会主义，把我国建设成为富强、民主、文明的社会主义现代化国家。近期是要全面实现小康社会，到本世纪中叶，基本实现现代化。

如何实现人生理想呢？一是积极投身社会实践，把平凡的职业岗位当作人生理想的平台，努力学习和提高自身素质，把远大理想同脚踏实地的作风和持之以恒的精神结合起来，把个人理想同社会理想统一起来，从自我做起，从点滴做起，在现实的基础上扬起人生理想的风帆。

（二）重点概念

1. 理想：理想是指人们追求奋斗的目标。理想作为人类所特有的精神现象，具有时代性和阶级性，超前性和客观性，多样性和层次性的特征。

2. 社会理想：社会理想是指人们对未来社会生活的预见和期望，它分为共同理想和最高理想两个层次。建设有中国特色的社会主义是现阶段我国人民的共同理想，实现共产主义是我们的最高理想。

3. 共产主义理想：共产主义理想是无产阶级及其政党的政治立场和世界观在奋斗目标上的集中体现，是无产阶级革命运动的方向和最终目标，是人类历史上最进步、最美好、最合理的社会理想。

4. 个人理想：个人理想是指个人追求奋斗的目标，它分为生活理想、职业理想和道德理想。

5. 生活理想：生活理想是指人们在个人生活方面（吃、穿、住、行、爱情、婚姻、家庭等方面）的具体目标，包括对未来的物质、精神、文化方面的追求和向往。

6. 职业理想：职业理想是指人们对未来职业生活的向往和追求。

7. 道德理想：道德理想是指人们对做人的标准和道德境界的向往和追求。

（三）学习难点

1. 如何正确理解理想和现实的关系？

正确认识理想和现实的关系，解决好二者之间的矛盾，对于青年学生的人生成长是十分重要的。正确理解理想和现实的关系，需把握以下两点：

（1）理想和现实既相互区别又相互联系和转化。

理想和现实之间存在着内在联系。理想源于现实，理想之树深深扎根于现实的土壤之中，是在对现实的认识基础上发展起来的。现实是理想的基础，离开了现实，理想就成了无源之水，无本之木，从而变成空想。

理想与现实又是有区别的。理想不等于现实，不是可以立即实现的，不能把理想当作现实。如果理想就是现实，理想就失去了存在的意义。相反，现实也不等于理想，如果现实就是理想，人们就失去了奋斗目标。理想是美好的，理想的实现要在现实的基础上去努力奋斗。

（2）理想和现实之间存在着矛盾，必须正确认识这些矛盾。一是理想不是今天的现实，但通过努力可以转化为现实。二是理想转化为现实的道路是曲折的，只有在实践中不懈地奋斗才会转化为现实。

2. 正确理解个人理想与社会理想的关系。

正确理解个人理想与社会理想的关系，应把握以下两点：

（1）从主体上看，人生理想有个人理想和社会理想两个层次。个人理想与社会理想是辩证统一的关系。一方面，社会理想影响、制约着个人理想，是个人理想实现的前提和保证，个人理想需要社会理想的指导。另一方面，社会理想是个人理想的概括和升华，社会理想的实现有赖于个人理想的实现，个人理想是社会理想的基础。社会理想不排斥个人理想，如果没有千百万人民个人理想的实现，社会理想就会变成空想。

（2）每一个青年学生都应该为社会理想的实现而努力奋斗，社会也应最大限度地提供一切可能的条件，支持个人对理想的追求。

3. 对“共产主义渺茫论”的批判。

（1）共产主义理想是马克思、恩格斯在集中人类先进思想的优秀成果，总结工人运动的经验，揭示人类社会发展客观规律的基础上，创立的科学的社会理想，它体现了无产阶级和人类的根本利益，是根据人类社会发展规律所得出的科学结论，并且是被一百多年来共产主义运动的实践证明了的客观真理，它是人类最崇高、最进步、最科学的理想。

（2）共产主义理想是我们的最高理想，要经过一个很长的历史过程和若干发展阶段，通过全人类的共同奋斗才能实现。我国现阶段的共同理想是建设中国特色社会主义，把我国建设成为富强、民主、文明的社会主义现代化国家，这是共产主义发展过程中的一个阶段目标，它的实现就是为共产主义的实现创造条件和基础。

（3）“共产主义渺茫论”在理论上抹杀了共产主义社会制度和共产主义理论与共产主

义实践的区别。有人说共产主义还没有经过实践检验，是渺茫的、幻想的，这是没有正确理解共产主义的含义，而抓住现在还不能实现共产主义社会这一点，就否认共产主义理想和共产主义实践的存在，否定实现共产主义制度的可能性，这是犯了以偏概全的形而上学错误；同时，在实践上又歪曲了我们的现实生活。听任“共产主义渺茫论”的错误思想泛滥，就会造成思想混乱，使人们失去共产主义的理想和信念。

二、练习题

（一）单项选择题（结合所学知识，在下列选项中选出一个正确答案）

1. 社会主义初级阶段我国各族人民的共同理想是（　　）。
A. 在本世纪末实现小康
B. 在本世纪中叶，达到中等发达国家水平
C. 建立各尽所能、按需分配的共产主义社会
D. 建设中国特色的社会主义，把我国建设成为富强、民主、文明的社会主义现代化国家
2. 中国共产党的最高理想是（　　）。
A. 建立社会主义市场经济体制
B. 建成社会主义现代化国家
C. 建立各尽所能、按劳分配的社会主义社会
D. 建立各尽所能、按需分配的共产主义社会
3. 人类最崇高、最伟大的理想是（　　）。
A. 共产主义理想　　B. 实现共同富裕
C. 进入大同世界　　D. 建立理想国
4. 关于理想的下列几种说法中正确的是（　　）。
A. 理想就是幻想
B. 理想就是空想
C. 理想和幻想、空想没有什么两样
D. 理想是以客观现实为依据，与客观规律相符，有实现可能的一种想象
5. 科学的理想是指（　　）。
A. 对人民幸福、国家富强、社会进步的追求和向往
B. 正确反映客观事物发展规律，合乎社会进步潮流和人民愿望的理想
C. 人生的奋斗目标，一种追求和向往
D. 对个人的名利和地位、权势和享乐的追求和向往
6. 理想与现实之间既有区别又有联系，它们之间的本质区别在于（　　）。
A. 理想来源于现实
B. 理想高于现实
C. 理想可以转化为现实
D. 理想属于社会意识，现实属于社会存在

7. 我国著名作家丁玲曾经说过："人，只要有一种信念，有所追求，什么艰苦都能忍受，什么环境也都能适应。"这些话主要说明了(　　)。

A. 理想是人生的精神支柱　　B. 理想是人生前进的方向

C. 理想是事业成功的动力　　D. 理想源于现实

8. 被誉为中国保尔的吴运铎曾经说过："革命理想，不是可有可无的点缀品，而是一个人生命的动力。有了理想，就等于有了灵魂。"这句话主要说明的是(　　)。

A. 理想是事业成功的动力　　B. 理想是人生前进的方向

C. 理想是人生的精神支柱　　D. 理想是一种社会意识形态

9. 人们在个人生活方面追求的一些具体目标，指的是(　　)。

A. 社会理想　　B. 职业理想

C. 道德理想　　D. 生活理想

10. 人们对做人标准和道德境界的向往和追求，指的是(　　)。

A. 共同理想　　B. 生活理想

C. 道德理想　　D. 职业理想

11. 属于社会理想范畴的有(　　)。

A. 最高理想和共同理想　　B. 生活理想和道德理想

C. 生活理想和职业理想　　D. 崇高理想和道德理想

12. 唐代诗人李白有很大的抱负，期遇名主匡扶天下，但一生坎坷未能得志，只能在诗歌中抒发怀才不遇的感慨、悲愤与无奈，这说明(　　)。

A. 理想与现实是矛盾的，它们既对立又统一

B. 理想在一定条件下可以转化为现实

C. 理想转化为现实不是一帆风顺的，它取决于很多因素

D. 理想与现实对立时，要努力进取，奋发向上

13. 实现人生理想的根本途径是(　　)。

A. 多读书　　B. 多向朋友学习

C. 靠家长的帮助　　D. 积极投身社会实践

14. 对于理想和信念的关系，错误的理解是(　　)。

A. 信念是对理想的支持

B. 理想体现着信念和追求

C. 追求崇高的理想，需要坚定的信念

D. 有了信念，就一定会有崇高的理想

(二) 多项选择题(结合所学知识，在下列选项中选出2～4个正确答案)

1. 建设中国特色社会主义，把我国建设成为富强、民主、文明的社会主义现代化国家是(　　)。

A. 现阶段党的奋斗目标

B. 现阶段我国各族人民的共同理想

C. 实现最高理想——共产主义的必经阶段

D. 现阶段我们每个人的生活理想

2. 对最高理想和共同理想之间关系的正确认识是（　　）。
A. 最高理想是远大理想，共同理想是事物处于初级阶段的理想
B. 共同理想是共产主义整个过程的奋斗目标
C. 共同理想是实现最高理想的必要准备，实现共同理想要以最高理想为根本方向
D. 二者是辩证统一的关系
3. 在社会主义现代化建设中，我们所以要发扬艰苦奋斗精神，是因为（　　）。
A. 它可以弥补浪费的损失
B. 它是中华民族的优良传统
C. 我们还处在社会主义初级阶段
D. 它是我们实现共同理想所必需的
4. 理想具有的几个特征分别是（　　）。
A. 客观性和超前性　　B. 时代性和阶级性
C. 层次性和多样性　　D. 空想性和幻想性
5. 科学的理想应该是（　　）。
A. 符合事物发展客观规律的
B. 不符合或者违背事物发展规律的
C. 从他人、集体和广大人民的根本利益出发的
D. 从个人或者家庭狭隘的或眼前的利益出发的
6. 按理想的内容来分，主要有（　　）。
A. 生活理想　　B. 职业理想
C. 道德理想　　D. 社会理想
7. 在现实生活中人们希望成为一名工程师、教师、医生、科学家，这是指（　　）。
A. 生活理想　　B. 个人理想
C. 职业理想　　D. 道德理想
8. 理想对人生具有重要意义是因为（　　）。
A. 理想是人生的精神支柱　　B. 理想是人生前进的方向
C. 理想是事业成功的动力　　D. 理想源于现实
9. 我们在选择和确立自己的职业理想时，要注意（　　）。
A. 职业理想的确立要符合自己的能力
B. 职业理想的确立应符合社会主义市场经济的需求
C. 职业理想的确立要符合自己的爱好特长
D. 确立职业理想时要努力“赶时髦”
10. 在职业岗位上实现职业理想需要（　　）。
A. 正确看待所从事的职业
B. 客观、全面地认识自我
C. 弄清职业岗位的需求，努力培养良好的职业素质
D. 把个人理想和社会理想有机地结合起来
11. 作为人生奋斗目标，进步的科学的理想的作用是（　　）。
A. 人生的指路明灯　　B. 人生的精神支柱

C. 人生的力量源泉　　D. 评价人生价值的首要标准

12. 要实现人生理想，需要正确认识理想与现实的关系，创造理想转变为现实的条件。下列有关理想与现实关系的说法中，正确的有(　　)。

A. 理想的生命力表现为对现实的否定

B. 把理想变为现实，要靠实实在在的实践

C. 理想不等同于现实，不是立即可以实现的

D. 理想是在对现实认识的基础上发展起来的

(三) 辨析题(判断正误，并简要说明理由)

1. 共产主义理想是真理与价值的统一。

2. 理想如同空中楼阁，可望而不可即。

3. 理想说白了就是幻想、空想。

4. 平凡的岗位上无法实现职业理想。

5. 志当存高远。

（四）简答题（结合所给资料，简要回答问题）

1. “只有奋斗和拼搏才能缩短理想和现实之间的距离。”请说出这句话包含了什么道理。

2. 邓小平同志说：我们全国人民有共同的根本利益和崇高理想，即建设和发展社会主义，并在最后实现共产主义，所以我们能够在共产党的领导下团结一致。这句话说明了什么道理？

3. 有人说：“理想是人生的航标，它指引我们在人生的航行中扬起风帆。”这句话的含义是什么？

4. 中国古人有两句诗：“宝剑锋从磨砺出，梅花香自苦寒来。”这句话包含着什么哲理？

（五）论述题

李向群是新时期的英雄战士。他放弃了经商赚钱的机会和家中舒适的生活条件，志愿从军入伍。在军营20个月里，他两次被评为全团训练尖子，两次被评为优秀战士，一次荣立三等功。最后牺牲在抗洪大堤上，被追授为“抗洪勇士”，并被追记一等功。请结合他的英雄事迹说明个人理想与社会理想的关系。

三、参考答案

（一）单项选择题

1. D　2. D　3. A　4. D　5. B　6. D　7. A　8. B　9. D　10. C　11. A　12. C　13. D　14. D

（二）多项选择题

1. ABC　2. ACD　3. BCD　4. ABC　5. AC　6. ABCD　7. BC　8. ABC　9. ABC　10. ABCD　11. ABC　12. BCD

（三）辨析题

1. 正确。

共产主义理想是人类社会发展的最高理想，它一方面是社会发展的必然趋势，是社会基本矛盾发展的必然结果，符合规律的决定性。另一方面，它符合人类的共同利益和愿望，是无产阶级对社会发展进步的最高追求，符合价值的选择性。所以共产主义理想一定可以实现。

2. 错误。

这种观点的错误在于没有正确认识理想与现实的关系。

理想虽是超前的，是对未来的一种美好的追求，但它和现实又有着紧密的联系，并且在一定条件下还可以相互转化。一方面理想要以现实为基础，并非空想；另一方面，在现实的基础上，经过艰苦的努力，理想是能够实现的。

3. 错误。

理想是以现实为依据，符合事物发展客观规律，具有实现可能性的想象。

空想或幻想均是缺乏客观现实依据，无法实现的想象。在本质上二者是有区别的。

4. 错误。

持有这种观点的人首先没能正确地看待平凡的职业岗位，忽视了“三百六十行，行行出状元”这一事实。同时，没有重视发挥自身的主观能动性，挖掘自身的潜能。

5. 正确。

志存高远，就是说人们应该有伟大的、崇高的、科学的理想。理想作为人们追求奋斗的目标，有科学与非科学、崇高与平庸之分。科学的、崇高的理想是我们青年人所必须具有的。这是因为：科学的崇高的理想是社会进步的助推器，是全国各族人民团结奋斗的精神力量，是人生的精神支柱。

（四）简答题

1. 这句话说明了积极投身社会实践才是实现理想的必经之路。

2. 这句话说明了最高理想和共同理想的辩证关系。共同理想是中国共产党领导中国人民建设发展社会主义的强大精神动力。共产主义理想是人类最崇高、最进步、最科学的理想，要实现共产主义理想，必须把最高理想与现阶段我国人民的共同理想结合起来。共同理想的实现是最高理想实现的必经阶段和基础。

3. 这句话用比喻的方法告诉我们，理想对人生具有十分重要的意义。“理想是人生的航标”，意思是说，理想是人生前进的方向，如同航海中的航标灯，指引着人的前进方向。“它指引我们在人生的航行中扬起风帆”，意思是说，理想是人生中的精神支柱和事业成功的动力，会增强人在人生的道路上战胜艰难险阻的信心和决心，激励人自觉追求目标，到达成功的彼岸。

4. 这两句诗包含着深刻的人生哲理。“宝剑锋从磨砺出”，意思是说，宝剑要变得锋利，必须在磨刀石上不断地去磨它。“梅花香自苦寒来”，意思是说，梅花之所以香气飘溢，是因为它经历了寒冷的冬天。这两句诗形象地告诉我们，要努力实现人生理想，必须积极投身社会实践，像宝剑一样，在实践的磨炼中提高自己的能力，使自己变得“锋利”，像梅花一样，在社会实践的艰苦锻炼中，培养自己不畏“苦寒”、傲立霜雪的优秀品质和情操。这两句诗应成为青年学生的座右铭。

（五）论述题（答题要点）

通过李向群的事迹，我们可以看到李向群的个人理想在职业岗位上得到了实现。他的理想是根据国家的需要确立的，而且和社会的需要紧密结合。因此他能够放弃经商赚钱的机会和家中舒适的生活条件，为国家和人民奉献生命，从而使他的理想变得崇高伟大，并得到了升华。我们青年人应向他学习，把个人理想和社会理想有机地结合起来。

修订后记

本教材自发行以来，受到职业技术学校广大教师和学生的欢迎，教材主编应邀到全国十几个省市进行了对教材的辅导报告，与各地的教师共同探讨如何对职业技术学校学生进行哲学基础知识教学的有关问题，受到许多的启发和鼓励。近年来，中国社会发生了许多的前进、发展和变化，教材讲授基本原理和基本观点时使用的许多事例需要进行新的补充和更换。同时，中国特色社会主义的实践和理论在发展，给哲学基础知识的教学丰富了新的内容。这些都表明应对已出版多年的《哲学基础知识》进行一次修订，以满足职业技术学校德育课教学发展的需要。

此次修订的着重点是根据形势的发展变化，对时代性强并应当着重讲授的马克思主义哲学的基本观点进行了补充和强化。马克思主义哲学是随着时代、实践的发展而发展的，尤其是中国特色社会主义的实践，为发展马克思主义哲学提供了丰富的经验和土壤。关于解放思想、实事求是和与时俱进相统一的问题，正确理解发展的本质和树立科学发展观的问题，构建和谐社会及人与自然和谐发展的问题，发展先进生产力和科技创新的问题，以及与哲学基础知识讲授有关的其他一些重要的有现实意义的观点和材料，在此次修订中都尽可能做了必要的补充或强化。

由于此次修订是在原有教学基本要求的框架内进行，并且不打算增加教材的篇幅（有的地方还进行了适当的精减），因此，总的来讲是维持原有的教学结构和内容，对与基本观点有关的事例和材料进行了较多的补充和更换。本教材的基本特点是围绕青年学生如何做人、如何做事讲授哲学基础知识，帮助青年人树立科学的世界观、人生观、价值观，掌握科学的方法论。这一教材编写的基本思路及其在教材内容上的贯彻，得到了广大教师学生的肯定与认同。并且教材所使用的主辅文相结合的叙述方式，图文并茂的新颖风格，为启发式教学而安排的“想一想”“议一议”“名人名言”等新教学要素的要排，也得到了青年学生及其他读者的肯定。在这次修订中教材的这些特点和风格继续得到了强化。

多年来，许多读者对本教材给予了充分的肯定和支持，同时也给如何继续完善本教材提出了许多宝贵的建议。我们在此对关心“哲学基础知识”教学和教材的广大教师学生及其他读者表示衷心的感谢，此次修订充分考虑并尽可能吸收了许多好的建议。由于作者的水平所限，此次修订肯定还存在很多不足和缺点，恳请广大读者和教师、学生在使用教材的过程中进一步提出批评建议。

《哲学基础知识》编写组

图书在版编目（CIP）数据

哲学基础知识（修订版）/王霁，肖和平主编．—北京：中国人民大学出版社，2006
中等职业教育国家规划教材
ISBN 978-7-300-03703-5

Ⅰ.①哲… Ⅱ.①王…②肖… Ⅲ.①哲学-专业学校-教材 Ⅳ.B

中国版本图书馆 CIP 数据核字（2006）第 025464 号

中等职业教育国家规划教材
全国中等职业教育教材审定委员会审定
哲学基础知识（修订版）
主编　王　霁　肖和平
Zhexue Jichu Zhishi

出版发行	中国人民大学出版社		
社　　址	北京中关村大街 31 号	**邮政编码**	100080
电　　话	010－62511242（总编室）		010－62511770（质管部）
	010－82501766（邮购部）		010－62514148（门市部）
	010－62515195（发行公司）		010－62515275（盗版举报）
网　　址	http://www.crup.com.cn		
经　　销	新华书店		
印　　刷	涿州市星河印刷有限公司	**版　　次**	2001 年 5 月第 1 版
规　　格	185 mm×260 mm　16 开本		2006 年 4 月第 2 版
印　　张	14.5	**印　　次**	2023 年 12 月第 28 次印刷
字　　数	340 000	**定　　价**	29.00 元